¡Captado!

2

John Connor
Mike Zollo

JOHN MURRAY

Acknowledgements

The authors and publishers would like to thank Blanca Alonso Fischer, Jesús Cirre, Lorenzo Iekeler Guerrero, Javier Letrán Caballero, Marta Martínez Lamas, Pete and Margaret O'Connor, Robert Ortíz Rosas, María Luisa Pendrous and Fiona Speakman for their contributions to the recording. John Connor would like to thank Kit for her support and protection, Isabel Melero Orta and María Isabel Gerpe Piosa for their help with authentic materials, and Alex for inspiring Unidad 4.

Copyright material is reproduced courtesy of *Muy Interesante* pp. 4, 5, 7, 30; *El País*/Estudio Mariscal pp. 147, 150

Photographs are reproduced courtesy of:
Cover Oliver Benn/Tony Stone Images; **p.iv** *l* & *cl* Isabel Melero Orta, *tr* & *cr* David Simson, *br* John Connor; **p.5** © Sally Greenhill/Sally & Richard Greenhill Photo Library; **p.13** © G. Montgomery/Photofusion; **p.17** *l* SIPA/Rex Features, *r* Mary Evans Photo Library; **p.21** © Tony Morrison/South American Pictures; **p.24** *t, ct, cb* & *bc* Michelle Armstrong, *bl* & *br* © Tony Morrison/South American Pictures; **p.25** *t, cb* & *br* Michelle Armstrong, *ct* © Tony Morrison/South American Pictures, *bl* Paul Jackson/Andes Press Agency; **p.26** © Tony Morrison/South American Pictures; **p.27** © Tony Morrison/South American Pictures; **p.31** *l* & *tr* © Tony Morrison/South American Pictures, *c* & *br* Mary Evans Photo Library; **p.33** *t* Robert Harding Picture Library, *b* John Townson/Creation; **p.35** *tl* John Connor, *tc, tr* & *cr* David Simson, *cl* & *cc* Isabel Melero Orta, *cbl* John Townson/Creation, *bl* Robert Harding Picture Library; **p.44** *all* John Townson/Creation; **p.48** John Townson/Creation; **p.62** David Simson; **p.68** *tl* & *bl* David Simson, *tr* & *br* © John Walmsley; **p.79** The Stock Market; **p.80** David Simson; **p.81** *t* Rex Features, *b* © Sally & Richard Greenhill Photo Library; **p.84** Klaus Guldbrandsen/Science Photo Library; **p.87** David Simson; **p.91** © Sally Greenhill/Sally & Richard Greenhill Photo Library; **p.93** Anastesselis/Rex Features; **p.99** The Stock Market; **p.101** © William Holdman/Int'l Stock/Robert Harding Picture Library; **p.103** Rex Features; **p.107** © Robert Frerck/Robert Harding Picture Library; **p.108** *t* & *c* David Simson, *bl* Mary Evans Photo Library, *br* Erik Pendzich/Rex Features; **p.112** *t* © Robert Frerck/Odyssey/Chicago/Robert Harding Picture Library, *c* Tomlinson/Robert Harding Picture Library, *b* © Robert Frerck/Robert Harding Picture Library; **p.122** © Robert Frerck/Odyssey/Chicago/Robert Harding Picture Library; **p.123** Isabel Melero Orta; **p.129** *t* & *b* Spanish Tourist Office; **p.133** *t* Spanish Tourist Office, *b* Ancient Art & Architecture Collection; **p.144** Michelle Armstrong; **p.148** Michelle Armstrong.

First published in 1999
by John Murray (Publishers) Ltd
50 Albemarle Street
London W1X 4BD

Layouts by Janet McCallum
Artwork by Art Construction and Mary Hall/Linden Artists
Cartoons by Andy Robb/Linden Artists
Cover design by John Townson/Creation
Language Adviser: Rafael Alarcón Gaeta
Vocabulary by Michael Janes
Cassettes engineered by Pete O'Connor at Gun Turret Studios, Bromsgrove

Colour separations by Colourscript, Mildenhall, Suffolk.
Typeset in 12/14pt Goudy by Wearset, Boldon, Tyne and Wear.
Printed and bound in Great Britain by The University Press, Cambridge.

A catalogue record for this title is available from the British Library.

ISBN 0 7195 7405 6 ✔
Teacher's Resource File ISBN 0 7195 7406 4
Cassette Set ISBN 0 7195 7407 2

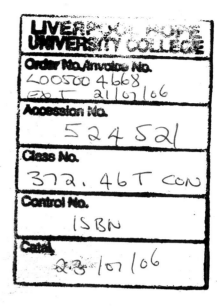

Contents

Introduction

¡Captado! is a two-stage course for GCSE Spanish. This book, *¡Captado! 2*, is the second stage: it revises the main Spanish language structures that were covered in Book 1, and introduces some new points that are also useful for the GCSE examination.

It covers the vocabulary you need for the following topics:

- home
- family
- friends
- free-time activities
- food
- health and fitness
- holidays and special occasions
- school
- moving on to further education
- life at work
- communications at work
- careers and employment

The topics and the characters

These topics are presented in a series of ten units, based on the lives and relationships of a group of Spanish-speaking people, whose stories began in Book 1 and are now picked up, two or three years on. The five main characters are:

Felipe, Ana's father, who is busy running his own business from home in Pamplona.

Miguel, 19, Marisol's brother and a keen cyclist who lives in Pamplona.

Marisol, 21, who in Book 1 left her home in Pamplona to start a university course in Salamanca. In Book 2 we find out about her Peruvian boyfriend Roberto.

Ana, 17, at school in Pamplona and living with her single-parent father, Felipe. She is fond of her boyfriend Esteban but is now thinking more about her future career.

Esteban, 23, whose career is now developing.

Unit 1 introduces you to these five characters, and throughout the course of the following units you will find out more about them, their lives in Spain and their relationships.

The language structures and the activities

Just as important as the topics and the characters are the **language structures** or **grammar points** you will learn as you work through *¡Captado! 2*. Most 'spreads' (pairs of pages) concentrate on one particular language structure and explain it – in English – in a blue **Gramática** box. The activities on the two pages practise the structure, as well as the vocabulary you need. The instructions for the tasks are in Spanish; when you need to check the meaning of the instructions you can look them up in the list on pages vi–vii.

When you want to look up or revise a particular language structure, use the **Grammar Information** section at the back of the book (pages 151–79) which summarises all the points you need.

Vocabulary help and study skills

The blue **Para ayudarte** columns on the right of each spread give vocabulary help; they often also include tips (in English) to develop your study skills, such as suggestions on how to improve your writing and preparing for the speaking test. There is also a **dictionary skills guidance page** (page 180) and a vocabulary list – **Vocabulario** – (English to Spanish as well as Spanish to English) at the back of the book.

Coursework

- Every so often you will be set a speaking task called **Mi casete personal**. These are tasks which you should record on to your own 'personal' tape. They provide excellent practice for the speaking test at GCSE.
- Each unit ends with a section entitled **Ya lo sé**, which sets longer tasks for project work or revision. If you are doing **written coursework**, these pages provide some suitable tasks and ideas. The following symbols are used in the book:

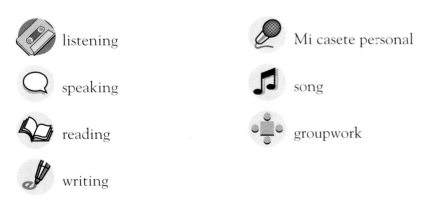

listening   Mi casete personal

speaking   song

reading   groupwork

writing

List of Spanish instructions

Adivina (quién es). *Guess (who it is).*

Apunta el número de la ilustración adecuada. *Note down the number of the relevant picture.*

Apunta los/las x en el orden de la cinta. *Note down the x in the order they are mentioned on the tape.*

¡Atención! No vas a utilizar todos los/las x. *Watch out! You aren't going to use all the x.*

Busca . . . en tu diccionario. *Look up . . . in your dictionary.*

Cinco jóvenes hablan de . . . *Five young people are talking about . . .*

Clasifica las opiniones. *Sort their opinions.*

Comienza (con) . . . *Start with . . .*

¿Cómo se dice en español . . . ? *How do you say . . . in Spanish?*

Completa las frases. *Complete the sentences.*

Contesta con 'sí' o 'no'. *Answer with 'sí' or 'no'.*

Contesta en español. *Answer in Spanish.*

Contesta las preguntas (sobre el texto de arriba). *Answer the questions (on the text above).*

Copia y completa el x/ la tabla. *Copy and complete the x/the table.*

Copia y completa x con las palabras de la casilla. *Copy and complete x with the words from the box.*

Corrige las frases que siguen. *Correct the following phrases.*

¿Cuál es la respuesta correcta? *Which is the correct answer?*

Cuenta a tu pareja . . . *Tell your partner . . .*

¡Cuidado! No necesitarás todas las palabras. *Watch out! You won't need all the words.*

Da tu opinión. *Give your opinion.*

Decide si las frases de abajo son verdaderas o falsas. Escribe 'V' (verdadero) o 'F' (falso). *Decide if the sentences below are true or false. Write 'V' (true) or 'F' (false).*

Dibuja x. *Draw x.*

Diseña un folleto. *Design a leaflet.*

Elabora conversaciones. *Make up conversations.*

Elige el/la x más adecuado/a. *Choose the most appropriate x.*

Elige el/la x correcto/a en cada caso. *Choose the correct x in each case.*

Empareja las frases. *Match up the sentences.*

Empareja las frases de las dos columnas (para formar frases). *Match up phrases from the two columns (to make sentences).*

Empareja los/las x con los/las z. *Match up the x with the z.*

En grupos de tres personas . . . *In groups of three . . .*

Escoge cuatro x que convengan. *Choose four x which fit.*

Escoge el símbolo que convenga. *Choose the appropriate symbol.*

Escoge la forma adecuada de . . . *Choose the correct form of . . .*

Escoge la respuesta correcta y escribe a), b), c) o d). *Choose the correct response and write a), b), c), or d).*

Escoge la respuesta que convenga. *Choose the appropriate response.*

Escribe 'sí' o 'no'. *Write 'sí' or 'no'.*

Escribe 'V' (verdadero) o 'F' (falso). *Write 'V' (true) or 'F' (false).*

Escribe las palabras que faltan. *Write in the missing words.*

Escribe los detalles. *Write down the details.*

Escribe los números en el orden de la cinta. *Write down the numbers in the order of the tape.*

Escribe un resumen. *Write a summary.*

Escribe una descripción de . . . *Write a description of . . .*

Escribe una lista de . . . *Write a list of . . .*

Escribe unas palabras en inglés para comunicar . . . *Write a few words in English to express . . .*

Escribe unos apuntes/un párrafo sobre . . . *Write some notes/a paragraph on . . .*

Escribe x frases con la ayuda de . . . *Write x sentences with the help of . . .*

Escucha el casete. *Listen to the cassette.*

Escucha la canción.   *Listen to the song.*
Escucha la conversación.   *Listen to the conversation.*
Escucha los diálogos del ejercicio x otra vez.   *Listen to the dialogues in exercise x again.*

Graba dos o tres frases sobre . . .   *Record two or three sentences on . . .*
Graba tus opiniones sobre . . .   *Record your opinions on . . .*
Graba x en tu casete personal.   *Record x on your personal cassette.*

Habla con tus compañeros/tu pareja.   *Talk to your classmates/your partner.*
Haz un póster.   *Make a poster.*
Haz una encuesta . . .   *Do a survey . . .*
Haz una lista de . . .   *Make a list of . . .*
Haz una serie de ilustraciones . . .   *Make a series of illustrations . . .*

Identifica (los dibujos correctos).   *Identify (the correct pictures).*

Imagina que . . .   *Imagine that . . .*
Indica si las frases de abajo son correctas o no con 'V' (verdadero) o 'F' (falso).   *Indicate whether the sentences below are correct or false with 'V' (true) or 'F' (false).*

Lee el texto y escucha el casete.   *Read the text and listen to the cassette.*
Lee el/la x.   *Read the x.*

Mira el/la x.   *Look at the x.*

¡Ojo! Hay un(a) x que sobra.   *Watch out! There's one extra x.*

Palabras a utilizar: *Words to use:*
Para cada frase, apunta (el número de la ilustración que convenga) . . .   *For each sentence, note down (the number of the corresponding illustration) . . .*

Para cada frase, elige una letra.   *For each sentence, choose one letter.*
Pon una x en la casilla adecuada.   *Put a cross in the appropriate box.*
Pon las ilustraciones en el orden correcto.   *Put the illustrations in the right order.*
Pregunta a tu pareja/a tus compañeros de clase . . .   *Ask your partner/your classmates . . .*
Prepara tres frases para tu casete para decir . . .   *Prepare three sentences for your cassette to say . . .*
Prepara un anuncio . . .   *Make up an advert . . .*
¿Puedes identificar . . . ?   *Can you identify . . . ?*

¿Qué dices cuando . . . ?   *What do you say when . . . ?*
¿Qué significan estas palabras en inglés?   *What do these words mean in English?*

Rellena los espacios.   *Fill in the gaps.*

Sustituye las palabras adecuadas por los símbolos.   *Replace the symbols with appropriate words.*

Tenéis que/Tienes que . . .   *You have to . . .*
Toma notas.   *Take notes.*
Trabaja con tu pareja.   *Work with your partner.*
Tu pareja va a hacerte preguntas.   *Your partner is going to ask you some questions.*
Túrnate con tu pareja.   *Take turns with your partner.*

Utiliza las palabras de abajo.   *Use the words below.*
Utiliza los/las x de la casilla.   *Use the x from the box.*
Utiliza un diccionario si es necesario.   *Use a dictionary if necessary.*

¿Verdadero, falso o no se menciona?   *True, false or not mentioned?*
¿Verdad o mentira?   *True or false (a lie)?*

¿Verdadero o falso? Escribe V o F.

1 Miguel quiere ver una película australiana.
2 El nuevo restaurante está cerca del cine.
3 La película empieza a las ocho.
4 La abuela de Miguel está enferma.
5 La madre de Miguel puede ayudar con la abuela.

Gramática

Repaso: **The present tense**

Some of the verbs you use most often are irregular in the present tense. Make sure you know them. See also page 159.

hacer	hago; haces; hace; hacemos; hacéis; hacen
tener	tengo; tienes; tiene; tenemos; tenéis; tienen
ir	voy; vas; va; vamos; vais; van
poder	puedo; puedes; puede; podemos; podéis; pueden
poner	pongo; pones; pone; ponemos; ponéis; ponen
estar	estoy; estás; está; estamos; estáis; están
saber	sé; sabes; sabe; sabemos; sabéis; saben
ser	soy; eres; es; somos; sois; son
querer	quiero; quieres; quiere; queremos; queréis; quieren

Repaso: *Lo* and *lo que*

Lo is used with an adjective to convey the expression 'The_____thing is ...'.
Lo bueno es ... The good thing is ...

Lo que is used to talk about what it is that annoys, frustrates, excites or worries you.
Lo que me preocupa es que no me han escrito.
What worries me is that they haven't written (to me).

2

Escucha el casete. ¿Qué es lo que preocupa, lo que molesta o lo que entusiasma a los jóvenes?

1 Luis
2 Reyes
3 Jazmina
4 Curro
5 Sohora
6 Moustafa

3

Lee las cartas. Copia y completa la tabla.

Nombre	Edad	¿Preocupado/a?	Razón

1 Me llamo Gari. Tengo dieciocho años. Soy estudiante y voy a pasar el bachillerato dentro de muy poco. Lo que me preocupa es el paro. Hace muchos años ya que estudio. Quiero ir a la universidad, pero me pregunto para qué. Muchos años más de estudios y luego es posible que no haya trabajo al final. Busco un empleo a tiempo parcial, pero no hay nada.

2 Me llamo Tere. Tengo diecinueve años. Lo que me fastidia mucho es el maltrato de los animales en la agricultura, sobre todo el transporte de los cerdos y las ovejas al matadero.

3 Me llamo Javi. Tengo quince años. Lo que me ilusiona es el deporte. Hago al menos dos horas cada día: atletismo, natación, baloncesto, bádminton, fútbol. Voy al polideportivo todos los días. Mi ambición es representar a España en algún deporte.

4 Me llamo Marta. Tengo veinte años. Lo que me preocupa es el medio ambiente. No podemos continuar así, gastando los recursos del planeta, y el efecto invernadero es un problema muy grave.

4   *La caja de temores*

Escribe en una hoja de papel un problema que te preocupa. Pon el papel anónimamente en una caja. Tu profesor/a va a escoger uno o dos de los problemas de la caja y en grupo vais a sugerir soluciones.

5

Completa las frases.

Me llamo …
Tengo … años.
Lo que me preocupa es …
Lo que me fastidia es …
Lo que me ilusiona es …
Lo que me molesta es …
Lo que más me interesa es …
Lo que me entusiasma es …

¡Ay! ¡Las dos de la mañana ya! Tengo que terminar esta exposición para la reunión de la junta directiva de Pimentel. A ver . . . 'Como ustedes pueden ver, la adquisición de Maquillajes Estivil nos da una gama más amplia de productos y unas importantes redes de distribución. Para consolidar estas ventajas les aconsejo tres estrategias:
1. Aumenten la agresividad comercial con un nuevo plan de marketing.
2. Inviertan en el sistema de producción de Estivil.
3. Reduzcan el nivel de deuda . . .'
¡Uf! Estoy cansadísimo, pero no puedo dormir . . .

6

Lee el texto y escucha el casete. Utilizando un diccionario copia y completa la tabla.

español	inglés
Ejemplo: aumentar	*to increase*
una gama	
	to invest
	to reduce
amplio	
la junta directiva	
	strategy

7

Lee el texto. Empareja los dibujos con las frases.

Ejemplo: **1 f**

CONSEJOS PARA SER UN DORMILÓN

1 No se obsesione ni dé al sueño más importancia de la que tiene.
2 Trate de acostarse y levantarse siempre a la misma hora.
3 No deje trabajo para última hora antes de ir a dormir.
4 No fume, beba alcohol o coma mucho antes de acostarse.
5 Relájese. Un baño, un poco de radio o de televisión pueden ayudarle a conseguirlo.
6 Mantenga su habitación oscura, silenciosa y fresca.
7 Llegue al cansancio físico con ejercicio o deporte al menos una vez a la semana.
8 Si no puede dormirse, al menos relájese y descanse en la cama.
9 Siga siempre la misma rutina previa al acto de dormir (aseo personal, algo de lectura ...).

a

b

c

d

e

f

g

h

i

Gramática

Repaso: Formal and informal 'you'

Remember that there are two ways to say 'you' in Spanish:

- With people you know well, or younger people, use the word *tú* if you are speaking to one person, *vosotros* to more than one person.
- With people you don't know well, or have just been introduced to, or older people, use the word *usted* with one person, *ustedes* to more than one person. This is known as the formal or polite form.

Repaso: Informal (*tú*) commands/imperatives

Use the *tú* form of the verb, but miss off the *-s*.
¡Manuel! ¡Escucha! ¡Abre tu libro!
Some verbs are irregular (see page 166).

Sometimes imperatives are used with pronouns, as in 'Give **it** to **me**!'. In Spanish the pronouns are added on to the end of the imperative to make one word, and an accent is added: *Da + me + la = ¡Dámela!*

Formal *(usted)* commands

When giving instructions to people you would address as *usted* or *ustedes*, use the following forms:

	usted	ustedes
hablar	habl**e**	habl**en**
comer	com**a**	com**an**
escribir	escrib**a**	escrib**an**

A few verbs are irregular, such as these common ones:

decir → diga(n) = say   salir → salga(n) = go out
hacer → haga(n) = do/make   tener → tenga(n) = have
ir → vaya(n) = go   traer → traiga(n) = bring
oír → oiga(n) = hear/listen venir → venga(n) = come
poner → ponga(n) = put

Some verbs whose infinitives end in *-car* or *-gar* need a spelling change:
buscar → bus**que**   pagar → pa**gue**

8

Escucha a los jóvenes. ¿Quién lleva una vida sana, y quién lleva una vida malsana? Para cada persona – Antonio, Yoli, Lali y Pepe – escribe S (sana) o M (malsana).

Para ayudarte

9

Haz el test. Tu profesor/a tiene los resultados.

¿Eres dormilón o te cuesta dormir?

Este test le servirá para conocer su probabilidad de sufrir alguna alteración del sueño.

1. ¿Cuántas horas duerme al día?

a. Menos de seis horas
b. De seis a siete horas
c. Más de siete horas

2. ¿Cómo se siente durante la jornada?

a. Cansado y fácilmente irritable
b. Me cuesta levantarme, pero al cabo de unas horas estoy bien
c. Descansado

3. ¿Cuánto tarda en dormirse desde el momento en que cierra los ojos en la cama?

a. Más de 30 minutos
b. De 10 a 30 minutos
c. Menos de 10 minutos

4. ¿Cuántas veces se despierta durante la noche?

a. Más de tres
b. Dos o tres
c. Una o ninguna

Tocan bien Media Luna. Y Esteban, ¡qué guapo! Y también es simpático, divertido, generoso, honrado y sensato. Ay, no sé . . . me gusta estar con Esteban, pero también me gustaría viajar, estudiar, conocer a otra gente, otros países, vivir un poco. Soy ambiciosa e inquieta mientras Esteban es más despreocupado. A Esteban le gusta trabajar en El Mundo de la Oficina y tocar su guitarra. Pero el mundo es más grande que Pamplona . . .

10

Lee el texto y escucha el casete.
Haz dos listas – cómo es Ana y cómo es Esteban.

11

¿Cómo es un buen amigo? Escribe unas frases utilizando los adjetivos de abajo.

12

Escucha la canción. ¿Cuáles son las características positivas mencionadas y cuáles son las negativas? Haz dos columnas en tu cuaderno y apunta los adjetivos en la columna adecuada.

despreocupado   agresivo   divertido   hipócrita

sensato

testarudo   extravagante   compasivo

orgulloso

honrado   cabezudo   introvertido   altruista

egoísta

malicioso   guapo   simpático

tacaño   generoso

ambicioso   pesado   mandón

Mi casete personal

Mi mejor amigo

Graba unas frases sobre tu mejor amigo/amiga.

- ¿Cómo es físicamente?
- ¿Cómo es de carácter?
- ¿Qué os gusta hacer juntos/juntas?

Gramática

Repaso: Agreement of adjectives

Adjectives must match the noun they describe: a masculine noun requires a masculine adjective, a feminine noun a feminine adjective, and plural nouns plural adjectives. For a reminder of the endings you need, see page 152.

Repaso: Gustar

The part of this verb that you use depends on what it is you like:
Me gusta la música pop – *la música* is singular, so *gusta* is singular.
Me gustan los tomates – *tomates* are plural, so *gustan* is plural, even though *me* is singular.

This verb is also very useful for talking about what you would like to do:
Me gustaría viajar.   I'd like to travel.
Me gustaría visitar América del Sur.   I'd like to visit South America.
This tense is known as the conditional tense; it's explained in more detail in Unit 7.

13

¿Cómo se ven los españoles? Lee el artículo.

SOCIOLOGÍA
Cómo nos vemos los españoles

A pesar de que vivimos en un mundo sin fronteras, los estereotipos siguen existiendo y a la gente le cuesta mucho abandonar la imagen tópica que tiene de los demás. ¿Son realmente supersticiosos los gallegos, y los andaluces tan divertidos como circunspectos los castellanos? El dibujo muestra, en porcentaje, cómo ven los españoles a sus compatriotas, según un estudio a partir de una lista de adjetivos elegidos para definirlos. El trabajo, además, ha demostrado que los catalanes son los que mejor imagen tienen de sí mismos; que, de no haber nacido en su lugar de origen, la mayoría hubiera preferido nacer en Madrid, y que los andaluces son los que mejor caen.

Para ayudarte

Vocabulario

cabezudo (adj) – big-headed
despreocupado (adj) – happy-go-lucky
honrado (adj) – honest
hospitalario (adj) – hospitable
inquieto (adj) – restless
orgulloso (adj) – proud
sensato (adj) – sensible
tacaño (adj) – miserly, mean
testarudo (adj) – stubborn

Study techniques

Have a suitable place for study and keep it tidy so that you don't have to waste time looking for things. It's your right not to be disturbed by loud music or intrusive family and friends – they're not going to do the exam for you! And don't kid yourself – you can't work as effectively with the TV or radio on in the same room.

Según el artículo, ¿son verdaderas o falsas estas frases? Escribe V o F.

1 Los aragoneses son supersticiosos.
2 Los andaluces son separatistas.
3 Los catalanes son trabajadores.
4 Los gallegos son cariñosos.
5 Los castellanos son honrados.
6 Los madrileños son graciosos.

Gramática

Repaso: The imperfect tense

Use this tense

- to describe what 'was happening'
- to set the scene for events in the past
- to describe what used to happen regularly in the past.

Here is a reminder of the imperfect tense endings. Notice the accents!

-ar	-er and -ir
-aba	-ía
-abas	-ías
-aba	-ía
-ábamos	-íamos
-abais	-íais
-aban	-ían

There are only three irregular verbs in this tense:

ser	ir	ver
era	iba	veía
eras	ibas	veías
era	iba	veía
éramos	íbamos	veíamos
erais	ibais	veíais
eran	iban	veían

14

Lee el texto y escucha el casete. ¿Verdad, mentira, o no se sabe?

1 Marisol toma un zumo de fruta.
2 Roberto toma una taza de té.
3 Cuesta 1.125 pesetas en total.
4 Marisol volcó el zumo de Roberto.
5 Empezaron a salir juntos en el mes de abril.
6 Charlaban hasta las tres de la mañana.
7 Roberto tiene tres hermanas.
8 Marisol y Roberto van a telefonear a la familia de Roberto en Perú.
9 Roberto propone un viaje a Perú.

15

Escucha la canción. Pon las ilustraciones en el orden correcto.

a

b

c

d

e
SEGOVIA

f

g

h

i

j ¡Bravo!

k

l Los Lobos Rojos CD

Para ayudarte

Vocabulario
acordarse de (ue) (v) – to remember
ajedrez (nm) – chess
batido (nm) – milkshake
bollo (nm) – a pastry
cara a cara – face to face
carrera (nf) – race
charlar (v) – to chat
copita (nf) – a little glass
escritorio (nm) – desk
fresa (nf) – strawberry
jerez (nm) – sherry
maestro/maestra (nm/f) – (primary) school teacher
planear (v) – to plan
proponer (v) – to suggest, propose
vienés (adj) – Viennese
volcar (ue) (v) – to spill

16

¿Cuánto cuestan estas tapas en total?

1

2

3

4

PARA PICAR

	MESA
Ensaladilla rusa	550
Patatas con ali-oli	500
Salpicón de marisco	1.200
Montaditos variados	225
Tortilla española (Pincho)	275
Croquetas de jamón (6 unidades)	600
Champiñón al ajillo	700
Boquerones en vinagre	535
Patatas bravas	375
Albóndigas de ternera (5 unidades)	640
Pulpo vinagreta o aliño	1.100
Queso manchego curado, 100 gr	575
Tortilla de jamón y queso	325
Calamares a la romana	995
Chorizo a la olla	300
Sepia a la plancha	925

17

Túrnate con tu pareja.

A ¿Qué hacías cuando tenías trece años?

B Bebía batidos.

hamburguesas   amigos   cine   tenis

batidos   discoteca   playa

18

Escribe un párrafo sobre tu escuela primaria.
Piensa en:

- uniforme
- viaje
- deportes
- maestros y maestras

- horario
- almuerzo
- asignaturas preferidas

1 Bueno, ¿qué necesito para la cena? Ana viene a comer esta tarde, y quiero cocinar algo especial.

2 Bueno, un kilo de zanahorias, cien gramos de queso, un kilo de bonito, medio kilo de cebollas, una lata de pimientos, doscientos gramos de mantequilla, un paquete de canela en polvo, un litro de leche, y ¿para beber? Ah, sí, una botella de vino tinto.

3 Me pregunto dónde estará Suso ahora. ¿Qué estará haciendo? ¿Por qué no me llama? ¿Cuánto tiempo hace que no nos vemos? ¿Cuándo va a ponerse en contacto conmigo?

4 Robó la cartera al padre de Ana, vino a mi piso, me gritó, me pegó, y se fue.

5 Traté de ayudarle, pero no quiso. Hablé con él, pero no me escuchó. Se enfadó, y se fue de la ciudad. Me preocupa mucho. Todavía es mi amigo.

Gramática

Repaso: The preterite tense

Use this tense to talk about single, completed actions in the past, and to describe a sequence of events.

Regular verbs take the following endings:

-ar	-er and -ir
-é	-í
-aste	-iste
-ó	-ió
-amos	-imos
-asteis	-isteis
-aron	-ieron

The following important verbs are irregular in the preterite. You can check them in the grammar reference section on page 160.

hacer; tener; ir; poder; poner; estar; saber; ser; querer

Repaso: Questions

A reminder of the main question words in Spanish:

¿Por qué?	Why?	¿Cuánto?	How much?
¿Cuándo?	When?	¿Cuántos?	How many?
¿Quién?	Who?	¿Cuál?	Which?
¿Qué?	What?		
¿Dónde?	Where?		
¿Cómo?	How?		

19

¿Qué compró Esteban en el supermercado? Escribe la letra de cada artículo.

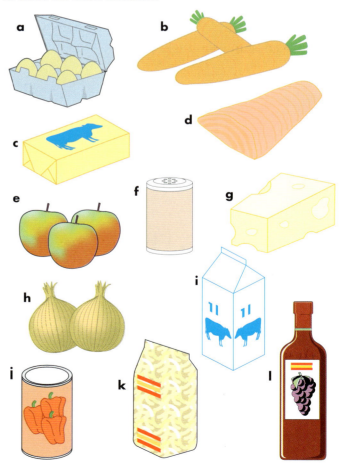

20 *Algunos platos regionales españoles*

Empareja las descripciones de los platos con los ingredientes.

1
Fricandó con moixernons – Cataluña
Carne de ternera, setas, cebollas, tomates y ajo

2
Gazpacho andaluz – Andalucía
Tomates, ajo, pepino, pimiento y cebollas

3
Fabada asturiana – Asturias
Alubias blancas, cebollas, patatas, berza, jamón y chorizo

4
Paella valenciana – Valencia
Arroz, mariscos, pollo y tomates

a

b

c

d

21

Escucha las conversaciones. ¿Qué compraron y qué no pudieron comprar?

1 **2**

3 **4**

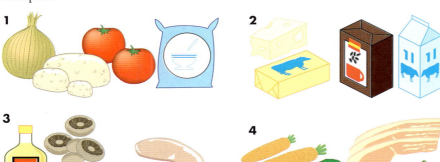

22

Túrnate con tu pareja. Utiliza las listas del Ejercicio 21.
A – Compra las cosas en la lista.
B – Indica la cosa pedida. Decide lo que hay, y lo que no hay.

Ejemplo:

A Medio kilo de queso, por favor.

B Sí, señor(ita). [Indica el queso.] ¿Algo más?

A Doscientos gramos de mantequilla, por favor.

B Lo siento, señor(ita). No hay.

Para ayudarte

Vocabulario
ajo (nm) – garlic
alubia (nf) – haricot bean
arroz (nm) – rice
azúcar (nm) – sugar
berza (nf) – cabbage
bonito (nm) – bonito (fish)
canela (nf) – cinnamon
leche (nf) – milk
mariscos (nmpl) – shellfish
pepino (nm) – cucumber
pimiento (nm) – pepper (vegetable)
seta (nf) – mushroom
zanahoria (nf) – carrot

Study techniques
Build regular revision into your schedule. Check that you can remember words learned a week ago, or last term, or two terms ago. Read over grammar points systematically.

¡Qué vida más miserable! Estoy aquí en la capital. Me acuesto a las diez en una caja de cartón, me levanto a las cinco de la mañana, me baño de vez en cuando, me visto con andrajos. Hace dos años que vivo de los tirones y los semaforazos, y ¿para qué? Nunca tengo dinero, tengo hambre y tengo frío todo el tiempo. ¿Qué voy a hacer? ¿Quién va a ayudarme? ¿Cómo voy a sobrevivir?

Gramática

Repaso: Reflexive verbs

These verbs often describe actions that you do to yourself, such as washing, bathing, dressing, going to bed, getting up, etc. You need two parts: the verb itself, which describes the action, and a reflexive pronoun. The pronoun **se** is usually attached to the infinitive to help you identify the verb as reflexive:

levantar**se**	to get (yourself) up
me levanto	I get (myself) up
te levantas	you get (yourself) up
se levanta	he gets (himself) up
	she gets (herself) up
	you get (yourself) up (polite)
nos levantamos	we get (ourselves) up
os levantáis	you get (yourselves) up
se levantan	they get (themselves) up (polite)
	you get (yourselves) up (polite)

Repaso: Length of time

This is expressed in Spanish in two ways:

a) *Hace* + time + *que* + verb in present tense

Hace dos años **que colecciono** sellos. I've been collecting stamps for two years.

b) *Llevo* + time + verb in present participle form

Llevo dos años **coleccionando** sellos. I've been collecting stamps for two years.

23

Lee y escucha lo que dice Suso. Busca la palabra o frase adecuada para:

1 No estoy contento.
2 Duermo en la calle.
3 Llevo puesta ropa vieja y sucia.
4 el acto de agarrar el bolso de un turista
5 el acto de romper el cristal de un coche parado en un semáforo y coger un bolso o un paquete de adentro

24

Escucha el casete. Apunta los detalles de las conversaciones. Por ejemplo, ¿qué hacen los jóvenes? ¿Cuánto tiempo llevan haciéndolo?

25

Lee el texto y escoge la respuesta adecuada.

1 Pepe es de un pueblo cerca de
   a) Sevilla   **b)** Córdoba   **c)** Granada
2 Se fue de casa a la edad de
   a) 16   **b)** 18   **c)** 20
3 En Granada, dormía en
   a) una tienda   **b)** el parque   **c)** la calle
4 Un tirón es
   a) una persona que roba alimentos de las tiendas
   b) el robo de un bolso a un turista
   c) una calle pequeña
5 Pepe se siente
   a) satisfecho   **b)** enfadado   **c)** triste
6 Hay otros chicos como Pepe de entre
   a) 18 y 20 años   **b)** 16 y 18 años
   c) 16 y 20 años

PEPE, SIN HOGAR

Pepe es de Dúrcal, un pequeño pueblo en Sierra Nevada, cerca de Granada. A la edad de dieciséis años, no podía encontrar trabajo, así que se fue de su pueblo a la ciudad de Granada. Tampoco tuvo éxito allí, y durante los dos años siguientes, vivió sin rumbo, robando alimentos de las tiendas y durmiendo en los parques. Ahora está en Sevilla, y todavía está en paro. Además es drogadicto, y paga su dependencia dando tirones.

Pepe: 'Es bastante fácil – voy con un amigo al centro de la ciudad. Vemos a un turista, y mi amigo espera en una callejuela. Yo me acerco al turista y le agarro el bolso. Corro hacia mi amigo y le doy el bolso. Así no tengo nada en la mano y puedo escaparme a pie. Nos encontramos más tarde para repartir el dinero.

Es una vida dura, porque duermo en la calle, en la entrada de una tienda o debajo de la autopista. Mi cama es una caja de cartón y mis sábanas son periódicos viejos. Me gustaría encontrar trabajo, pero no hay. Estoy muy deprimido, porque no me gusta ser drogadicto, pero ¿qué puedo hacer?'

Lo trágico es que hay muchos como Pepe, la mayoría chicos de entre dieciséis y veinte años, marginados, en paro y drogadictos, una subcultura de la noche y de la calle. Por eso quizás se explica el aumento de los delitos contra turistas.

26

Haz una encuesta entre seis compañeros de clase. Utiliza preguntas como:

• ¿A qué hora te levantas por la mañana?
• ¿A qué hora te lavas o te duchas?
• ¿A qué hora te vistes?
• ¿A qué hora tomas el desayuno?
• ¿A qué hora te acuestas por la noche?

Apunta los resultados en una hoja. ¿Hay una hora más popular para levantarse o acostarse? ¿Hay diferencias entre los días de la semana y el fin de semana?

27

Escucha la canción y lee el texto. ¿Puedes escribir una versión de la canción para ti mismo?

Son las siete, me levanto.
Las siete y cuarto y me lavo.
Las siete y veinte y me peino.
Las siete y media y me visto…

Para ayudarte

Vocabulario

acostarse (ue) (v) – to go to bed
andrajos (nmpl) – rags
aumento (nm) – increase
callejuela (nf) – side street
marginado (adj) – marginalised, on the fringes of society
sábana (nf) – sheet
semaforazo (nm) – theft from a car stopped at traffic lights
sobrevivir (v) – to survive
tirón (nm) – bag snatching
vestirse (i) (v) – to get dressed
vivir (v) sin rumbo – to drift

Ya lo sé

A

¿Eres dormilón, o te cuesta dormir? Diseña un póster con las estrategias para conseguir dormir bien.

C Un folleto

Haz un folleto describiendo tu pueblo – ¿cómo era hace 20, 50 o 100 años? Utiliza fotos de periódicos, o busca información en la biblioteca.

D Un mapa

¿Cómo se ven los españoles? Dibuja un mapa de España y marca las características regionales según los españoles sí mismos.

Ejemplo:

Barcelona
trabajadores

B

Completa una tabla sobre tu rutina diaria.

Actividad	Hora
Levantarme a	
Desayunar a	
Desayuno (¿qué?)	
Almorzar a	
Almuerzo (¿qué?)	
Ejercicio – tipo	
Ejercicio – hora	
Cenar a	
Cena (¿qué?)	
Trabajo por la tarde	
Acostarme a	

Ahora escribe un párrafo sobre tu rutina diaria. En tu opinión, ¿llevas una vida sana?

E Una receta

Prepara un bocadillo sorpresa. Primero escribe una lista de los ingredientes y luego las instrucciones para hacer el bocadillo.

Ejemplo:

Un panecillo, cincuenta gramos de mantequilla, unas anchoas, una cucharadita de mermelada, unos pepinillos, una cucharadita de nata y unas rodajas de cebolla. Unta el panecillo con la mantequilla, y luego mezcla las anchoas, la mermelada, la nata y la cebolla. Pon la mezcla en el panecillo. ¡Que aproveche!

F *Las manos de la amistad*

Dibuja dos manos. En cada uno de los dedos, escribe una
característica de un buen amigo.

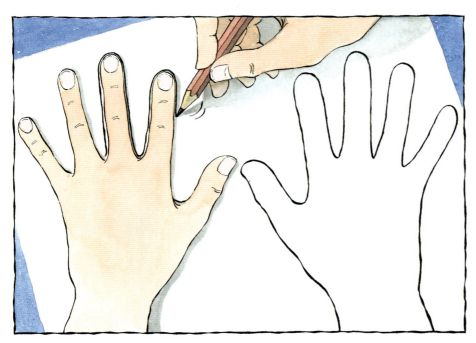

G *Un poema*

Escribe un poema, una canción o un rap sobre los sin hogar. Para
empezar, lee los textos de las páginas 12 y 13, y mira estas
ilustraciones.

Viaje a Perú

¡Ay, Marisol! No sé qué hacer . . . la policía acaba de llamarme. Encontraron a tu abuela a las tres de la madrugada. Estaba en la calle. Llevaba puesto sólo un camisón de noche. Tenía la aspiradora . . . trataba de limpiar la calle. Hablaba en voz alta. Preguntaba por tu bisabuelo. No sabía ni quién es ni dónde vive . . . Estoy muy preocupada. Está en el hospital ahora.

No te preocupes, mamá. Voy en seguida.

1

Contesta en español.

1 ¿Quién llamó a la madre de Marisol?
2 ¿A qué hora encontraron a la abuela de Marisol?
3 ¿Dónde estaba?
4 ¿Qué llevaba puesto?
5 ¿Qué tenía?
6 ¿Qué trataba de hacer?
7 ¿Dónde está la abuela ahora?
8 ¿Cómo está la madre de Marisol?

Gramática

***Repaso:* Using different tenses for contrast**

The imperfect tense describes a situation in the past or an action that was taking place over a period of time, while the preterite describes a single, completed action that interrupted this situation or action. Look back at the dialogue. Marisol's grandmother was in the street (*estaba*). She was wearing a nightdress (*llevaba*). This is all setting up the situation. How many more verbs are used to do this? Now look at the verb used when the police found her (the action that interrupted the situation). What do you notice?

2

Empareja las frases con las ilustraciones.

1 Miraba a un chico guapísimo y choqué contra una farola.

4 Tomaba una ducha cuando la camarera abrió la puerta del cuarto de baño.

2 Recogía el cuchillo del suelo cuando el perro robó el filete.

5 Iba al baile de disfraces cuando se averió el coche.

3 Hablaba con mi amigo cuando marcaron un gol.

3

Escucha la canción. ¿Qué hacía la chica cuando llamó el chico?
Apunta las letras que correspondan.

4

¿Qué hacían cuando se conocieron?
Elige a dos personajes famosos. Utiliza fotos de revistas si tienes
algunas. Escribe una frase para los dos.

*Ejemplo: Cuando Elvis
conoció a la Reina
Victoria, él llenaba los
estantes en Tesco
mientras ella hacía
puenting.*

Mi casete personal

¿Cómo eras?
Graba unas frases sobre ti
mismo. ¿Cómo eras cuando
tenías diez años? ¿Cómo eres
ahora?

Para ayudarte

Vocabulario
baile de disfraces (nm) – fancy
   dress ball
bisabuelo (nm) – great
   grandfather
camisón (nm) de noche –
   nightdress
farola (nf) – lamppost
hacer (v) puenting – to do bungee
   jumping
madrugada (nf) – early hours of
   the morning

Study techniques
The GCSE examination tests the
four skills – listening, speaking,
reading and writing – separately.
In real life, however, the four skills
are closely linked, which is good
news because work done in one
skill will have a beneficial spin-off
effect on other skills. When you
practise your speaking with a
partner, for example, you are also
practising your listening skills.

> ¿Qué pasó exactamente?

> Pues, yo había hecho mi trabajo de repaso para el examen del lunes que viene. Había cenado a eso de las diez, y después me había duchado y me había lavado el pelo. Me había acostado a medianoche, y dormía cuando sonó el teléfono a eso de las cuatro de la madrugada.

> ¿Quién era?

> Era mi madre. La policía había encontrado a mi abuela en la calle y la había llevado al hospital. Afortunadamente, había hecho mi maleta para el concurso de natación, así que cogí el primer tren a Pamplona. Lo siento, pero no tuve tiempo de dejarte un recado.

> No importa. Vine a verte y me dijeron Susana y Mark que habías salido muy temprano.

> Menos mal que he reservado los billetes de avión. Me parece que las vacaciones en el Perú son una buenísima idea en este momento.

> De todos modos, está en el hospital y no podemos hacer más que esperar. Es su edad, ¿sabes?

Gramática

The pluperfect tense

Use this tense to talk about things you *had* done before you did something else. It is another scene-setting tense, which often describes the first things that happened in a chain of events. It is a step further back into the past from the preterite tense. It is a compound tense, using the verb *haber* plus the past participle, just as the perfect tense does. The difference is that you use the imperfect tense of *haber* and not the present:

había	
habías	*hablado*
había	+ *comido*
habíamos	*vivido*
habíais	
habían	

Había llovido durante la noche. — It had rained during the night.
Aquel día se había levantado tarde. — That day he had got up late.

5

¿Qué había hecho Marisol? Pon los dibujos en el orden correcto.

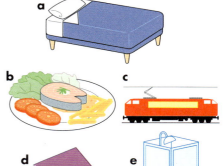

a

b   c

d   e

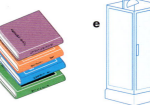

6

Lee el texto y pon las ilustraciones en el orden correcto.

Manuel había dormido bastante bien. Durante la noche, había oído un ruido, pero no había prestado atención. Se había levantado temprano y había tomado un desayuno de cereales, zumo de fruta y café. Entró en el salón para recoger una revista, y descubrió que faltaban el televisor, el vídeo y el ordenador. Cuando se dio cuenta de que le habían robado, llamó a la policía.

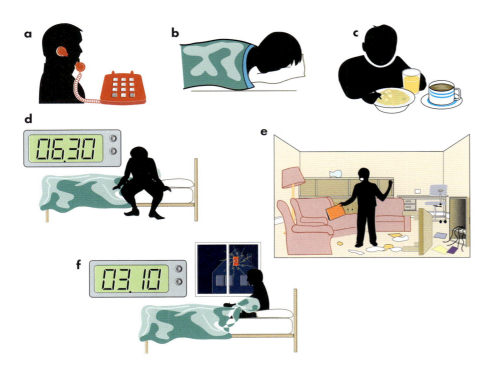

7

Escucha el casete. Toma notas en inglés sobre lo que había hecho el sospechoso.

Mi casete personal

El día de la fiesta

¿Qué habías hecho antes de la llegada de tus invitados? Graba una frase para cada ilustración.

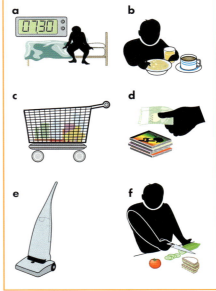

8

Ahora escribe una carta a tu corresponsal para decirle lo que habías hecho antes del primer día de clases este año. Utiliza un diccionario si es necesario.

Para ayudarte

Vocabulario

fijarse en (v) – to notice
menos mal – it's just as well
prestar (v) atención – to pay attention
recado (nm) – message
repaso (nm) – revision
sospechoso (nm) – suspect

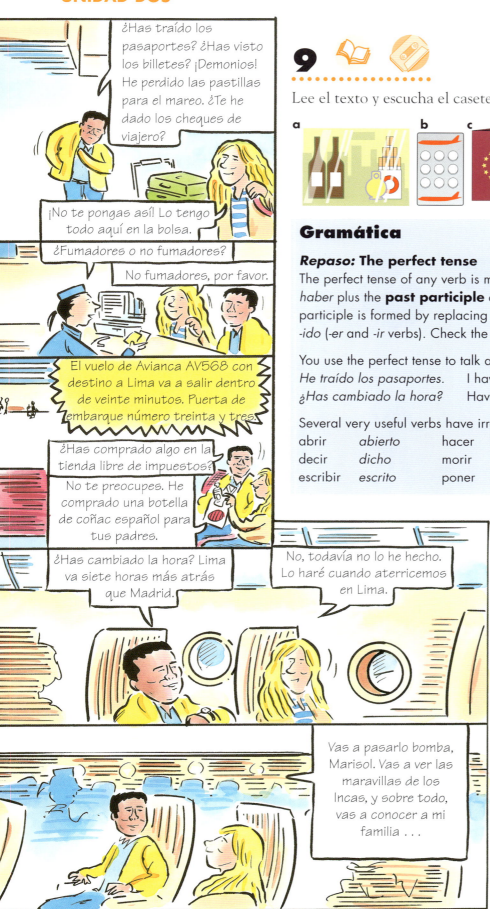

¿Has traído los pasaportes? ¿Has visto los billetes? ¡Demonios! He perdido las pastillas para el mareo. ¿Te he dado los cheques de viajero?

¡No te pongas así! Lo tengo todo aquí en la bolsa.

¿Fumadores o no fumadores?

No fumadores, por favor.

El vuelo de Avianca AV568 con destino a Lima va a salir dentro de veinte minutos. Puerta de embarque número treinta y tres.

¿Has comprado algo en la tienda libre de impuestos?

No te preocupes. He comprado una botella de coñac español para tus padres.

¿Has cambiado la hora? Lima va siete horas más atrás que Madrid.

No, todavía no lo he hecho. Lo haré cuando aterricemos en Lima.

Vas a pasarlo bomba, Marisol. Vas a ver las maravillas de los Incas, y sobre todo, vas a conocer a mi familia . . .

9

Lee el texto y escucha el casete. Elige una frase para cada ilustración.

a   b   c   d   e   f

Gramática

Repaso: **The perfect tense**

The perfect tense of any verb is made up of two parts: the present tense of *haber* plus the **past participle** of the verb you are using. The past participle is formed by replacing *-ar*, *-er* and *-ir* with *-ado* (*-ar* verbs) or *-ido* (*-er* and *-ir* verbs). Check the details on page 160.

You use the perfect tense to talk about things you **have done**:

He traído los pasaportes.	I have brought the passports.
¿Has cambiado la hora?	Have you changed your watch ('the time')?

Several very useful verbs have irregular past participles:

abrir	*abierto*	hacer	*hecho*	romper	*roto*
decir	*dicho*	morir	*muerto*	ver	*visto*
escribir	*escrito*	poner	*puesto*	volver	*vuelto*

10

Escucha el casete.

1 Identifica los errores en la tabla de salidas.

Vuelo	Destino	Puerta
IB502	Lima	34
AV711	Bogotá	28
VI336	Caracas	22
IB815	Buenos Aires	41
IB625	Quito	17
AV427	La Paz	33

2 Estas ciudades son las capitales de algunos países sudamericanos. Escribe los nombres de los países en tu cuaderno.

11

Lee el texto.

Consejos para turistas – llegada al aeropuerto de Lima

- Hay que obtener un distribuidor de tarjetas telefónicas inmediatamente, antes incluso de pasar por la aduana.
- Hay una entidad bancaria en el aeropuerto donde se puede cambiar dinero. Está abierta día y noche.
- Hay que tener en cuenta que si se llega procedente de La Paz con bolivianos en la cartera, nadie los cambiará.
- La Oficina de Turismo se ocupa gratuitamente de hacer la reserva de habitación en el hotel.
- La consigna de equipajes es muy cara.
- Para ir del aeropuerto a Lima, hay tres posibilidades:

  1. el autobús – barato, pero es lento y se corre el riesgo de robo. Fuera del recinto del aeropuerto hay agresiones de vez en cuando.

  2. el autocar *Airport Express* – va directamente a su hotel. Se puede regatear el precio. Hay que esperar bastante tiempo porque los conductores naturalmente quieren llenar el autocar antes de salir.

  3. el taxi – caro, claro. Mejor si se puede compartir con otros viajeros, así es posible negociar un precio mejor.

1 Escribe dos cosas que hay que hacer antes de salir del aeropuerto.
2 ¿Cuál es el problema con el dinero de Bolivia?
3 ¿Cuánto cuesta reservar una habitación a través de la Oficina de Turismo?
4 ¿Cuál es el inconveniente de la consigna?
5 Copia y completa la tabla.

	Ventajas	Inconvenientes
el autobús		
el autocar		
el taxi		

12

Escribe un folleto en español con consejos para los turistas españoles que llegan a un aeropuerto cerca de tu ciudad.

Para ayudarte

Vocabulario
aterrizar (v) – to land
mareo (nm) – sickness
recinto (nm) – precinct
regatear (v) – to haggle, bargain

13

Lee el texto y escucha el casete.

1 Elige una frase para cada ilustración.

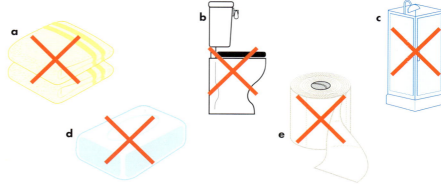

a
b
c
d
e

2 ¿Puedes escribir una frase para estas ilustraciones?

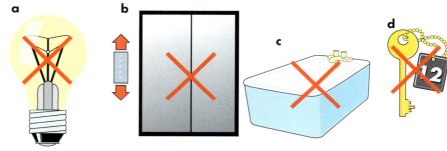

a
b
c
d

Gramática

Repaso: Radical-changing verbs

This group of verbs have a spelling change in the stem as well as the endings in the present tense. In the *Para ayudarte* lists and in the glossary at the back of the book, you can identify a radical-changing verb because the spelling change is given in brackets after the infinitive, e.g. *querer (ie)*. The spelling change usually applies to the first, second and third persons singular and the third person plural. Here is a reminder of five very useful radical-changing verbs:

tener (ie)	poder (ue)	querer (ie)	preferir (ie)	jugar (ue)
tengo	p**ue**do	qu**ie**ro	pref**ie**ro	j**ue**go
t**ie**nes	p**ue**des	qu**ie**res	pref**ie**res	j**ue**gas
t**ie**ne	p**ue**de	qu**ie**re	pref**ie**re	j**ue**ga
tenemos	podemos	queremos	preferimos	jugamos
tenéis	podéis	queréis	preferís	jugáis
t**ie**nen	p**ue**den	qu**ie**ren	pref**ie**ren	j**ue**gan

14

Lee el folleto del Hotel Qorikancha y apunta los detalles importantes para un turista inglés:

1 Dirección y teléfono
2 Precios de las habitaciones
3 Instalaciones y servicios que tiene el hotel

15

Escucha la canción. ¿Cuáles son los problemas del Hotel Desastre? Dibuja un símbolo para cada problema.

BIENVENIDO AL CUZCO
WELCOME TO CUZCO

HOTEL QORIKANCHA
★ ★

CALLE MATARA Nº 261

- Habitaciones Alfombradas con Baño Privado.
- Agua Caliente las 24 Horas.
- Caja de Seguridad.
- Servicio de Lavandería.
- Información Turística.
- Restaurant-Cafetería.
- Servicio Médico.
- Money Exchange.
- Televisión (Opcional).

TARIFAS

SIMPLE	S/. 30	$10
DOBLE	S/. 45	$15
TRIPLE	S/. 60	$20

**Reservaciones
Telefax 221991**

16

Túrnate con tu pareja.
A – Escoge tres ilustraciones del Ejercicio 13 y formula una queja al (o a la) recepcionista.
B – Cierra el libro y toma notas de los problemas de la Persona A. Trata de tranquilizarla.

Ejemplo:

A Estoy muy decepcionado, porque la ducha no funciona, la luz del cuarto de baño no funciona, y no hay jabón.

B Lo siento mucho, señor(a). Vamos a arreglarlo todo en seguida.

17

Acabas de regresar de las vacaciones y no estás contento/a porque hubo muchos problemas en el hotel. Escribe una carta al director del grupo de hoteles (por ejemplo Holiday Inn, Marriott . . .) en Madrid para decirle lo que pasó en el hotel.

Para ayudarte

Vocabulario
ascensor (nm) – lift
aseo (nm) – toilet
código (nm) – code
ducha (nf) – shower
equipaje (nm) – luggage
funcionar (v) – to work (function)
jabón (nm) – soap
llave (nf) – key
luz (nf) – light
papel (nm) higiénico – toilet paper
sol (nm) – Peruvian currency

Study techniques
Find a study buddy. Working with a friend can sometimes be beneficial, although it is easy to kid yourself that you are working when you are not. This way of working is most useful for practising speaking role-plays and learning vocabulary and grammar.

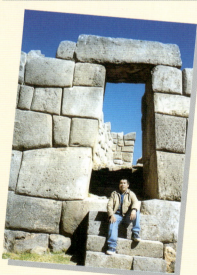

Arequipa, el 5 de julio

Queridos padres:

¡Cuántas cosas tengo que contaros!¡Qué vacaciones tan maravillosas! Pasamos dos días en Lima, y luego cogimos un autocar para Cuzco. Nos alojamos en un pequeño hotel bastante cerca del centro. Cuzco es una ciudad con mucha historia y con muchos restos importantes de la civilización de los Incas, como la fortaleza de Sacsahuamán. Me puse un poco enferma con el soroche, pero no fue nada grave. Tenía dolor de cabeza y me costaba respirar, pero a 3.500 metros de altitud, no me sorprende.

El día siguiente, fuimos en tren hasta Puno, a orillas del lago Titicaca. Allí vimos las islas flotantes de los Uros, y compré unos regalos en el mercado de artesanía. Regresamos a Cuzco, donde vimos a unos habitantes en traje tradicional y escuchamos la música tradicional de las montañas.

Me gusta mucho Cuzco. Es una ciudad muy interesante.

Pero para mí el momento culminante fue el viaje a
Machu Picchu. Primero cogimos el tren en Cuzco e
hicimos transbordo en Ollantaytambo. Luego seguimos
el río Urubamba hasta Machu Picchu. Es una ciudad
Inca que estuvo perdida en las montañas hasta el
año 1911, hasta que fue descubierta por un arqueólogo
americano, Hiram Bingham. No os podeis imaginar lo
impresionante que es, la arquitectura, las montañas y todo
lo demás.
Saqué unas fotos maravillosas. Regresamos luego a
Cuzco, para coger el autocar con destino a Arequipa,
donde vive la familia de Roberto.
He conocido a sus padres y a sus hermanas y son
todos muy simpáticos. Tengo otras noticias también,
pero preferiría contaroslo cuando regrese a España.
Nada más de momento, un beso muy fuerte, y cuidaros
mucho

    Marisol.

18 📖 ✏️

Lee la carta de Marisol y escribe, en forma de diario, lo que hizo los
días del martes 23 junio, el día de su llegada en Lima, al sábado 4 de
julio, el día en que escribió la carta desde la casa de la familia de
Roberto, en Arequipa. Puedes escribir apuntes.

Ejemplo:

23 junio   Llegada a Lima – ¡cansadísima!

25 junio   Autocar hasta Cuzco

19

Lee el comentario de la guía. Rellena los espacios con las palabras de abajo.

invierno	inca	fuego	24 de junio	turística
actores	vestidos	sierra	lejos	anticatólica	tres
arriba	sol	ponchos	solsticio
desfilaba	indios	española	celebración

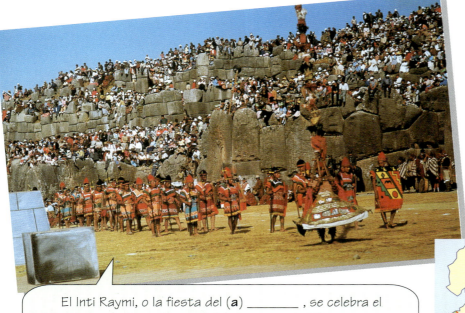

El Inti Raymi, o la fiesta del (**a**) _____ , se celebra el (**b**) _____ . Coincide con el (**c**) _____ de (**d**) _____ , es decir cuando el sol está más (**e**) _____ de la Tierra. La fiesta tiene lugar en Sacsahuamán, un emplazamiento (**f**) _____ situado (**g**) _____ kilómetros más (**h**) _____ de Cuzco. La fiesta estuvo prohibida durante la época de la dominación (**i**) _____ , porque era considerada (**j**) _____ . En la actualidad es a la vez una atracción (**k**) _____ y una fiesta popular que congrega a los pueblos quechua de la (**l**) _____ . Durante la época inca, la noche de la víspera de la (**m**) _____ se apagaban todos los (**n**) _____ y una muchedumbre silenciosa (**o**) _____ por la ciudad de Cuzco hasta que el sol reaparecía.

Hoy en día la fiesta atrae a millares de (**p**) _____ de las proximidades, vestidos con (**q**) _____ antiguos. La fiesta es lenta, pero los (**r**) _____ y el número de (**s**) _____ hacen de ella una de las fiestas más importantes del Nuevo Mundo.

20

Pasaste las vacaciones en Perú. Ahora tu profesor(a) quiere que escribas un artículo describiendo tus experiencias para la revista del instituto, que va a mandar a un instituto en España como parte del intercambio. Puedes mencionar:

- con quién fuiste
- dónde te quedaste
- tus impresiones del país
- lo que visitaste
- la vida nocturna
- un incidente o accidente que te pasó
- otros detalles y descripciones
- los recuerdos que compraste

Debes escribir 150 palabras.

Mi casete personal

Una visita cultural
Graba la historia de una visita cultural. Sigue el orden de las ilustraciones.

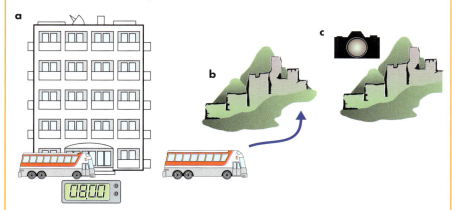

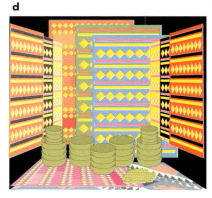

Para ayudarte

Vocabulario
artesanía (nf) – crafts
emplazamiento (nm) – site
marco (nm) – setting
muchedumbre (nf) – crowd
quechua (nm)/(adj) – language of the Incas, still spoken in Peru
soroche (nm) – altitude sickness
víspera (nf) – eve, night before an event

Study techniques
The ability to recognise key words and not to worry about understanding everything is an important skill in listening, and a great way to develop this is to tune into a Spanish radio station. For example, Radio Spectrum International's Spanish Service is on MW 558khz, and broadcasts from Mondays to Saturdays, from 3 p.m. to 4 p.m., and on Sundays from 5 p.m. to 6 p.m. You won't understand much at first, but don't worry – just let the language wash over you. You will soon be able to pick out the odd word here and there, often enough for you to be able to tell what the item is about without needing to understand detail. The more you do this, the more you will be able to recognise.

21

Escribe una postal de Marisol a sus amigos en Salamanca. Antes de empezar, vuelve a leer su carta de las páginas 24 y 25.

22

Lee el texto y escucha el casete.

1 ¿Qué dicen estas personas? →

2 ¿Quién está . . .

- preocupado
- aburrido
- ilusionada
- triste?

23

Túrnate con tu pareja.

Ejemplo:

> ¿Cúanto cuesta mandar una carta a Escocia, por favor?

> Setenta pesetas, señor(ita).

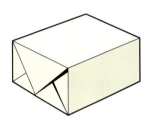

24

¿Algo que declarar?
Escucha el casete. Empareja las ilustraciones con los turistas.
¡Cuidado! Hay una ilustración que sobra.

Ejemplo: **1b**

25

Elige una persona famosa. ¿Adónde fue de vacaciones? ¿Con quién?
¿Qué recuerdos compró? Recorta una foto de una revista y escribe un breve párrafo.

Para ayudarte

Vocabulario
adivinar (v) – to guess
cerámica (nf) – pottery

Study techniques
Make a video recording of ten minutes of a Spanish TV programme. Then play it back without looking at the screen. Jot down any words that you recognise. Now watch the recording, and see if you can spot where the words fit in. Watch again and try to add a few more words to your list. The aim is not to understand it all but to find out more generally what is going on. It is surprising how few words you need for this when you use visual clues too.

Ya lo sé

A

Lee el artículo.
Contesta las preguntas.

1 ¿Cuál es el porcentaje de gente
  con Alzheimer a la edad de
  a) 60 años
  b) 65 años
  c) 75 años?
2 ¿Cuántos enfermos hay en
  España en total?
3 ¿Cuánto cuesta curar a estos
  enfermos?
4 ¿Cuánto cuesta por paciente y
  por año?
5 ¿A qué edad se manifiesta
  a) en el bisabuelo
  b) en el bisnieto?
6 ¿Qué es el período de decalaje
  en el tiempo de manifestación
  generación tras generación?

B

Lee la tarjeta.
¿Verdadero, falso o no mencionado?

1 *España Directo* sirve para llamar a
  España desde otros países.
2 Hay que marcar el código del
  país y seguir las instrucciones.
3 La oficina central de *España
  Directo* está situada en Madrid.
4 Hay que pagar la llamada
  inmediatamente.
5 Hay que utilizar monedas para
  hacer una llamada.
6 Una llamada cuesta veinticinco
  pesetas cada minuto.
7 El Cobro Revertido cuesta más
  que *España Directo*.
8 Hay que llamar entre las nueve
  y las cinco y media.

EL ALZHEIMER – ¿MÁS PELIGROSO QUE EL SIDA?

Cinco de cada cien personas de sesenta años de edad padecen Alzheimer. La prevalencia aumenta a un diez por ciento a los sesenta y cinco años y un quince por ciento a los setenta y cinco años. Las tres grandes causas de mortalidad en el mundo son el cáncer, el corazón y 'la cabeza', y la demencia es la más importante de las enfermedades de la cabeza.

Los cuatrocientos mil enfermos en España cuestan unos doscientos cincuenta mil millones de pesetas, y según el Plan Español Antidemencia, puesto en marcha en 1995, el coste médico por paciente y año va de uno coma cinco a tres millones de pesetas. ¿Qué otra enfermedad hay que le cueste tanto a la sociedad?

Es una enfermedad muy compleja y lo malo es que tiende a anticiparse generación tras generación. Mientras que en el bisabuelo la enfermedad se manifestó a los ochenta años, en el bisnieto aparece a los sesenta y cinco o los setenta. Calculan que cada generación produce un decalaje en el tiempo de manifestación de entre tres y cinco años. Es decir, si la enfermedad se puede manifestar a los sesenta años, nos está destruyendo desde hace treinta o cuarenta años.

Los científicos ahora pueden entender los principios moleculares del Alzheimer y saben que la degeneración del sistema nervioso que se manifiesta en la vejez empieza a producirse mucho antes. Hay muchas más mujeres con demencia que hombres, porque las mujeres son más longevas.

La demencia en el mundo

EE UU
6 millones

Europa
5–6 millones

España
400.000

Sudamérica
4 millones

Asia
21.456

Una epidemia sin fronteras
Existen en el mundo 23 millones de personas con demencia, repartidas según aparecen en el mapa. Se han seleccionado las zonas en las que la enfermedad está más estudiada.

Telefónica, a través de su servicio **España Directo**, le facilita sus llamadas a España cuando viaje por el extranjero. Llévese siempre la guía de códigos **España Directo**. Le será de gran utilidad. Para acceder al servicio marque el código correspondiente desde cada país y siga las indicaciones.

CON ESPAÑA DIRECTO

• La llamada es atendida en castellano y la paga posteriormente quien la recibe.
• No necesita llevar dinero. (■)
• Es más barato que el Cobro Revertido.
• Llame cuando mejor le venga, porque tiene el mismo precio a cualquier hora y día de la semana.
• Puede llamar desde teléfonos públicos o privados, sin recargos.

Con **España Directo**, Telefónica está cerca aunque usted esté lejos. Para cualquier información llame en España al **900 105 105**. Es gratis.
Telefónica le desea buen viaje.

Para llamar desde AMÉRICA

ARGENTINA	◆		08	002 3400
BOLIVIA	■		0	800 0034
BRASIL	◆			000 8034
CANADÁ		1800	463	8255
CHILE (CTC)			80	020 7334
CHILE (ENTEL)	◆		80	036 0055
CHILE (SAT)			1	710 0334
COLOMBIA	■		98	034 0010
COSTA RICA			0800	034 1034
DOMINICANA REP.		1800	333	0234
ECUADOR	●		99	9176
EE.UU. (MCI)		1800	937	7262
EE.UU. (ATT)	■	1800	247	7246
EE.UU. (SPRINT)	■	1800	676	4003
EE.UU. (WORLDCOM)		1800	746	5020
GUATEMALA			999	9034
MÉXICO	◆	01 800	123	0211
NICARAGUA				162
PANAMÁ				134
PARAGUAY			0 083	4834
PERÚ	◆		08	005 0050
PUERTO RICO (TLD)		1800	496	0340
URUGUAY	■◆		00	0434
VENEZUELA			8 001	1034

C *El soroche agudo*

Lee el texto. Empareja los párrafos con los títulos.

- **Consejos y prohibiciones**
- **Causa**
- **Síntomas**
- **Soluciones**

1 El soroche es un problema que se suele presentar con mucha frecuencia. Lo provoca la ascención rápida a cotas muy altas, de modo que el organismo no ha tenido tiempo de adaptarse.

2 Hay una variedad de síntomas, desde el simple dolor de cabeza o la dificultad respiratoria (sensación de ahogo por falta de aire) hasta el edema pulmonar agudo, que puede ser mortal.

3 La solución más sencilla para conseguir que desaparezcan estas síntomas consiste en descender a una altitud inferior lo más rápidamente posible. Si esto no es posible, lo mejor será someterse a algunas sesiones de oxígeno. Durante los primeros días resulta mejor dejar que el organismo se adapte a las condiciones de la altura. Cuantos menos esfuerzos físicos hagamos mejor nos sentiremos. Para los dolores de cabeza ligeros lo mejor es tomar sólo paracetamol.

4 Es aconsejable no comer demasiado, y con preferencia comer los alimentos más ricos y azucarados.

Quedan excluidas las bebidas alcohólicas, así como fumar y los 'calmantes' o somníferos. Los habitantes de los Andes recomiendan tomar el mate de coca.

D

Escribe una breve historia de la conquista de Perú.

1532/33 Captura y asesinato del emperador inca Atahualpa por Francisco Pizarro y los españoles

1535 Establecimiento de Lima como capital

1536 Guerra entre Manco Inca y los españoles. Fin del imperio inca

1430 Victoria de los Cuzqueños (de Cuzco) sobre los Chankas (otra tribu)

1450

1500

1550

1492 Descubrimiento del Nuevo Mundo por Cristóbal Colón

1522 Expedición de Pascual de Andagoya hasta el río San Juan en Colombia

Miguel recuerda el accidente de bicicleta que tuvo hace tiempo, y reflexiona sobre los peligros de ir en bicicleta por las ciudades.

Oye, Esteban, ¿recuerdas cómo nos gustaban los paseos en bici?

Sí, hombre, dábamos unos buenos paseos pero ahora me parece que no te gustan tanto . . .

. . . y cuando llegué a la carretera principal, había un coche que iba demasiado rápido y chocamos. Me hice daño en la pierna y me dolía mucho la cabeza. El conductor se puso furioso.

Pues claro, todavía recuerdo mi accidente. ¿sabes?

Cuéntamelo, ¿qué recuerdas exactamente?

¡PUM!

Pues, subí a un pueblo en las colinas, me comí unos bocadillos y descansé un rato. Empezó a hacer mal tiempo . . . recuerdo que bajaba una cuesta demasiado rápido . . . llovía y la carretera estaba mojada . . . tenía mucho miedo . . .

Hay una organización q lucha por los caminos para ciclistas: voy a hacerme socio de ella .

Ya no voy en bici por la cuidad es demasiado peligroso con tanto tráfico y tanta contaminación. Si no te rompes la pierna, ¡te quedas con los pulmones llenos de humo y los ojos llenos de polvo!

Gramática

Repaso: The present, preterite and imperfect contrasted

You probably remember that the imperfect is used for descriptions and ongoing or repeated actions in the past. Look at the dialogue again and see how different verb tenses are used:

1 to set the scene when telling a story about what happened in the past
2 to describe a single, completed action or event in the past
3 to describe what people 'used to do' in the past
4 to talk about how you feel or what you are doing now
5 to talk about intentions – what you are 'going to do'

Repaso: The immediate future

As in English, you can talk about the future by saying 'I am going to' plus the infinitive of the verb you have chosen.

Voy a jugar al fútbol.   I am going to play football.

Using *hacerse* and *ponerse*

The verb *hacerse* is used to talk about doing something to yourself or becoming something.

Voy a **hacerme** *socio.*   I am going to become a member.

Ponerse is another verb which describes someone becoming something. It is used with an adjective rather than a noun:

El conductor **se puso** *furioso.*   The driver became furious.

1

¿Qué cosas recuerda Miguel? Lee y escucha el texto. Cópialo y rellena los espacios.

Miguel **(a)** _____ a un pueblo en las colinas, **(b)** _____ unos bocadillos y **(c)** _____ un rato. **(d)** _____ mal tiempo. Miguel **(e)** _____ que **(f)** _____ una cuesta demasiado rápido. **(g)** _____ y la carretera estaba mojada. Miguel **(h)** _____ miedo. **(i)** _____ a la carretera principal. Había un coche que viajaba rápido y **(j)** _____. El conductor se **(k)** _____ furioso.

2

Lee el texto otra vez y corrige estas frases.

1 La bici de Miguel era una bicicleta de montaña azul.
2 Miguel chocó con un camión.
3 Cuando ocurrió el accidente, Miguel subía una cuesta.
4 El conductor del coche se puso contento.
5 A Miguel ahora no le gusta viajar en bici por el campo.
6 Miguel va a hacerse socio de una organización que lucha contra los ciclistas.

3

Rellena los espacios con la palabra correspondiente de la casilla.

campo	casco	distancia
cuidado	gasolina	forma
parados	puro	
rápido	paisaje	
	tráfico	vivos

Miguel tiene razón: con el **(a)** _____ que hay en nuestras ciudades, puede ser peligroso ir en bicicleta si no tienes **(b)** _____ . Pero si siempre te pones un **(c)** _____ y ropa de colores **(d)** _____ , ir en bici te ahorra tiempo y dinero, porque cuando los coches se quedan **(e)** _____ , los que van en bici siguen moviéndose. Y si te gusta pasear por el **(f)** _____ , nada mejor que hacer ciclismo. Si viajas en coche, todo pasa demasiado **(g)** _____ , no ves nada y gastas **(h)** _____ . Si vas a pie, cuesta mucho tiempo andar una **(i)** _____ bastante corta. Pero en bicicleta – tienes tiempo para ver el **(j)** _____ , respiras aire **(k)** _____ y además, ¡te mantienes en **(l)** _____ !

Mi casete personal

Problemas de transporte

Imagina que haces una entrevista para la radio. Tienes un minuto, nada más, para contar todos los problemas que tienes con el transporte: cómo viajas al instituto, cuánto tiempo dura el viaje, las condiciones de tráfico de tu pueblo o ciudad, los problemas de las horas punta . . .

4

Escucha esta entrevista con Ramón Ruedas Calientes, Campeón de España de ciclismo. Escribe unas notas en inglés sobre:

1 los triunfos de Ramón
2 cómo llegó a ser campeón
3 lo que quiere hacer para la sociedad
4 por qué deberíamos utilizar más la bicicleta
5 cómo se ganará la vida en el futuro

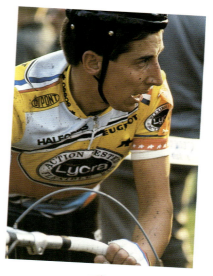

5

Escribe unas 50 palabras sobre cómo están aumentando los problemas de la circulación: cómo era cuando tenías cinco años y cómo es ahora.

Para ayudarte

Vocabulario

bajar (v) una cuesta (nf) – to go downhill, go down a slope
campaña (nf) – campaign
carril (nm) de bici – cycle track (alongside a road)
chocar (v) - to crash
circuito (nm) de ciclismo – cycle track (through countryside)
descansar (v) – to rest, relax
diseño (nm) – design
entrenamiento (nm) – training
hacerse daño (v) – to hurt yourself
humo (nm) – smoke/fumes
mojado (adj) – wet
placer (nm) – pleasure
polvo (nm) – dust
ponerse (v) – to become
pulmón (nm) – lung
un rato (nm) – a while

Consejos para la salud

Los jóvenes lo tienen todo: inteligencia, salud, confianza en sí mismos, tiempo para divertirse y, hoy en día, la mayoría tiene independencia y dinero para aprovecharla. Pero todos corremos el peligro de abusar de estas ventajas de manera que puede comprometer la salud para el resto de la vida . . . Si quieres mantenerte en forma y sobrevivir tu juventud sin problemas de salud, debes tener en cuenta los siguientes consejos:

- debes evitar los sonidos fuertes, como, por ejemplo, en las discotecas
- debes mantener limpios la cocina y los utensilios de cocina
- debes escoger una actividad o un deporte apropiado, en el que se ejerza todo el cuerpo
- no debes beber demasiado alcohol
- debes ir andando o en bicicleta siempre que puedas
- debes practicar una actividad física al menos una hora al día
- debes lavar bien la fruta y los vegetales
- debes escoger la dieta que te convenga
- debes evitar mirar demasiado la televisión
- debes evitar el contacto de los alimentos con moscas y animales
- debes evitar por completo las drogas
- no debes comer más de lo suficiente
- debes revisarte la vista cada año
- debes lavarte las manos después de ir al baño
- debes lavarte las manos antes y después de preparar la comida
- no debes fumar
- debes aumentar la actividad física
- no debes tomar demasiado azúcar
- debes consultar a un especialista si tienes problemas de dieta
- debes leer con una buena luz
- debes dormir al menos ocho horas cada noche
- debes evitar pasar horas trabajando delante del ordenador

6

Los consejos del póster están mezclados. Pon cada consejo con uno de estos objetivos.

1 para mantenerse en forma
2 para cuidar el estómago y el sistema digestivo
3 para no engordar
4 para evitar problemas de la vista
5 para evitar problemas de los oídos

Gramática

All of the health advice given in the poster is expressed with the verb *deber*. Look carefully at what follows in each case. You will see that this verb is always followed by an infinitive to express the course of action you have to take. *Deber* is a regular *-er* verb:

debo, debes, debe, debemos, debéis, deben

7

1 Esteban, Ana, Miguel, Marisol, Felipe y Suso
hablan de su estilo de vida. Escúchales e
identifica lo que dice cada uno acerca de su vida.
¿Quién(es) . . .
a) . . . duerme bien?
b) . . . come bien?
c) . . . se mantiene en forma?
d) . . . no fuma?
e) . . . no bebe demasiado?
f) . . . no toma drogas?

2 Ahora, hablando en grupos de tres o
cuatro, tienes que decidir cuáles de
estas personas tienen un buen estilo de
vida y cuáles no, explicando por qué.

8

Imagina que tienes
que preparar un
folleto sobre la
salud. Tienes que
incluir diez
recomendaciones
positivas (debes . . .)
y diez negativas (no
debes . . .).

9

Cuenta a tu compañero/a de
clase lo que haces para
mantenerte en forma. Debes
mencionar también lo que comes
y bebes.

Para ayudarte

Vocabulario
mosca (nf) – fly (insect)

Study techniques
Develop a routine – don't rely on
'study leave' to give you all the time
you need. Get up at a fixed time,
dress for work to get you in the right
frame of mind, and put in a regular
number of hours, starting and
finishing at set times. This will help
you to resist distractions, and
afterwards you can treat yourself to
a rest or a reward with a clear
conscience!

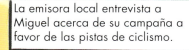

La emisora local entrevista a Miguel acerca de su campaña a favor de las pistas de ciclismo.

Miguel, tú eres el representante en nuestro pueblo de la campaña Ampedal, pero ¿qué significa exactamente todo eso?

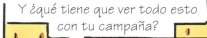

Bueno, dependemos demasiado de los coches: si seguimos así, las calles estarán tan congestionadas que no podremos movernos; tendremos que respirar siempre aire contaminado, y dañaremos la atmósfera. ¡Y un día de todas formas se acabará la gasolina!

Y ¿qué tiene que ver todo esto con tu campaña?

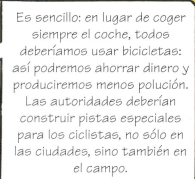

Es sencillo: en lugar de coger siempre el coche, todos deberíamos usar bicicletas: así podremos ahorrar dinero y produciremos menos polución. Las autoridades deberían construir pistas especiales para los ciclistas, no sólo en las ciudades, sino también en el campo.

Y ¿cómo vais a solucionar estos problemas?

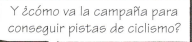

Y ¿cómo va la campaña para conseguir pistas de ciclismo?

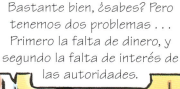

Bastante bien, ¿sabes? Pero tenemos dos problemas . . . Primero la falta de dinero, y segundo la falta de interés de las autoridades.

Hablaremos con los políticos, organizaremos una campaña publicitaria, buscaremos el apoyo del público.

Y tú, ¿qué harás?

Haré todo lo posible para nuestra organización.

10

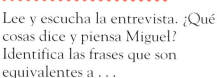

Lee y escucha la entrevista. ¿Qué cosas dice y piensa Miguel? Identifica las frases que son equivalentes a . . .

1 Habrá mucho tráfico en la ciudad.
2 Resultará difícil viajar.
3 Respiraremos aire sucio.
4 Arruinaremos el medio ambiente.
5 Se agotará la gasolina.
6 Gastaremos menos dinero.
7 El aire estará mas limpio.
8 Habrá discusiones con los diputados.
9 Pondremos anuncios por todas partes.
10 Pediremos a la gente que nos ayude.

Gramática

The future tense

On page 32 you saw some examples of how to use *ir a* + infinitive to talk about what 'is going to' happen. But to talk about what **will** happen, and what is planned, Spanish also uses the future tense. It is a very easy tense to learn: simply put the following endings on to the whole infinitive:

-é, -ás, -á, -emos, -éis, -án
(See page 163 of the grammar reference section for more information.)

There are just a few irregulars; here are the most useful:

haber → habrá (=there will be)	tener → tendré
saber → sabré	venir → vendré
poder → podré	salir → saldré
querer → querré	decir → diré
poner → pondré	hacer → haré

11

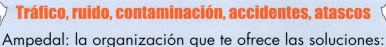

Tráfico, ruido, contaminación, accidentes, atascos

Ampedal: la organización que te ofrece las soluciones:

Silencio, seguridad, libertad, acceso, aire puro

¿Cómo?

Proponemos una red de carriles y circuitos para ciclistas, pasando por las riberas de los ríos, por los parques, y usando las calles con menos tráfico, para que todos puedan viajar en bicicleta, sin peligro, sin contaminación, sin retrasos.

1 En este folleto, hay una serie de palabras opuestas. Haz una lista de las palabras opuestas.

2 ¿Qué harán estas vías para ciclistas y qué harán los ciclistas? Escribe unas frases. Trata de usar cada uno de estos verbos en el futuro: pasar, usar, viajar, evitar, escapar, llegar.

12

1 Escucha este reportaje de Radio Nacional de Pamplona. Un reportero comenta la gran manifestación de Ampedal, que está causando una situación caótica en el centro de Pamplona. Copia el plano y, mientras escuchas, apunta el nivel de congestión en las calles y plazas mencionadas.

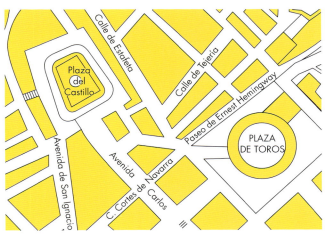

2 Ahora escucha esta entrevista con Miguel y rellena los espacios con las palabras más adecuadas.

a) Miguel y sus compañeros tratan de _____ a las autoridades de la necesidad de tener vías para ciclistas.

b) Quieren que la gente pueda viajar con toda _____ .

c) Donde hay vías para ciclistas, los ciclistas están lejos de la _____ de los coches.

d) Si viajan por vías para ciclistas, no corren _____ de accidentes.

e) Miguel fue _____ de un accidente hace dos años.

f) A una amiga de Miguel, Cristina, la atropelló un _____ .

g) Cristina no sufrió _____ al caer de la bicicleta.

h) El camión _____ contra ella por detrás.

i) El camión _____ la bicicleta por completo.

j) Miguel y Cristina quieren _____ la atención sobre la necesidad de construir vías para ciclistas.

13

Diseña un póster para apoyar a la campaña para conseguir vías de ciclistas. Úsalo para convencer a la comunidad donde vives. Imagina que tus compañeros de clase son concejales de tu pueblo o ciudad y trata de persuadirles.

Para ayudarte

Vocabulario

acabarse (v) – to run out
apoyo (nm) – support
atasco (nm) – traffic jam
de todas formas – in any case
destrozar (v) – to destroy
en marcha – on the move
falta (nf) – lack, shortage
impedir (i) (v) – to prevent
lado (nm) – side
opuesto (adj) – opposite
ribera (nf) – (river) bank
seguir así (i) (v) – to go on like this
sencillo (adj) – simple
tortuga (nf) – tortoise

Esteban tiene una entrevista con la empresa Iberimex, una compañía que importa objetos de artesanía de Méjico.

Señor Muñoz, veo que tiene un poco de experiencia del trabajo. ¿Quiere explicarme de qué?

Bueno, estuve una temporada sin trabajo, luego fui a trabajar a una papelería llamada El Mundo de la Oficina. Al principio, hacía el trabajo de mi primo Miguel, que trabajaba allí los fines de semana. Cuando se rompió la pierna en un accidente de bicicleta, la gerente, Señora Ortega, buscaba ayuda y fui a trabajar en el sitio de mi primo.

EL MUNDO de la OFICINA

Y ¿trabajaba sólo los fines de semana?

Al principio, sí, pero después de unas semanas, la señora Ortega me dijo que trabajaba muy bien y que quería ofrecerme un puesto permanente.

Sí, veo en las referencias que me mandó que usted es muy trabajador. Y ¿por qué quiere usted trabajar aquí?

Porque me interesan mucho la artesanía y las tradiciones de Méjico. También me encanta la música y tengo un grupo de música. Me gusta la música mejicana, y un día quiero visitar Méjico.

Media Luna

Muy bien. ¿Qué quiere usted saber sobre el puesto que le ofrecemos?

¿En qué consiste el trabajo exactamente?

Será responsable del almacén. Recibimos una entrega cada semana: usted deberá recibir la entrega, almacenarla, y luego sacar los objetos encargados y prepararlos para la entrega a nuestros clientes. A veces tendrá que conducir una camioneta de reparto.

Y ¿las condiciones del puesto?

Le ofrecemos un salario de ciento cincuenta mil pesetas al mes por cuarenta horas semanales de trabajo. ¿Qué le parece?

Pues, ¡estupendo, gracias! Menos mal que estoy aprendiendo a conducir.

14

Busca todas las frases que contienen un verbo en imperfecto o pretérito. En cada caso, cuenta lo que dijo Esteban.

Ejemplo: Esteban dijo que estuvo una temporada sin trabajo.

15

Copia el currículum y complétalo con los detalles de la casilla.

CURRÍCULUM VITAE

Nombre: ....

Apellidos: ....

Estado civil: ....

Fecha y lugar de nacimiento: ....
....

Dirección: ....
....

Educación: ....
....

Trabajo: ....
....
....

Intereses: ....
....

Deportes: ....
....

Esteban

1994–98: Dependiente en una zapatería durante las vacaciones de verano, canguro para mi familia.

Fútbol

18 de noviembre de 1978, en Pamplona

Muñoz Torres

1998: Trabajo en El Mundo de la Oficina

Colegio San José, Pamplona

Soltero

música, ciencia-ficción

C/ del Valle, 45, Pamplona

Gramática

***Repaso*: Using different past tenses**

Notice how Esteban uses the imperfect to set the scene (*Miguel trabajaba allí los fines de semana*) and the preterite for events that happened (*Se rompió la pierna en un accidente.*)

Para ayudarte

Vocabulario

almacén (nm) – warehouse/store

almacenar (v) – to store

artesanía (nf) – (handi)craft

camioneta (nf) de reparto – delivery van

encargar (v) – to order

entrega (nf) – delivery

gerente (nm/f) – manager

mejicano (adj) – Mexican

al principio – at first

puesto (nm) – job/position

16

Lee las ofertas de trabajo y emparéjalas con los jóvenes que buscan trabajo. ¡Atención – sobra una!

1

NECESITAMOS 30 PERSONAS
para cubrir diferentes puestos: se abre nueva tienda; interesados llamar
94-442 16 63

2

EMPRESA VASCA
necesita personal, ambos sexos, para su departamento comercial. Presentarse de 11 a 1:30 en: Sabino Arana, 47, bajo.

3

SE NECESITA REPRESENTANTE
zona norte para manutención y almacenaje de contenedores metálicos: salario fijo más comisiones.
Telf. 94-412 82 11

4

NECESITAMOS CAMARERO
CON EXPERIENCIA Y BUENAS REFERENCIAS, RESTAURANTE CHINO, ZONA ESTACIÓN.
LLAME TELF. 94-681 10 82

5

CORREOS necesita personal para clasificación y reparto. Infórmate 94-476 09 09

a) Pepe Romano

> Busco trabajo en un café o restaurante; me gusta la comida extranjera.

b) Marisa Roble

> Quiero trabajar en una tienda en Pamplona.

c) Sergio Parra

> Me gusta trabajar al aire libre y conocer a mucha gente.

d) Carmen Manuel

> Necesito un puesto en administración o comercio.

17

Cuenta a tus compañeros de clase los detalles más importantes del trabajo que haces por las tardes o los fines de semana para ganar dinero. Si no haces ningún trabajo, puedes inventártelo.

18

Lee la carta de solicitud que Esteban mandó a Iberimex.

Lee otra vez los anuncios (Ejercicio 16). Escribe una carta parecida para solicitar **uno** de los empleos.

Pamplona, 3 de junio

Muy señores míos:

Me permito escribirles para solicitar el puesto anunciado en el Heraldo de Pamplona y para mandarles mi currículum vitae. Espero que me consideren para el puesto. Como se puede ver en mi currículum, ya tengo experiencia en un trabajo un poco parecido al trabajo que ustedes ofrecen, ya que trabajo desde hace dos años en El Mundo de la Oficina. Podría ser de interés que soy muy aficionado a la música, y que me interesan mucho la cultura y la historia de Méjico.

Soy trabajador y tengo mucha ambición, y no me importa trabajar muchas horas a la semana.

Estoy aprendiendo a conducir. Si necesitan mis referencias, pueden escribir a la señora Ortega de El Mundo de la Oficina, calle San Agustín, Pamplona, y al señor Montero del Colegio San José. Les saluda atentamente,

19

Escucha otra vez la entrevista de Esteban en Iberimex y corrige las siguientes frases.

1 Esteban tiene mucha experiencia del trabajo.
2 Fue a trabajar a El Mundo de la Oficina para ayudar a su primo Miguel.
3 La señora Ortega necesitaba ayuda en casa.
4 Al principio trabajaba durante la semana.
5 Después de unas semanas, la señora Ortega le ofreció un puesto temporal.
6 Según las referencias Esteban no es muy trabajador.
7 A Esteban no le interesan nada la artesanía y las tradiciones de Méjico.
8 Hace dos años que Esteban sabe conducir.
9 El trabajo consiste solamente en ser responsable de las entregas.
10 Esteban tendrá que sacar a los clientes y prepararlos para la entrega.
11 Su salario será de 150 mil libras al mes, y podrá usar un coche de la empresa.
12 Tendrá que trabajar cuarenta horas al día.

20

Prepara tu currículum y una carta de solicitud para el empleo de tus sueños.

Para ayudarte

Vocabulario

carta (nf) de solicitud (nf) – letter of application
parecido (adj) – similar
solicitar (v) – to ask for, apply for

Study techniques

Give yourself a target of a number of new words to learn each week. To make it easier, concentrate on one topic at a time.

Gramática

Repaso: Formal commands

Look back at the information in Unit 1 (page 5). Read the instructions which Esteban's instructor gives him in the dialogue above. Make a list of all the formal commands he uses.

Repaso: Questions

In Spanish, you can write questions simply by putting a question mark at the beginning (upside down) and end of the sentence.

¿Es el amigo de Miguel?

¿Tiene bastante dinero para vivir?

Sometimes you will find the order of the words changes in a question.

Suso se ha ido a Madrid.   *¿Se ha ido Suso a Madrid?*

You can also begin a question with a suitable question word:

*¿**Dónde** está Suso ahora?*

*¿**Cómo** está Suso?*

*¿**Cuál** es el verdadero Suso: mi amigo o el idiota que hizo tantas tonterías?*

*¿**Cuándo** volveré a verlo otra vez?*

*¿**Cuánto** tiempo llevo ya sin verlo?*

*¿**Quién** sabe?*

*¿**Qué** hace Suso en este momento?*

*¿**Por qué** es tan imbécil?*

For further information, check the grammar reference section on page 167.

21

Esteban compra gasolina por primera vez. Escucha el casete y escoge el interrogativo que convenga para cada una de estas preguntas.

1 ¿_____ está la gasolinera?
2 ¿_____ tengo que hacer?
3 ¿_____ es tan difícil?
4 ¿_____ puede ayudarme?
5 ¿_____ de estos dos tipos de gasolina debo usar?
6 ¿_____ se pone la gasolina en el depósito?
7 ¿_____ gasolina debo poner?
8 ¿_____ tengo que pagar?

22

Escucha las instrucciones de tu profesor de autoescuela y escribe las letras en el orden de la cinta.

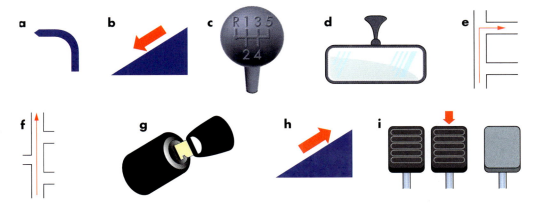

a   b   c   d   e

f   g   h   i

23 *Normas de circulación*

Lee las siguientes normas de circulación y elige la traducción más adecuada. Cuando sea necesario, utiliza el diccionario.

1 Recuerde que siempre es necesario conducir circulando por la derecha.
2 El conductor deberá adaptar su velocidad a las características de la vía y a las condiciones atmosféricas.
3 La velocidad máxima podrá aumentarse en 20 km/h en los adelantamientos.
4 En función de la velocidad, se mantendrá entre los vehículos una distancia que permita detenerse sin colisionar con el que va delante.
5 Recuerde que cada vehículo debe llevar encendido su alumbrado si circula entre la puesta y la salida del sol o en condiciones meteorológicos desfavorables.
6 Deberá ser usado el cinturón de seguridad en cualquier clase de vía.
7 El casco será obligatorio en cualquier motocicleta tanto en vías urbanas como interurbanas.
8 Los peatones circularán por la izquierda en carreteras que no dispongan de aceras.

a) *Keep a safe distance from the vehicle in front, according to your speed, so that you can stop in an emergency.*
b) *Motorcyclists must always wear a helmet, including in town.*
c) *Maximum speeds may be exceeded by 20 km/h when overtaking.*
d) *Always drive on the right.*
e) *Always put your lights on when driving between sunset and sunrise or during bad weather.*
f) *Safety belts must be worn at all times.*
g) *On main roads with no pavement, pedestrians should keep to the left.*
h) *Drivers should adapt their speed to weather and road conditions.*

i

Para ayudarte

Vocabulario
arrancar (v) – to start off
cruce (nm) – crossroads/junction
marcha (nf) – gear
permiso (nm) de conducir – driving licence
reducir (v) – to reduce
retrovisor (nm) – rear view mirror
velocidad (nf) – speed

Study techniques
Learning vocabulary is an essential part of the job of language learning. In the examination, there won't be time for you to look up lots of words that are unfamiliar, so having a fairly wide basic vocabulary is a great advantage. Start early, set yourself target numbers of words to learn, and make sure you're tested regularly, by a teacher, an assistant or a friend.

24 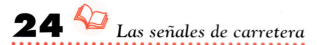 *Las señales de carretera*

Empareja las fotos con las instrucciones.

1 no aparcar: privado
2 no pasar
3 aparcar motos aquí
4 aparcamiento reservado para clientes
5 siga todo recto para el centro de salud
6 tuerza a la derecha para el mercado
7 tuerza a la izquierda para los taxis

Gramática

Commands on public notices

Notice how several of the instructions above told us **not** to do something, using the infinitive form (*no aparcar, no pasar*). This form of negative command is very common in public notices and instructions.

25

En los pueblos y ciudades de España, con sus calles estrechas donde hay poco sitio para aparcar un coche, son muy populares los ciclomotores. Aquí tienes algunas frases que aparecen en la Guía del Conductor de Ciclomotores. Algunas cosas son aconsejables, otras están prohibidas. Para cada una, escribe A (aconsejable) o P (prohibida).

1 Arrastrar remolques.
2 Cargar el ciclomotor con objetos que dificultan su manejo.
3 Poner especial cuidado en arrimarse en las curvas.
4 Observar la posición y velocidad de los demás vehículos.
5 Circular por autopista.
6 Llevar a otra persona.
7 Ir en línea recta sin zigzaguear entre vehículos.
8 Circular utilizando auriculares.
9 Soltar las manos del manillar.
10 Ajustar siempre la velocidad a las circunstancias de tráfico.
11 Obedecer siempre las señales de los agentes o de los semáforos.
12 Para cambiar de dirección hacer la indicación de giro levantando el brazo o con el intermitente.

26

Copia y rellena el formulario.

Autoescuela Manuel Ortega

Nombre: ....

Domicilio:

Edad: ....

Profesión: ....

Experiencia: ....

Tipo de coche que prefiere: ....

Horario de trabajo: ....

Disponibilidad: ....

Duración de clase preferida (1 hora/2

horas): ....

Día(s) preferido(s) ....

Para ayudarte

Vocabulario

agente (nmf) – police officer
arrastrar (v) – to tow
arrimarse (v) – to lean over
auriculares (nmpl) – headphones
ciclomotor (nm) – moped
giro (nm) – turn
manejo (nm) – control
manillar (nm) – handlebar(s)
motocicleta (nf) – motorbike
remolque (nm) – trailer
semáforo (nm) – traffic light

Study techniques

Build in set times for relaxation.
Nobody expects you to work all
the time, and it's not productive to
do so. Work smarter, not longer,
by planning your leisure around
your work so that you can enjoy
your leisure activity knowing your
work is under control.

27

Aquí tienes una conversación típica en una estación de servicio. **A** es
el dependiente/la dependienta y **B** es el/la cliente.

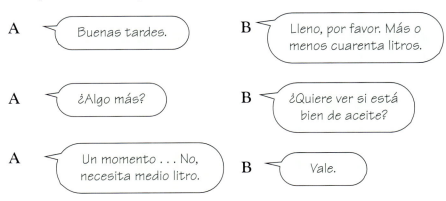

A — Buenas tardes.

B — Lleno, por favor. Más o menos cuarenta litros.

A — ¿Algo más?

B — ¿Quiere ver si está bien de aceite?

A — Un momento . . . No, necesita medio litro.

B — Vale.

Ahora túrnate con tu pareja. Inventa otras conversaciones parecidas.

a

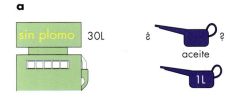

sin plomo 30L ¿ ? aceite 1L

b

súper 25L

c

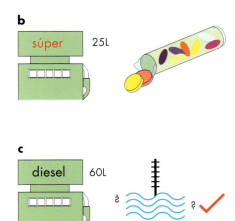

diesel 60L

Gramática

Making formal commands negative

In the dialogue above the instructor gives Esteban negative commands, telling him **not** to do things. He uses exactly the same verb form as when he gives him positive commands, but with a *no* in front.

Other examples:
Tuerza a la derecha – ¡no tuerza a la izquierda!
Reduzca la velocidad – no cambie de marcha.

Making informal commands negative

To tell someone you know well **not** to do something, you use the same verb form as for *usted*, except that you add an *-s* – as you can see when Miguel and Esteban tell each other not to do something.

*¡No vaya**s** demasiado rápido!*
*¡No te acerque**s** demasiado a este coche!*

Command forms are often used to give directions. Use the *tú* or *usted* forms, depending on who you are talking to.

tú		usted	
gira	no gires	gire	no gire
tuerce	no tuerzas	tuerza	no tuerza
ve	no vayas	vaya	no vaya
toma	no tomes	tome	no tome
sigue	no sigas	siga	no siga
sube	no subas	suba	no suba
baja	no bajes	baje	no baje

28

Escucha estas instrucciones e indica el orden correcto de las ilustraciones.

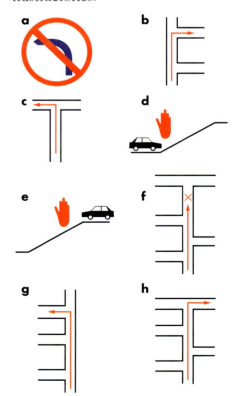

29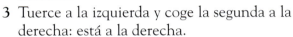

Consulta el plano y lee las instrucciones. Copia la tabla y pon una x en la casilla adecuada.

 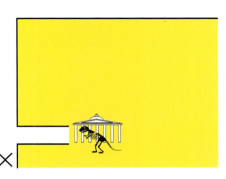

Estás aquí ✕

1 No gires a la derecha, toma la primera calle a la izquierda; está a mano derecha.
2 Sigue todo recto, al final tuerce a la izquierda; no tomes la primera sino la segunda a la derecha.
3 Tuerce a la izquierda y coge la segunda a la derecha: está a la derecha.
4 Sigue todo recto, al final gira a la derecha, luego toma la segunda a la izquierda.
5 No sigas todo recto: está al final de esa calle. Coge la primera calle a la derecha.

	Correos	Biblioteca	Museo	Catedral	Bar Manolo
1					
2					
3					
4					
5					

30

1 Túrnate con tu pareja explicando por dónde se va a varios sitios de la ciudad. Sólo puede mirar el plano la persona que da las instrucciones.

Ejemplo:

> Para ir a Correos, tuerce a la derecha, sigue todo recto y está a la derecha.

a) Para ir al supermercado . . .
b) Para ir a tu instituto . . .
c) Para ir al parque . . .
d) Para ir al polideportivo . . .
e) Para ir a la plaza principal . . .
f) Para ir a la iglesia . . .
g) Para ir al banco . . .
h) Para ir al cine . . .

2 Ahora escribe una nota a tu amigo/a español(a) y da instrucciones para ir a esos sitios.

Ya lo sé

A Un póster

Trabajando en grupo, o solo/a si lo prefieres, diseña un póster para una autoescuela española. No te olvides de incluir algunos dibujos de los controles importantes.

B Una carta de queja

Escribe una carta al ayuntamiento de un pueblo o de una ciudad española. Quieres quejarte del nivel de congestión de tráfico que hay allí. Sugiere la creación de carriles para ciclistas como una de las solucio nes posibles.

C Una encuesta

Haz una encuesta con tus compañeros de clase acerca de los medios de transporte que usan para venir al instituto y la duración/el tiempo y la distancia de sus viajes. Aquí tienes algunas preguntas útiles:

- ¿Cómo vienes al instituto?
- ¿Cuánto tiempo dura el viaje?
- ¿A qué distancia del instituto vives?

Diseña una tabla como la siguiente:

Nombre	Medio de transporte	Duración del viaje	Distancia

D

Escribe unos apuntes sobre el Highway Code para una familia española que va a venir en coche a visitar a tu familia. Será su primera visita a Gran Bretaña y no saben nada de las carreteras aquí. Recuerda que tendrán que acostumbrarse a conducir por la izquierda, reconocer las señales de tráfico y los colores de los postes indicadores, además de las reglas peculiares que tenemos aquí.

E *Un póster para Ampedal*

Trabajando en grupo, o solo/a si lo prefieres, diseña un póster para persuadir al público que dé su apoyo a la organización Ampedal. No te olvides de incluir las ventajas de ir en bicicleta, sobre todo los beneficios para el medio ambiente.

F

Quieres trabajar en España durante las vacaciones. Escribe a un hotel/bar/restaurante/parque de atracciones solicitando trabajo. Incluye toda la información que sería de interés.

G

Mira otra vez las ofertas de trabajo en el Ejercicio 16 (página 40). Escribe el currículum de un candidato que sería ideal para **uno** de los puestos.

Mala suerte

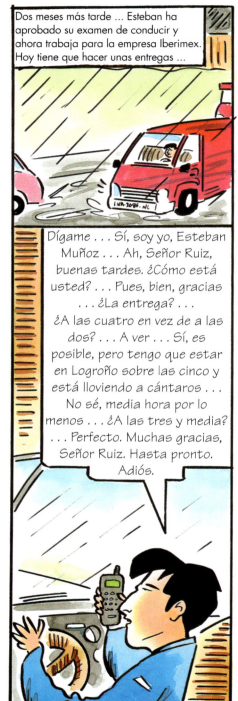

Dos meses más tarde ... Esteban ha aprobado su examen de conducir y ahora trabaja para la empresa Iberimex. Hoy tiene que hacer unas entregas ...

Dígame . . . Sí, soy yo, Esteban Muñoz . . . Ah, Señor Ruiz, buenas tardes. ¿Cómo está usted? . . . Pues, bien, gracias . . . ¿La entrega? . . .
¿A las cuatro en vez de a las dos? . . . A ver . . . Sí, es posible, pero tengo que estar en Logroño sobre las cinco y está lloviendo a cántaros . . .
No sé, media hora por lo menos . . . ¿A las tres y media? . . . Perfecto. Muchas gracias, Señor Ruiz. Hasta pronto. Adiós.

1

Lee el texto y escucha el casete. Escribe la información que se pide.

1 Primera hora propuesta por el señor Ruiz
2 Ciudad adónde va Esteban
3 Hora de su cita allí
4 Duración del viaje
5 El tiempo que hace
6 Otra sugerencia del señor Ruiz para la cita

Gramática

Repaso: El tiempo que hace

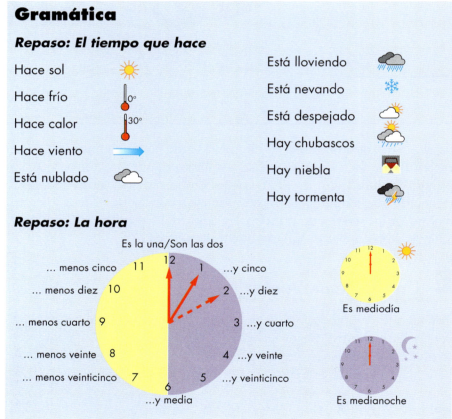

Hace sol
Hace frío
Hace calor
Hace viento
Está nublado

Está lloviendo
Está nevando
Está despejado
Hay chubascos
Hay niebla
Hay tormenta

Repaso: La hora

Es la una/Son las dos

... menos cinco
... menos diez
... menos cuarto
... menos veinte
... menos veinticinco
...y media
...y cinco
...y diez
...y cuarto
...y veinte
...y veinticinco

Es mediodía

Es medianoche

	Carretera	Ciudad	Tiempo que hace	Problema
1				
2				
3				
4				
5				

2

Escucha el casete. Copia y rellena la tabla.

3

Utiliza el mapa para hacer preguntas sobre el tiempo que hace.

Ejemplo:

A ¿Qué tiempo hace en Pamplona?

B En Pamplona hay chubascos.

4

Lee los recados para Esteban y escribe su agenda para el **jueves**.

Señor Barrales – cita el jueves a las diez de la mañana

Señor García Morales – miércoles a las tres de la tarde

Señor Piñón – cita el jueves a las cuatro de la tarde

Señora Reca – el viernes a las nueve de la mañana

Señora Martín – el jueves a las once de la mañana

Señor Rodríguez – el jueves a las dos y media de la tarde

Señora Herrero – el jueves a las nueve de la mañana

Señor Palazón – el jueves a las cinco y media de la tarde

Para ayudarte

Vocabulario

carretera (nf) – road
chubasco (nm) – shower (of rain)
dígame – hello (on phone)
entrega (nf) – delivery
obras (nfpl) en la carretera – road works
recado (nm) – message
retraso (nm) – delay
sugerencia (nf) – suggestion

Study techniques

To maintain your levels of concentration and revise effectively, you need to be doing something *actively*. It's more useful to do a couple of activities or to test yourself on vocabulary, for example, than just to read over pages of notes. If you are working your way through an activity it is less likely that your concentration will wander to thinking about the film you saw last night, or whether your team will be relegated this season. Notes are good, as long as you use them actively – see the tips given in the next unit.

¡Demonios! ¡Las nueve menos veinte ya! ¡Y tengo que estar en Empresas Rivas a las nueve! Voy a leer esta carta más tarde.

Sí, mi camioneta está averiada . . . No sé. Creo que es el embrague. ¿Podría enviar un mecánico, por favor? Estoy en la N121, entre Noain y Las Campanas, al sur de Pamplona . . . la matrícula es el NA 3086 AC. ¿Cuánto tiempo tardará en llegar? . . . ¿Una hora y media? . . . Pero es muy urgente. Tengo unas entregas muy importantes . . . ¿Lo más pronto posible? Gracias.

5

1 Lee el texto y escucha el casete. Rellena los espacios con la forma correcta de *ser* o *estar*.
   a) Mi camioneta _____ averiada.
   b) Creo que _____ el embrague.
   c) _____ en la N121.
   d) _____ muy urgente.

2 ¿Cuánto tiempo tiene que esperar Esteban?

Gramática

Repaso: Adjectives and adverbs
Adjectives add information to a noun, indicating what a person or thing is like.
*Mi coche es **azul**, es muy **viejo** y ¡está **averiado**!*

Adverbs add more information to a verb, indicating how/when/where something happens.
*Le espero **aquí** – ¿**cuándo** llegará? Por favor, ¿puede venir **inmediatamente**?*

As . . . as possible
To say this in Spanish, use *lo más* + adjective or adverb + *posible*:
lo más pronto posible – as soon as possible
lo más grande posible – as big as possible

Repaso: ser and *estar*
Both verbs mean 'to be'.
Ser refers to permanent characteristics, which are unlikely to change:
Es español. (He's not likely to change that.)
Estar refers to temporary characteristics and position:
Está contento. (He's happy at the moment, but it might change.)
El supermercado está al lado del banco. (position)

6

Empareja cada palabra con la parte correspondiente del coche. Utiliza un diccionario si es necesario.

el tubo de escape   el faro
   el radiador   la rueda
la batería   el limpiaparabrisas
                 el intermitente
el parabrisas
       el neumático

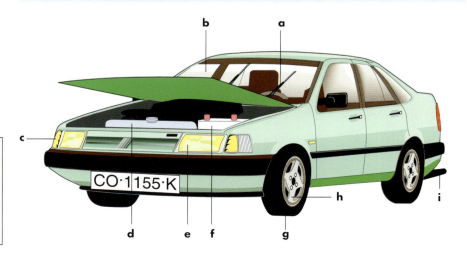

7

Mira el mapa y escucha el casete. ¿Dónde están los conductores? Escribe la letra de cada conductor.

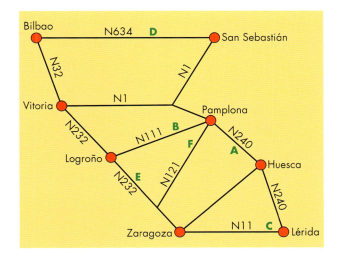

Bilbao — N634 **D** — San Sebastián
N32
N1
Vitoria — N1 — Pamplona
N232 — N111 **B** — N240 **A**
F
Logroño — Huesca
N232 **E** — N121 — N240
Zaragoza — N11 **C** — Lérida

8

Túrnate con tu pareja. Utiliza la ilustración del Ejercicio 6 y el mapa del Ejercicio 7.

Ejemplo:

A — Mi coche está averiado.

B — ¿Cuál es el problema?

A — Es el tubo de escape.

B — Letra i. ¿Dónde está usted exactamente?

A — Estoy en la N634, entre Bilbao y San Sebastián.

B — Letra D.

9

Trabajas en un garaje. Tienes que escribir el encargo para las piezas de recambio.

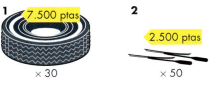

1 — 7.500 ptas × 30
2 — 2.500 ptas × 50
3 — 10.000 ptas × 20
4 — 30.000 ptas × 40
5 — 15.000 ptas × 15
6 — 5.000 ptas × 25

Ejemplo:

Pieza	Precio	Cantidad	Total
Neumático	7.500	treinta	225.000

10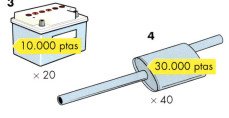

Escucha la canción. Pon las ilustraciones del Ejercicio 9 en el orden en que aparecen.

11

Mira el anuncio. ¿Cuánto cuesta . . . ?

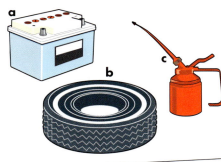

a
b
c

Para ayudarte

Vocabulario

averiado (adj) – broken down (machine)

cambio (nm) – change (changeover, not money)

camioneta (nf) – van

embrague (nm) – clutch

encargo (nm) – order

enviar (v) – to send

pieza (nf) de recambio – spare part

Ay, me duele la cabeza, me duele la garganta, tengo fiebre. No puedo trabajar hoy. Voy a cancelar mis citas. Tengo que ir al médico. Y esta carta . . . ah, no tengo ganas de leerla ahora.

Mmmm, le duelen la cabeza y la garganta, tiene fiebre y ha vomitado esta mañana. Le daré una receta para unos antibióticos. No es grave, pero debe guardar cama unos días.

Pero tengo un concierto el sábado próximo . . .

12

Lee el texto y escucha el casete.
¿Cómo se dice en español . . . ?

1   **2**   **3**

4   **5**   **6**

13

¿Qué le pasa al monstruo?

1 Busca las palabras en el diccionario.
2 Escribe una frase para cada parte del cuerpo.

Ejemplo: **a** *Le duele la cabeza.*

Gramática

Using *doler* and *tener* to describe your symptoms

To say that you are in pain or don't feel well, you need to use the verb *doler*. This works in the same way as *gustar*. There are only two parts you will need:

Me duele la cabeza.	I have a headache.
Me duelen los ojos.	My eyes are sore.

The part of the verb you use is determined by what hurts.

Asking someone about symptoms:

¿Te/Le duele la cabeza?	Have you got a headache?

Describing someone else's symptoms:

Le duelen las muelas.	(S)he has toothache.

Remember that when talking about symptoms you need the definite article:
el, la, los or *las.*
Me duelen **la** *garganta y* **los** *oídos.*

There is also a range of useful expressions using *tener*:

Tengo fiebre.	I have a temperature.
Tengo tos.	I have a cough.
Tengo náuseas.	I feel sick.

Other expressions use *estar*:

Estoy resfriado/a.	I have a cold.
Estoy mareado/a.	I feel sick/dizzy.

Repaso: Deber – to have to

This verb is regular, just like *comer*. It is used to talk about things which you must, should or have to do. It is always followed by an infinitive:
*Debe guard***ar** *cama.* You must stay in bed.

14

¿Qué les pasa a estas personas? Copia y completa la tabla.

Nombre	Problema(s)
Marta	
Raúl	
Pepe	
Isabel	
Concha	
Quique	

15

Túrnate con tu pareja.
A – Describe tus síntomas.
B – Indica la parte del cuerpo. Utiliza la ilustración del Ejercicio 13.

16 📖

Mira los anuncios. ¿Qué número de teléfono necesitas si tienes:

1 úlceras
2 una enfermedad reumática
3 un problema del corazón
4 un problema general
5 varices
6 un problema con las articulaciones?

Dr. José Luis Iglesia Maltrana

CIRUGÍA GENERAL – HUESOS – ARTICULACIONES
ENFERMEDADES REUMÁTICAS
INFORMES PERICIALES para
INCAPACIDADES LABORALES
Consultas en:
LUE 115 (Colunga). ☎ 985 85 21 80
GIJÓN: Av/Rufo Rendueles, 19. ☎ 985 36 37 30

Doctor
J. Ortega Morales
Consulta para tratamiento de las varices y úlceras
con y sin cirugía en Pendueles (Llanes)
ESPECIALISTA EN CIRUGÍA VASCULAR Y GENERAL
Solicite hora al teléfono: 909 83 13 35

Dr Luis Rodríguez
MEDICINA GENERAL
Consulta 9 a 13:30
(Tarde concertar hora)
Tlf. 985 71 09 98
C/Pelayo, 3–3º. Infiesto

DR. JAVIER MARTÍNEZ GONZÁLEZ
CARDIÓLOGO
Consulta previa cita
CLINICA CASTILLO
C/ Celso Amieva, 18. Bajo – LLANES
Telf.: 985 40 18 91

17

Copia la ilustración. Escucha la canción. ¿En qué orden se mencionan los síntomas?

Mi casete personal

Un fin de semana catastrófico
Graba unas frases sobre un fin de semana catastrófico.

Ejemplo: Tenía fiebre y me dolía la cabeza. Quería ir al médico, pero mi coche estaba averiado . . .

Para ayudarte

Vocabulario
doler (ue) (v) – to hurt
fiebre (nf) – fever, temperature
grave (adj) – serious
monstruo (nm) – monster
receta (nf) – prescription
síntoma (nm) – symptom

Finalmente voy a leer aquella carta. Pero, ¿dónde está? Ah, la puse en la cartera. Pero, ¿dónde está la cartera?

He perdido mi cartera. Es negra y de cuero. Contiene unos papeles, unas carpetas, una agenda, una calculadora, un boli y una carta. Creo que la dejé en el autobús.

Oficina de objetos Perdidos

¿Ésta, ésa o aquélla?

Ésta, creo. ¡Oh, sí, qué alivio! Muchísimas gracias.

De nada, señor.

Gramática

Demonstrative pronouns

These words are used to point something out without naming it. In English we say 'this one' and 'that one'. In Spanish, however, there is a further category.

	Singular		Plural	
	Masculine	**Feminine**	**Masculine**	**Feminine**
this one	éste	ésta	éstos	éstas
that one (near the person you are speaking to)	ése	ésa	ésos	ésas
that one (over there, away from both of you)	aquél	aquélla	aquéllos	aquéllas

18

Escoge los artículos que hay en la cartera de Esteban.

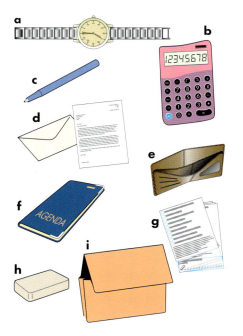

a
b
c
d
e
f
g
h
i

19

¿Qué han perdido estas personas? Escucha el casete y empareja los artículos con las personas.

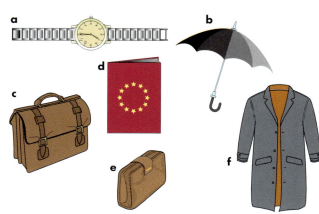

a
b
c
d
e
f

20

Lee los anuncios.
Empareja los números de
teléfono con las ilustraciones.

OBJETOS PERDIDOS
Reloj – de oro, con pulsera
de acero inoxidable. En el
polideportivo, lunes pasado.
Gratificación. Telf. 521 91 74
Impermeable – de marca
Burberry, color marrón, en el
metro ayer. Telf. 511 83 82
Paraguas – negro, en el
autobús 87. Telf. 521 05 11
Cartera: de cuero marrón.
Contiene teléfono móvil,
agenda, calculadora y unas
carpetas. En el tren el jueves
pasado. Recompensa.
Telf. 514 39 86
Alianza de boda – de plata,
en la piscina. Recompensa.
Telf. 511 01 21
Pendiente – de diamante,
forma de hoja. En la calle
Calvo Sotelo. Gratificación.
Telf. 514 33 90

21

Túrnate con tu pareja. Utiliza las
ilustraciones del Ejercicio 19.

A  He perdido mi impermeable.

B Letra f.

22

Escribe una descripción de cada
artículo para el periódico. Utiliza
un diccionario si es necesario.

23

Túrnate con tu pareja.

A He perdido mi paraguas.

B ¿Éste, ése o aquél?

A Éste, el negro.

Para ayudarte

Vocabulario
acero (nm) – steel
alianza (nf) de boda – wedding
  ring
alivio (nm) – relief
de nada – that's OK, don't
  mention it
gratificación (nf) – reward
marca (nf) – make, brand
pendiente (nm) – earring
recompensa (nf) – reward

TINTORERÍA MARÍN

Estaba en un restaurante italiano anoche con mi novia y el camarero derramó la salsa de tomate en la manga de esta chaqueta nueva. ¿Puede usted limpiarla en seco?

Unos días más tarde . . .

Bueno, señor, tratamos de limpiar la chaqueta, pero todavía quedan estas pequeñas manchas en la manga. Oh, y encontramos esta carta en el bolsillo.

¡Ay, Dios! La carta. No la he perdido. Muchísimas gracias.

24

Busca la palabra en español para:

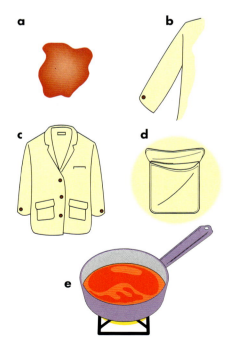

a

b

c

d

e

Gramática

Position of adjectives

In Spanish adjectives usually come after the noun:
*un restaurante **italiano**, una chaqueta **nueva***.

However, a few common adjectives often come before the noun:
***estas pequeñas** manchas . . . **muchísimas** gracias*.

Adjectives which often appear in front of a noun are: *mucho, poco, tanto, pequeño, grande, viejo, nuevo*.

Demonstrative adjectives (the words for 'this', 'that' etc.) always come before the noun, as explained below.

Demonstrative adjectives

These words help you identify which item you are talking about. They always go in front of the noun:

	Masculine	**Feminine**
this	este reloj	esta chaqueta
that	ese periódico	esa camiseta
	aquel libro	aquella corbata
these	estos relojes	estas chaquetas
those	esos periódicos	esas camisetas
	aquellos libros	aquellas corbatas

25

Escucha el casete. Empareja los artículos de ropa con las personas.

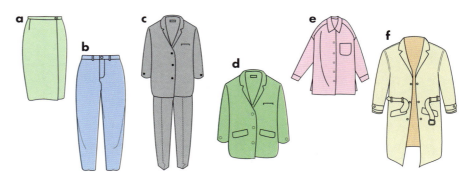

26

Otros problemas con artículos de ropa.
Empareja las frases con las ilustraciones. Hay una frase que sobra.

1 No me gusta el color.
2 Me he equivocado de talla.
3 ¿Me pueden devolver el dinero?
4 Está desgarrada.
5 Son demasiado cortos.
6 Es demasiado estrecha.
7 Es demasiado grande.
8 Se ha encogido.
9 Es demasiado caro.

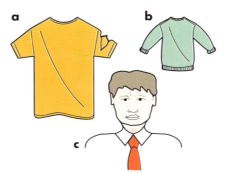

28

Has comprado algo en una tienda de ropa en España, pero hay un problema. Escribe una carta a la tienda. Describe el problema y propón una solución.

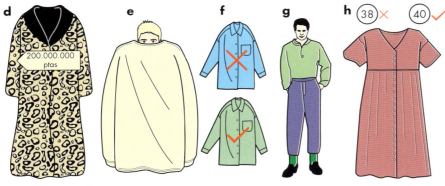

27

Túrnate con tu pareja. Utiliza las ilustraciones del Ejercicio 26.

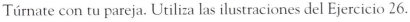

A — Hay un problema con estos pantalones.

B — ¿Sí, señor(a)?

A — Son demasiado cortos. ¿Me pueden devolver el dinero?

B — Sí, señor(a).

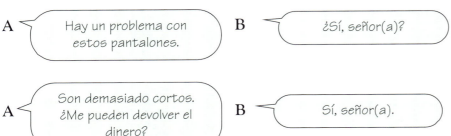

Inventa otros problemas y continúa.

Para ayudarte

Vocabulario
derramar (v) – to spill
desgarrado (adj) – torn
estrecho (adj) – narrow, tight
encogerse (v) – to shrink
equivocarse (v) – to make a mistake
falda (nf) – skirt
limpiar (v) en seco – to dry clean
manga (nf) – sleeve
salsa (nf) – sauce
talla (nf) – size (garments)
tintorería (nf) – dry cleaner's

Study techniques
Keep a list of material you have covered and that you are sure you know. It will help you plan your future work and also give you a sense of progress. Tick off each item and topic as you cover it.

Gramática

Repaso: Possessive adjectives

These are the words which describe who something belongs to: *mi, tu, su, nuestro/a, vuestro/a, su.* Look at page 153 to remind yourself of how to use them.

Possessive pronouns

In English, these are 'mine', 'yours', 'his' and 'hers'. They do two jobs. They replace the noun and give information about who owns it. They should agree with the noun they describe. They can be used with or without the article, although the article is not used after *ser*.

	Singular		Plural	
	Masculine	**Feminine**	**Masculine**	**Feminine**
mine	(el) mío	(la) mía	(los) míos	(las) mías
yours (familiar)	(el) tuyo	(la) tuya	(los) tuyos	(las) tuyas
his/hers/yours (polite)	(el) suyo	(la) suya	(los) suyos	(las) suyas
ours	(el) nuestro	(la) nuestra	(los) nuestros	(las) nuestras
yours (familiar)	(el) vuestro	(la) vuestra	(los) vuestros	(las) vuestras
theirs/yours (polite)	(el) suyo	(la) suya	(los) suyos	(las) suyas

29

Lee el texto y escucha el casete.
Copia y completa las frases.

1 La carta es de . . .
2 El bocadillo es de . . .
3 La camiseta es de . . .
4 Las llaves son de . . .
5 Los calcetines son de . . .

30

¿Verdad o mentira?

1 *Estruendo* es el segundo disco de Media Luna.
2 Hay cuatro miembros del grupo.
3 Esteban escribe las canciones del grupo.
4 Esteban escribe canciones sobre el medio ambiente.
5 Las canciones son muy 'pegadizas'.
6 En la radio no se oye nunca el CD.
7 La revista aconseja a los lectores que compren el CD.

31

¿De quién son estas cosas? Escucha el casete. Empareja las cosas con las personas.

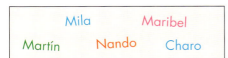

32

Túrnate con tu pareja. Utiliza las ilustraciones del Ejercicio 31 y también los artículos de tu estuche.

A Este boli, ¿es tuyo?

B No, no es mío.   o   Sí, es mío.

33

Escoge un CD puesto a la venta recientemente y escribe una reseña para una revista. Utiliza un diccionario si es necesario.

Aquí hay unas frases útiles:

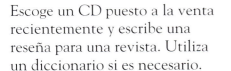

imprescindible   cantante
original   cantautor   puntero
compositor(a)   temas
solista   electrónico
clásico   estilo   resultón

Media Luna
Estruendo

Con su primer disco, este cuarteto pamplonés se consolida como uno de los grupos punteros de la música pop de la región de Navarra. Hay que ser muy rockero o muy sordo para evitar rendirse a su originalísima fórmula de guitarra melodiosa y ritmo fuerte. En un momento en que las innovaciones tecnológicas dominan el mundo de la música no está mal encontrar, en Esteban Muñoz, un cantautor que puede echar la vista atrás a aquella época en que la melodía era más importante. Esteban Muñoz, con su voz poderosa, nos habla de amor, de sentimientos y experiencias muy personales. El álbum cuenta, además, con la participación de una banda talentosa, el bajista Javi Pérez, el batería Unai Echevarría y Paco Redondo en los teclados, quienes forman el mejor apoyo para el compositor de unas canciones buenísimas. Éste es un disco que, si te gusta, te gusta muchísimo y hasta te subes encima de la mesa a cantar los estribillos. Es uno de los que más suenan en las ondas de la región. Resumiendo, el disco de Media Luna es uno de los CD imprescindibles de este verano para quienes quieran estar al día. Estás avisado.

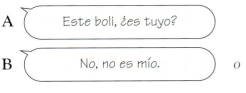

Para ayudarte

Vocabulario
avisar (v) – to inform
calcetines (nmpl) – socks
cantautor (nm) – singer-songwriter
estribillo (nm) – chorus
imprescindible (adj) – indispensable
llaves (nfpl) – keys
pegadizo (adj) – catchy
pelea (nf) – fight, quarrel
poderoso (adj) – powerful
puntero (adj) – leading
resultón (adj) – attractive

Study techniques
Practise vocabulary in tasks that are likely to appear in the exam. Try to think about ways and situations in which the words will be used, and not simply what they mean in English. Working with a partner if you can, think about what is likely to be said when you are changing an item in a shop, having something cleaned, having a car mended or trying to find something you have lost.

Ya lo sé

A Un póster

Haz un póster para una tintorería. Incluye los precios, las horas que está abierta, y los artículos de ropa que se limpian.

B Una historia

Escribe la historia de un fin de semana catastrófico, utilizando estas ideas:

- mal tiempo
- avería del coche
- enfermedad
- ropa manchada
- algo importante perdido

C Un anuncio

Has perdido esta cartera. Pon un anuncio en el periódico con una descripción de la cartera, lo que hay dentro, dónde y cuándo la perdiste, un número de teléfono y si hay gratificación.

D *Un póster*

Haz un póster para un garaje.
Incluye las horas que está
abierto, las piezas de recambio,
los precios y las ofertas especiales
de esta semana.

E *Un mapa*

Prepara un mapa del Reino Unido y escribe un boletín meteorológico
para las grandes ciudades como Londres, Manchester, Glasgow,
Cardiff, Belfast, etcétera. Utiliza un periódico inglés para obtener la
información.

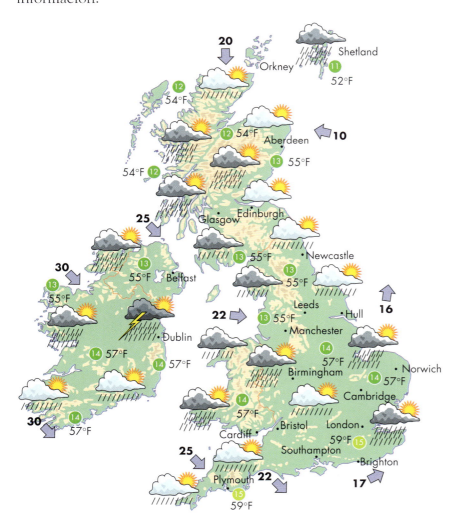

F *Un rap*

Escribe un rap sobre las
enfermedades. Con un grupo de
compañeros de clase graba el rap
en una cinta.

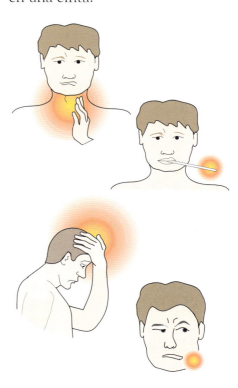

¡Tengo que pensar en el futuro!

Gramática

The subjunctive

Look at the list below which shows some of the verbs used by Ana and Felipe, and their infinitives. The endings of -ar verbs and the endings of -er and -ir verbs seem to have swapped.

se enfad**e**	enfad**ar**se
(no) salg**as**	sal**ir**
hag**a**	hac**er**
te call**es**	call**ar**se

These verbs are in the **subjunctive**, which is used when there is a doubt or a wish about whether an action will happen. To form it you take the first person singular and replace the 'o' with the endings above. In the argument between Ana and Felipe, the subjunctive is used:

- to express what a person wants someone else to do
  *¿Qué quieres que **haga**?*
  What do you want me to do?
  *Te sugiero que **te calles**.*
  I suggest that you shut up.
- when one person wants another **not** to do something
  *No quiero que mi padre se **enfade** conmigo.* I don't want my father to get angry with me.
- when one person will not let another do something
  *¡No me dejas que **salga** con nadie!* You don't let me go out with anybody!
  *Me opongo a que **salgas** con Esteban.* I am against you going out with Esteban.

▶

1

Elige un verbo de la casilla para completar cada frase.

tiene	quiere	encuentra
salga	ha estado	
opone	quería	ha ido

1 Ana _____ que irse.
2 No _____ que su padre se enfade con ella cuando llegue tarde a casa.
3 Ana no _____ la llave.
4 Felipe pregunta dónde _____ Ana.
5 Ana dice que _____ al cine con Esteban.
6 Felipe no quiere que Ana _____ con Esteban.
7 Felipe se _____ a que Ana salga con Esteban.
8 Ana _____ ver la película.

Here is the present subjunctive of the three regular verb families:

hablar	comer	subir
hable	coma	suba
hables	comas	subas
hable	coma	suba
hablemos	comamos	subamos
habléis	comáis	subáis
hablen	coman	suban

Look back at the information about negative commands on page 46 – you can now see that these are subjunctives, because they are in fact expressing one person's wish about another person's actions.

Para ayudarte

Vocabulario

atreverse (v) – to dare (to)
callarse – to be quiet, shut up
enfadarse (v) con – to get angry
    with
familiar (nm/f) – relation, family
    member
madrugada (nf) – early morning
oponerse (v) a – to be against
sugerir (v) – to suggest
travieso (adj) – naughty, badly
    behaved

2

¡Te habla la tía Dolores Demonios!

1 ¡Busca aquí la solución de todos tus problemas!
Empareja los problemas con las soluciones. (Las
soluciones no son muy serias.)

a) Quiero que mis padres me dejen salir cuando
    quiera.
b) Quiero que mi hermano/a menor me deje en paz.
c) Quiero que mi hermano/a mayor me ayude con
    los deberes.
d) Quiero que mi novio/a me trate bien.
e) Quiero que mi abuelo/a me regale dinero.
f) Quiero que mi profesor(a) me dé buenas notas.
g) Quiero que el/la director(a) nos ofrezca un día
    extra de vacaciones.

i) Te sugiero que le compres
    su disco favorito.

ii) Te sugiero que la/lo lleves a
    un restaurante romántico.

iii) Te sugiero que lo/la
    escuches con atención
    cuando habla del pasado.

iv) Te sugiero que laves
    los platos todos los días
    y laves el coche cada fin
    de semana.

v) Te sugiero que le
    lleves una manzana a
    clase todos los días.

vi) Te sugiero que le des
    caramelos, o que lo/la ayudes
    a hacer sus deberes.

vii) Te sugiero que lo/la
    ayudes a controlar a los
    alumnos traviesos del
    instituto.

2 Te toca a ti. ¿Puedes pensar en unas soluciones más serias? Escoge
  dos problemas y escribe tus soluciones.

3

1 Escucha el diálogo dos o tres veces y rellena los espacios.
   a) Pero siempre digo que me _____ si tienes problemas.
   b) Ya sabes que no me gusta que _____ de llamarme todos los días.
   c) Pero, ¿qué quieres que _____ ?
   d) Mi madre me dijo: 'Quiero que _____ a tu hermano al médico'.
   e) ¡No me _____ tantas mentiras!
   f) No quiero que me _____ así y por eso quiero que me _____ en paz.
   g) Ya no quiero que _____ mi novia.
   h) Acabo de invitar a Maribel a que _____ conmigo al cine esta tarde.

2 Ahora haz una lista de los verbos en subjuntivo en las preguntas **a–h**. Escribe su forma en infinitivo.

Ejemplo: llames ➜ *llamar*

4

Túrnate con tu pareja, explicándole por qué tienes problemas con tus familiares, profesores, compañeros y amigos. Trata de incluir una expresión que use el subjuntivo.

Ejemplo:

A No me llevo bien con mi madre . . . ¡No me gusta que me haga lavar los platos!

B Y yo sigo teniendo problemas con mi padre. ¡No quiere que salga todas las noches!

Inventa problemas: cuando una persona no puede pensar en otro problema más, la otra persona gana.

| No me llevo bien
Sigo teniendo
  problemas
Tengo muchos
  problemas | con | mi madre/mi padre
mis padres
mi hermano/mi
  hermana
mis hermanos
mi madrastra/mi padrastro
mi abuelo/mi abuela
mis abuelos
mi profesor/mi
  profesora de . . . | no quiere que
no quieren que
se opone a que
se oponen a que | escuchar . . .
salir . . .
comprar . . .
trabajar . . .
gastar . . .
ver . . .
fumar . . .
beber . . . |

5

Felipe habla con Esteban . . .
Rellena los espacios con la forma correcta del verbo.

1 Esteban, no quiero que _____ (pensar) mal de mí.
2 No es que quiera que Ana no te _____ (ver) nunca.
3 Tampoco quiero que Ana _____ (ser) infeliz.
4 Lo que me preocupa es que Ana _____ (abandonar) sus estudios.
5 Es necesario que te _____ (dar) cuenta de que Ana tiene exámenes importantes.
6 Sólo quiero que _____ (tener) un poco de sentido común.
7 Os sugiero que sólo _____ (salir) los sábados por la tarde.
8 Prefiero que todos nos _____ (poner) de acuerdo.

6

Escribe tu propia carta a la tía Dolores Demonios.

Al día siguiente, Felipe se disculpa con Ana.

Hola, Ana, ¿quieres café?

No, no quiero nada de ti. Tampoco quiero hablarte. Estoy harta de vivir aquí.

Mira, Ana, ¡no seas así! Lo siento, pero es que estoy preocupado: pronto tendrás exámenes y me parece que no estudias.

Ana, no digo que Esteban sea malo, lo que te pido es que no te acostumbres a salir tantas veces por semana. Quiero que, cuando tengas exámenes, saques buenas notas, y para eso hace falta que te quedes en casa estudiando.

Pero lo que no ves es que estudio mucho cuando tú no estás en casa: por eso necesito salir a veces. ¡Pero no me dejas que salga con nadie! Esteban es un buen chico, es muy simpático. ¡Quiero salir con él cuando yo quiera!

Mira, te sugiero que salgas sólo los fines de semana, ¿qué te parece?

Bueno, pero no quiero que me grites, ¿vale?

Ana, es que anoche quería hablarte de tu futuro y no estabas en casa. No me habías dicho nada, y es imposible saber cuándo estarás en casa.

¿Por qué no me dejas que tome mis propias decisiones? Ya tengo diecisiete años.

Pero sólo tienes diecisiete . . . Te quedan varios años de estudio . . . ¿y no quieres tener una buena carrera cuando dejes el instituto?

Pues sí, pero será lo que yo quiera, no lo que quieras tú. Y, cuando me dejes en paz, voy a estudiar. Me voy a mi cuarto . . .

7

Escucha y lee lo que quieren Ana y Felipe . . .
Empareja las frases de las dos columnas.

1 Ana no quiere
2 Ana no quiere hablar
3 Ana quiere salir
4 Felipe quiere que Ana
5 Felipe quiere que
6 Felipe quería hablar con Ana
7 Ana quiere tener
8 Ana quiere hacer

a) Ana se quede en casa estudiando.
b) de su futuro.
c) lo que ella quiera.
d) una buena carrera
e) saque buenas notas.
f) con Felipe.
g) café.
h) con Esteban.

8

Lee los siguientes apuntes escritos por unos jóvenes.

Ramón Ramírez

Tengo dieciséis años y estudio 3º.
Me gustan los deportes: juego al fútbol en invierno y al tenis en verano, pero no juego muy bien. Me interesan también el comercio y la administración, pero no quiero trabajar siempre en una oficina. Por eso me gustaría trabajar como gerente de un polideportivo.

Silvia Sampere

Soy Silvia, tengo 17 años y vivo en un pueblo cerca de Pamplona. Trabajo en el supermercado Dani, que está en el pueblo: gano bastante dinero, pero trabajo muchas horas y es un trabajo muy aburrido. No me gusta estudiar, pero un día quizás pueda trabajar de recepcionista en un hotel en Pamplona.

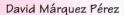

David Márquez Pérez

Tengo quince años y no me gusta nada el cole. Me interesan mucho los coches y conozco todas las marcas y todos los modelos. Me gustaría ser diseñador de coches, pero no creo que sea posible. Quizás pueda hacerme policía, pero me parece un poco peligroso. Cuando sea mayor, quiero trabajar como guardia de tráfico. ¡Quiero que mis amigos me respeten!

Raquel Rodríguez Ramos

Tengo 19 años y estudio primer año de moda en la universidad. Me encanta diseñar y hacer mis propios vestidos. No me gusta estudiar, prefiero el trabajo práctico. Esta semana organizamos un desfile de moda en el ayuntamiento de Pamplona. Un día me gustaría trabajar en Madrid, o quizás París o Londres . . . ¡pero no creo que sea fácil!

Copia y completa la tabla.

	Edad	Intereses	Ahora	Ambición
Ramón		deportes	colegio	
Silvia	17			recepcionista
David		coches	colegio	
Raquel	19			trabajo en Madrid/París/ Londres

Gramática

Using the subjunctive after *cuando*

An important use of the present subjunctive is after *cuando* when it refers to the future.
Cuando **lleguemos** *a casa* . . .
When we get home . . .
The action hasn't happened yet, so, being uncertain, is expressed by the subjunctive. Find two examples in Ana's conversation with Felipe (page 67).

Using the subjunctive after *hace falta que*

Hace falta que is another way of saying 'you must . . .'. It is always followed by the subjunctive of the relevant verb.
Hace falta que me **hables**.
You must talk to me.
Mañana hace falta que **me levante** *a las seis*.
I have to get up at six tomorrow.

9

Escribe un retrato personal usando como modelo los del Ejercicio 8. Si quieres, puedes escribir también el retrato de tu amigo/a o del/de la profesor(a).

10

Escucha la entrevista que tuvo Miguel con el profesor encargado de dar orientación profesional. Corrige la(s) palabra(s) incorrecta(s) en las frases que siguen.

1 El profesor quiere que Miguel le haga unas preguntas.
2 La organización Ampedal construye pistas de tenis.
3 A Miguel le gustan pocas asignaturas.
4 Miguel prefiere estudiar diseño.
5 Le gustaría trabajar con un arquitecto.
6 A Miguel le hace falta que estudie historia.
7 Para hacerse urbanista, no es necesario que Miguel estudie en la universidad.
8 Miguel no necesita estudiar mucho.

Mi casete personal

El futuro

Graba unas frases sobre el futuro y tus ambiciones. Por ejemplo:

- *Cuando sea mayor, quiero . . .*
- *Cuando tenga un buen trabajo, me gustaría . . .*
- *Quiero viajar a Méjico – hace falta que estudie el español.*

Para ayudarte

Vocabulario

ayuntamiento (nm) — town/city council
diseñador (a) (nm/f) – designer
diseñar (v) – to design
encargado (nm/adj) de – (person) responsible for
fuerte (adj) – good (at), skilled
gerente (nm/f) – manager
guía (nf) – guidance
marca (nf) – make/type (of product, e.g. car)
retrato (nm) – portrait

Study techniques

Try to illustrate your notes, or write them in the form of topic webs with ideas connected by lines, or flow charts. This will help your notes to be a more memorable and so a more useful revision tool.

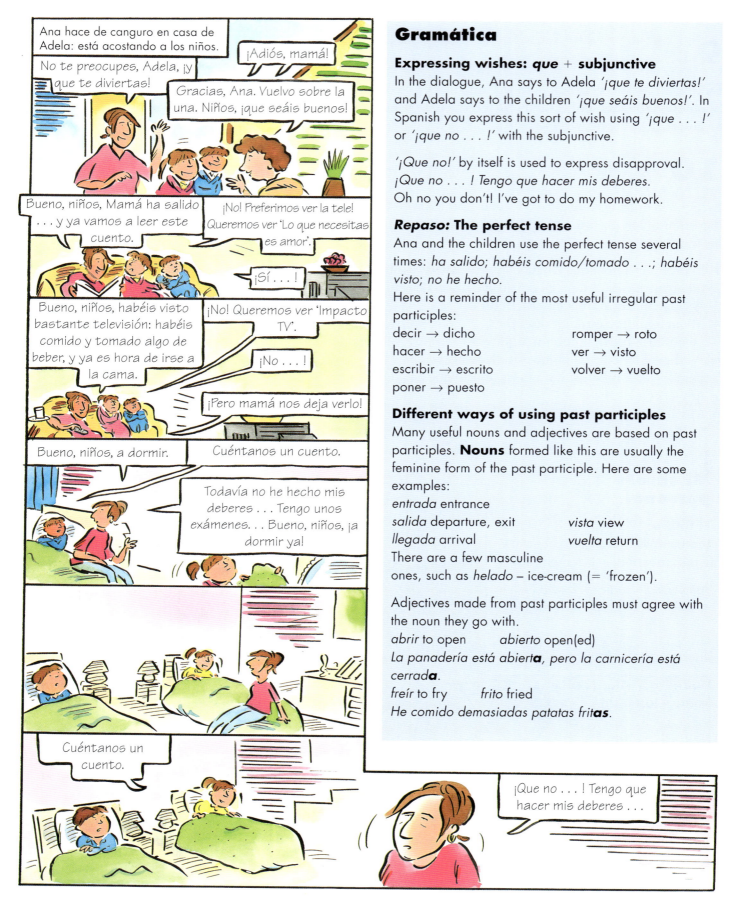

Gramática

Expressing wishes: *que* + subjunctive

In the dialogue, Ana says to Adela '*¡que te diviertas!*' and Adela says to the children '*¡que seáis buenos!*'. In Spanish you express this sort of wish using '*¡que . . . !*' or '*¡que no . . . !*' with the subjunctive.

'*¡Que no!*' by itself is used to express disapproval.
¡Que no . . . ! Tengo que hacer mis deberes.
Oh no you don't! I've got to do my homework.

Repaso: The perfect tense

Ana and the children use the perfect tense several times: *ha salido; habéis comido/tomado . . .; habéis visto; no he hecho.*
Here is a reminder of the most useful irregular past participles:

decir → dicho	romper → roto
hacer → hecho	ver → visto
escribir → escrito	volver → vuelto
poner → puesto	

Different ways of using past participles

Many useful nouns and adjectives are based on past participles. **Nouns** formed like this are usually the feminine form of the past participle. Here are some examples:

entrada entrance
salida departure, exit   *vista* view
llegada arrival   *vuelta* return
There are a few masculine
ones, such as *helado* – ice-cream (= 'frozen').

Adjectives made from past participles must agree with the noun they go with.
abrir to open   *abierto* open(ed)
*La panadería está abier**ta**, pero la carnicería está cerra**da**.*
freír to fry   *frito* fried
*He comido demasiadas patatas frit**as**.*

11

¿Eres un buen estudiante?
Contesta las preguntas. ¿Qué has hecho recientemente?
Puntuación y solución: ver la página 80.

1 ¿Has contestado cuando el profesor te ha preguntado algo?
  a) sí   **b)** no   **c)** algunas veces
2 ¿Has hecho los deberes?
  a) no   **b)** sí   **c)** sí, pero no todos
3 ¿Has sacado buenas notas?
  a) algunas veces **b)** nunca   **c)** casi siempre
4 ¿Has estudiado para los exámenes?
  a) mucho   **b)** bastante   **c)** casi nada
5 ¿Te has enterado de lo que necesitas hacer para conseguir lo que quieres?
  a) no   **b)** no, pero lo voy a hacer **c)** sí, ya lo he hecho
6 ¿Has pasado mucho tiempo viendo la televisión?
  a) no   **b)** sí, mucho   **c)** un poco
7 ¿Has salido con tus amigos?
  a) algunas veces **b)** no   **c)** todos los días
8 ¿Has pasado mucho tiempo practicando deportes?
  a) sí, mucho   **b)** sí, bastante **c)** no

12

Escribe diez frases con los detalles de lo que has hecho y lo que no has hecho. Usa el perfecto.

Ejemplo:
Por fin he terminado los deberes.
Todavía no he terminado mi proyecto.

Gramática

Expressing your reactions using ¡Qué . . . !

Notice the expression *¡Qué perezoso/a eres!* – Aren't you lazy! The expression simply consists of *qué* + an adjective + the verb *ser* if necessary. Here are some other examples:
¡Qué bonita es esta casa! Isn't this house pretty!
¡Qué raro! How strange!

13

Haz una encuesta. Busca a una persona en tu clase que ha . . .

- visitado España
- comido paella
- bebido sangría
- visto una corrida de toros

Inventa otras preguntas para sacar la respuesta 'No, no he . . .'.

Ejemplo:

> ¿Has bailado alguna vez en la calle?

> ¿Has comido alguna vez caracoles?

> ¿Has ganado alguna vez la Lotería Nacional?

14

Escucha el casete. Un señor cuenta algo de su vida profesional: cómo llegó a ser director de una compañía de turismo. ¿Cuáles de estos consejos daría él?

1 No pienses que es fácil llegar a tener un buen trabajo.
2 No trabajes demasiado.
3 No estudies en una buena escuela.
4 Estudia mucho si quieres sacar buenas notas en los exámenes.
5 Ve a la universidad si puedes.
6 Trata de sacar buenas notas.
7 No busques novia/o.
8 Si te la ofrecen, acepta tener más responsabilidad.
9 Busca un marido/una esposa rico/a.

Para ayudarte

Vocabulario

caracol (nm) – snail
conseguir (i) (v) – to get, obtain
consejo (nm) – piece of advice
cuento (nm) – story, tale
cumplir (v) – to fulfil, carry out
divertirse (ie) (v) – to enjoy yourself
enterarse (v) – to find out
granjero (nm) – farmer
perezoso (adj) – lazy

Cuando vuelve Adela, Ana le habla de sus ambiciones.

Hola, Ana, ¿todavía estás estudiando?

Hola, Adela. Pues sí, porque pronto tendré los exámenes del bachillerato . . . y quiero sacar buenas notas.

Y ¿cuál es tu ambición? ¿En qué quieres trabajar?

Ni idea . . . Pero no me gustaría tener un trabajo aburrido y no quiero ser como mi padre, que siempre está estresado y preocupado. Sueño con un trabajo seguro.

Sí, tienes razón . . . Pero ¿qué te interesa y qué asignaturas te gustan? Tendrás que pensar en eso . . .

Me gustaría mucho cuidar a los animales, pero no podría ser veterinaria. Fíjate – los animales sufren . . .

Me gustan las ciencias y la informática y me interesa la salud en general. Pero no me apetece ser ni médico ni enfermera. Tampoco me gustaría estar todo el día en una oficina. Me gustaría tener un trabajo en el que pueda conocer a mucha gente y que tenga responsabilidad.

¿No te interesaría trabajar en la administración de un hospital? Es lo que hace mi hermana, ¡y le encanta! Tendrás que hablar con ella.

Sí, me parece una posibilidad muy interesante . . . Tengo prácticas laborales en la empresa Pimentel la semana que viene . . .

¿Podría hablar con tu hermana? Tendré que saber más antes de decidirme.

Claro que puedes. La llamaré mañana. ¡Adiós, y gracias!

15 📖 📼

Pon estas frases en el orden correcto.

1 A Ana le interesaría trabajar en la administración de un hospital.
2 Ana no sabe en qué quiere trabajar.
3 Busca un trabajo en el que pueda conocer a mucha gente.
4 Ana podría hablar con la hermana de Adela.
5 Cuando vuelve Adela, Ana todavía está estudiando.
6 Dice que es porque pronto tendrá exámenes.
7 Ana tendrá que pensar en sus asignaturas preferidas.
8 No le gustaría tener un trabajo aburrido.
9 No quiere ser como su padre.
10 Sueña con un trabajo seguro.

Gramática

Using *soñar con*

Ana uses *soñar con*, meaning to dream of. This is a radical-changing verb; its present tense is as follows:
sueño, sueñas, sueña, soñamos, soñáis, sueñan

Repaso: Tener que

Tener que with an infinitive – meaning to have to – is used in the dialogue in the future tense. It's worth knowing the complete future tense of *tener*, which is irregular:
tendré, tendrás, tendrá, tendremos, tendréis, tendrán

Mi casete personal

Sueño con . . .

Usando las siguientes expresiones, prepara una presentación de qué te gustaría hacer y de la carrera que te gustaría seguir. Luego grábala en tu casete.

- *me gustaría*
- *sueño con*
- *tendré que* + infinitive

*Ejemplo: Me gustaría **ser modista**: sueño con **tener mi propia tienda de moda**, pero tendré que **trabajar mucho**.*

Utiliza tu diccionario para buscar las palabras de los distintos empleos.

16

¿Cuál sería tu trabajo ideal? Escribe 50–60 palabras describiéndolo. Usa las expresiones que acabas de practicar en 'mi casete personal'.

17

¡Pregúntaselo al experto!
Escucha este programa de radio de tipo 'phone-in' en el que varios jóvenes le cuentan sus problemas a un experto en asuntos de trabajo, don José Caballero. Añade los detalles que faltan.

Nombre	Trabajo	Estudios necesarios	Recomendaciones y ayuda
María	azafata	idiomas y administración	
Ramón			folleto del Centro Español de Nuevas Profesiones
Araceli	trabajo en el extranjero		estudiar en Inglaterra
Santos			
Silvia			estudiar en Barcelona

Para ayudarte

Vocabulario

alto (adj) – tall (person, building), high (marks)
azafata (nf) – air stewardess
bachillerato (nm) – two-year course taken at age 17
decidirse (v) – to make your mind up
diseño (nm) – design
estudios (nmpl) empresariales – business studies
exigir (v) – to demand
(en) el extranjero (nm) – abroad
folleto (nm) – leaflet
mecánica (nf) automotriz – motor mechanics
piloto (nm) – driver (racing cars)
taller (nm) mecánico – garage

Job titles

The names of many jobs are made from the verb for what the person does. Other job names are based on a noun, something the person works with. Here are some examples:

un consejo – piece of advice
consejero/a – adviser
el diseño – design
diseñador(a) – designer
la moda – fashion
modista – fashion/clothes designer
pintar – to paint
pintor(a) – painter
el pan – bread
panadero/a – baker
el taxi – taxi
taxista – taxi-driver
la guitarra – guitar
guitarrista – guitarist

Ana y Maite están mirando folletos sobre cursos de estudios empresariales y de informática.

¿Qué te parece éste? Se trata de un curso de estudios empresariales.

¿Te interesa eso?

No sé, quiero trabajar en administración y podría ser útil . . .

¿No te parece una buena idea estudiar algo más tradicional?

Pues no. He leído que, si quieres conseguir un buen trabajo, son mejores las asignaturas más modernas.

Entonces, podrías estudiar también informática. Mira este folleto.

El otro día hablé con Adela: su hermana trabaja en la administración de un hospital. Lo bueno es que conoces a muchas personas interesantes, y me interesa la salud. Por eso estoy pensando que podría estudiar empresariales.

Parece una buena idea, pero podrías estudiar las dos cosas: mira este folleto. Lo bueno es que este curso combina las dos cosas. ¿Cómo puedes saber más acerca de este tipo de trabajo?

Muy fácil: Adela me dijo que podría hablar con su hermana y espero poder hablar con ella muy pronto.

18

Pon las palabras de cada frase en el orden correcto.

1 cursos están folletos de informática sobre Ana empresariales y Maite de estudios y mirando
2 empresariales un le curso a Ana de interesa estudios
3 Ana administración trabajar en quiere
4 un modernas trabajo son si buen conseguir mejores las asignaturas quieres más
5 también informática podría estudiar Ana
6 en de la un hospital interesantes conoces muchas administración a personas
7 Maite combina un dos con un folleto curso que mira las cosas
8 la hermana de Ana hablar con Adela puede

Gramática

Repaso: poder

This useful verb expresses 'to be able' and 'can', and is often followed by an infinitive to express 'what one can **do**'. Many of its forms are irregular. In the present it is a radical-changing verb:

puedo, puedes, puede, podemos, podéis, pueden

In the preterite, it goes as follows:

pude, pudiste, pudo, pudimos, pudisteis, pudieron

And in the future . . .

podré, podrás, podrá, podremos, podréis, podrán

19

Lee este folleto, que llevó a Ana a solicitar un curso en la Escuela Universitaria de Estudios Empresariales de Zaragoza.

ESCUELA UNIVERSITARIA DE ESTUDIOS EMPRESARIALES DE ZARAGOZA

¿TE INTERESA LA ADMINISTRACIÓN EMPRESARIAL?

¿Quieres trabajar en la administración de una empresa o de una institución importante? Para conseguir un puesto de este tipo, siempre es mejor equiparte con las calificaciones adecuadas.

Aquí en la EUEEZ, te ofrecemos uno de los mejores cursos de Estudios Empresariales en España. Se trata de un curso 'a la carta': aparte de las asignaturas obligatorias, puedes elegir entre una gran variedad de opciones para construir un curso a tu propia medida, como se ve en el siguiente ejemplo de un plan de estudios.

PLAN DE ESTUDIOS DE LA EUEEZ

Primer curso	Segundo curso	Tercer curso
Contabilidad	Teoría Económica	Contabilidad de Costes
Teoría Económica (Introducción)	Matemáticas	Derecho laboral
Derecho (Introducción)	Económicas	Informática
Economía de la Empresa	Derecho Mercantil	
Idiomas: francés, inglés, alemán	Estadística	
	Opciones: Informática;	
	Análisis de mercados;	
	Derecho administrativo	

Además de este ejemplo, ofrecemos al menos ocho asignaturas en cada curso, y en el segundo y tercer curso, al menos tres especialidades opcionales. Para finalizar los estudios, los alumnos deberán acreditar suficiencia en el conocimiento de un idioma moderno. Si quieres más detalles o para obtener el formulario de inscripción, escríbenos o busca nuestro site en Internet: http://www.unizar.es/eueez/estudios.html

---

Imagina que eres Ana. Escribe una carta a un(a) amigo/a, explicándole tus planes y lo que te interesa de este curso. Utiliza un diccionario si es necesario.

20

Escucha este programa que ofrece consejos sobre trabajo a los jóvenes. Completa los cuatro consejos.

1 **Cómo abordar los estudios**: tienes que estudiar . . . y sacar . . .
2 **El valor de las demás actividades**: tienes que . . . y hacer . . .
3 **Cómo pensar en el futuro y en el trabajo**: tienes que preguntarte . . .
4 **Dónde pedir consejos**: tienes que pedir consejo a . . . y no sólo hablar con . . .

21

Escribe una carta a una universidad o a un colegio de Formación Profesional, solicitando información acerca de los cursos que te interesan. No te olvides de usar el estilo formal (*usted*).

22

Habla con tu pareja sobre las ventajas y los inconvenientes de ser estudiante cerca de casa o lejos de casa, en el Reino Unido o en España. Usa estas expresiones:

- Lo bueno . . . es . . .
- Lo malo . . . es . . .

Ejemplo:

A
> Lo bueno de estudiar cerca de casa es que no tienes que pagar gastos de vivienda.

B
> Lo malo de vivir en casa es que no tienes independencia.

1 Gracias a su padre, Ana va a hacer prácticas laborales en la empresa de cosmética Pimentel: llega para el trabajo.

Buenos días. ¿Es usted el señor Pérez?

2 Hola. Eres Ana, ¿verdad? Pasa por aquí: ésta es la oficina donde vas a trabajar. Ana, te presento a la señorita Vázquez. Vas a trabajar con ella y te explicará lo que tienes que hacer.

Ana, ¿adónde vas? ¡Escucha! ¡Espera un momento!

3 Bueno, tienes que leer todos los encargos: apunta los detalles en este formulario para pasarlo al departamento de producción. No te olvides de poner la fecha.

Dos días despues . . .

Este documento no es un encargo . . . aquí habla de conejos y de resultados de pruebas de . . . los productos . . . ¡de esta empresa!

4 Pues claro. Usamos conejos para hacer pruebas de nuestros productos. No te preocupes, ¡es muy normal!

¡Qué barbaridad!

5 ¡Me voy! ¡No puedo trabajar para una empresa tan cruel! ¡Qué asco!

Gramática

Repaso: Commands

Sr Pérez and Srta Vázquez use commands to tell Ana what to do or what not to do. Remember that:

- when addressing someone as *tú* you tell them to do something by using the *tú* form of the verb without the final *s*
- when addressing someone as *tú* you tell them **not** to do something by using the **present subjunctive** *tú* form. Remind yourself of this by looking at page 5 and at the examples in the dialogue above.

23

Busca palabras en español para:

1 Un trabajo hecho por un(a) estudiante en una empresa durante dos semanas como parte de su educación
2 Una compañía
3 Un pedido
4 Una hoja para rellenar con detalles
5 La sección de una compañía que fabrica cosas para vender . . .
6 . . . y lo que fabrica esta sección.

24

Consejos para tus prácticas laborales: empareja los 'sí' con los 'no'.
¡Atención! Hay un 'no' que sobra.

Ejemplo: **1d)**

Sí . . .

1 El primer día, llega un poquito temprano.
2 Llega siempre a la hora.
3 Lleva ropa apropiada para el trabajo.
4 Habla a los jefes con cortesía.
5 Sigue siempre las instrucciones que te dan.
6 Toma nota de lo que te explican.
7 Aprende todo lo que puedas.
8 Recuerda las horas que tienes que trabajar.

No . . .

a) No te vistas con ropa vieja o sucia.
b) No dejes que te exijan demasiadas horas.
c) No olvides seguir las órdenes.
d) No olvides la fecha de la primera visita.
e) No digas nunca cosas groseras.
f) No comas bocadillos en la oficina.
g) No llegues nunca tarde.
h) No olvides nada de lo que te dicen.
i) No pierdas la oportunidad de aprender.

25

Escucha las conversaciones y escribe los detalles, usando las palabras de la casilla.

	Lugar de trabajo	Quiénes hablan	Asunto
1			
2			
3			
4			
5			

una tienda de comestibles   una estación de servicio   dos mecánicos

el tendero y un cliente   una fábrica

la consulta   una enfermedad   la recepcionista y una paciente

un taller mecánico   el proceso de una fábrica   gasolina y diesel

la reparación de un coche   un nuevo empleado y el gerente

el encargado y un proveedor   arroz, lentejas y cerillas

26

Cuéntale a tu pareja los detalles de tu período de prácticas laborales. Si prefieres, puedes grabarlos en tu casete. No te olvides de incluir:

- nombre de la empresa
- tipo de productos
- duración de tu período de prácticas laborales
- tareas/responsabilidades
- tu opinión sobre la experiencia, la empresa, los productos, el personal
- ¿te gustaría seguir trabajando allí?

Ejemplo:

> Trabajé en la sección de charcutería del supermercado; estuve allí dos semanas; fue un poco aburrido, pero mis compañeros eran muy simpáticos. No me gustaría seguir trabajando allí.

27

Prepara una versión escrita del Ejercicio 26.

Para ayudarte

Vocabulario

arroz (nm) – rice
cerilla (nf) – match (for lighting fire, not sport)
conejo (nm) – rabbit
lentejas (nfpl) – lentils
pieza (nf) – part (of car)
proveedor (nm) – supplier
tendero (nm) – shopkeeper
tuerca (nf) – nut (to go with bolt)

28

Busca el contrario de . . .

1 Me has llamado cada día.
2 He tenido tiempo para verte y llamarte.
3 Hablas mal de mi padre.
4 Todo el mundo tiene derecho.
5 Salgo con otro chico.
6 Dime algo.
7 Llámame.
8 Escríbeme.

Gramática

Repaso: Negatives

A lot of negatives are used in Ana and Esteban's argument.
Just to remind you:

* To make a negative statement, simply put *no* in front of the verb.
* When using other negative expressions, put *no* in front of the verb, and the other negative word after it. *Nunca* and *nadie* sometimes begin a sentence, and then you don't need *no*.

29

Escucha la canción y escribe la historia en inglés.

30

Lee la página del diario de Ana que corresponde al día en que rompió con Esteban. Hay un pequeño problema: Ana estaba tan confusa después de romper con Esteban que las frases no están en el orden correcto. ¿Puedes ordenarlas? Luego, si quieres, escribe tu propia versión contando lo que le pasó a Ana.

martes 4

Esteban critica a mi padre.
Vuelvo a casa llorando.
Rompo por completo con Esteban.
Solicito plaza en curso de Administración.
Le hablo de mis planes.
Voy al bar Maype buscando a Maite.
Me encuentro con Esteban.
Defiendo a papá.
Nos peleamos.
Esteban me acusa de salir con otro chico.

31

Lee este artículo de una revista juvenil con consejos sobre cómo romper con tu pareja.

1 Pon las reglas por orden de importancia.
2 Inventa dos reglas tuyas.

32

Escribe una carta a la tía Dolores Demonios pidiendo consejos sobre cómo poner fin a tus relaciones con tu novio/a. ¡No te olvides de cambiar todos los nombres!

Para ayudarte

Vocabulario

anillo (nm) – ring (jewellery)
cambiar (v) de opinión – change your mind
imbécil (nm) – idiot, moron
por si acaso – in case
romper (v) con – to split up with
sin estorbos – without being disturbed

Bueno, ya te has decidido: no quieres verlo/la más. Pero, ¿cómo vas a romper con él/ella? Aquí tienes diez reglas esenciales:

1 Invítalo/la al parque, por ejemplo, o a un lugar donde podréis hablar sin estorbos.

2 Pide a un(a) amigo/a que te espere, no muy lejos, por si acaso tienes problemas.

3 Dile a tu pareja la verdad, habla claro y directamente, sin insultarlo/la.

4 Cuando te conteste, no cambies de opinión: ¡sé fuerte!

5 Si te dio algún regalo importante y de valor (un anillo, por ejemplo) devuélveselo.

6 Si te sientes triste, ¡no llores!

7 Si él/ella empieza a llorar, no dejes que te afecten sus lágrimas.

8 Si dice que te va a llamar o escribir, dile que no quieres que lo haga.

9 Si te parece que podría reaccionar con violencia, llama al amigo que te espera.

10 Cuando te separes de él/ella por última vez, ¡no mires hacia atrás!

33

Estudia el siguiente folleto.

Centro provincial de Documentación e Información Juvenil

¿Te falta poco para dejar el colegio?
¿No tienes ni idea de lo que vas a hacer?
¿No sabes dónde pedir información sobre todas las posibilidades de carreras y empleos?
¡Aquí tienes la solución!

El Centro Provincial de Documentación e Información Juvenil existe para ofrecerte toda la información que necesitas. Estamos a tu disposición. Escríbenos para pedir folletos y fichas de información general o sobre lo que te interesa, si ya sabes lo que quieres hacer. Mejor, si tienes acceso a Internet, búscanos en nuestro site: www.telebase.es

Para que sepas lo que te ofrecemos, entre nuestros 50 folletos están los siguientes:

1

Ciencia y Tecnología de los Alimentos
Administración y Dirección de Empresas
Investigación y Técnicas de Mercado
Ciencias del Deporte
Ingeniero Técnico
Diseño Industrial
Humanidades
Terapia Ocupacional
Relaciones Laborales

2

Este folleto te da información sobre todos los cursos para extranjeros que se ofrecen en Inglaterra, Italia y Estados Unidos, y consejos sobre cómo estudiar y trabajar a la vez en estos países.

3

Este folleto te informa sobre todas las universidades europeas que ofrecen carreras de tipo Erasmus.

4

Estas fichas dan información acerca de toda la oferta de Formación Profesional y acerca de las profesiones en relación al mercado de trabajo. No esperes más, ¡llámanos en seguida!

5

Una lista completa de todos los cursos y de todas las carreras que se ofrecen en España.

6

Este folleto te ofrece ideas sobre los empleos y profesiones posibles según las asignaturas que estudias, y a la vez te da una idea de las condiciones de trabajo, salario etc.

Empareja los títulos sigiuentes con los párrafos del texto.

a) Estudiar en el extranjero
b) Todos los estudios y carreras
c) Fichas para la orientación profesional
d) Nueve nuevas carreras para el futuro
e) Guía para alumnos que terminan la Enseñanza Media
f) Europa y la universidad

11 *Solucíon: ver la página 71*

Puntuación

1 a) 2	b) 0	c) 1
2 a) 0	b) 2	c) 1
3 a) 1	b) 0	c) 2
4 a) 2	b) 1	c) 0
5 a) 0	b) 1	c) 2
6 a) 2	b) 0	c) 1
7 a) 1	b) 2	c) 0
8 a) 0	b) 1	c) 2

12–16 puntos: Eres buen estudiante, ¡pero no te olvides de divertirte!

7–11 puntos: No eres mal estudiante, ¡pero deberías estudiar más!

0–6 puntos: ¿Qué te pasa? ¿Quieres pasar toda la vida sin hacer nada?

Ya lo sé

A

Diseña un póster para una manifestación contra las pruebas con animales. Debes mencionar:
- el lugar de la manifestación
- cuándo empieza

B

Escribe el diálogo entre un(a) joven responsable y sus padres. Son las dos de la madrugada y tus padres regresan de una fiesta. Estás harto/a de la situación, porque nunca hacen nada en casa, van a fiestas todo el tiempo y no trabajan.

C

Diseña un folleto sobre tu instituto. Debes mencionar:
- los cursos que ofrece
- el consejo disponible a los alumnos sobre las carreras y la enseñanza superior
- lo que ofrece a la comunidad

Gramática

The imperfect continuous

Remember that the present continuous tense is formed by using the present of *estar* with the gerund (*-ando/-iendo*) form of the verb. In the conversation between Adela and Felipe, look at the statement *'Cuando me llamaste estaba trabajando'*. You'll see that it is made by using the imperfect tense of *estar* with the gerund. What Felipe and Ana are using is the imperfect continuous. It is often used in contrast with the preterite as in the example above. Can you find other examples in the conversation?

Look also at *volvió corriendo a casa*. This use of the gerund is also quite common in Spanish, meaning literally 'she returned home running', i.e. 'she ran home'. This is how to describe in Spanish how somebody walks, runs, enters, leaves and so on. Here are some more examples:

*Vamos a **ir andando** al pueblo.* We are going to **walk** into the village.
***Bajé corriendo** la calle.* I **ran** down the street.

1

Corrige las frases que siguen. En cada frase hay una palabra incorrecta.

1 Adela y Felipe toman paella y un filete con ensalada mixta.
2 Para beber, piden cerveza y agua mineral con gas.
3 Felipe quiere contarle a Ana algo que le tiene preocupado.
4 Ana hizo sus prácticas laborales en la empresa de productos animales Pimentel.
5 Ana se quedó poco tiempo porque descubrió algo que le gustó mucho.
6 Pimentel hace pruebas de sus productos con animales muertos.
7 Ana se puso tan alterada que volvió corriendo al trabajo.
8 Ana quiere que Felipe siga trabajando para Pimentel.

2

Empareja las preguntas con los dibujos. Luego escribe una frase utilizando el pretérito y el imperfecto continuo. Elige un verbo de la casilla.

Ejemplo: **1c** *Cuando chocó con el iceberg, el Titanic estaba cruzando el Atlántico.*

1 ¿Qué estaba haciendo el Titanic cuando chocó con el iceberg?
2 ¿Qué estaba haciendo Eva cuando Adán la vio?
3 ¿Qué estaban haciendo los chicos cuando su madre volvió?
4 ¿Qué estaban haciendo Juanito y Maribel cuando entró el padre de Maribel?
5 ¿Qué estaban haciendo Pepe y Paco cuando el profesor los vio?

| beber | cruzar | besarse | recoger | fumar |

3

Ha habido un robo en el hotel Miramar, y una policía habla con los clientes. Escucha esta conversación con un cliente muy mentiroso, Rafael Rodríguez. Los dibujos muestran lo que él y su familia estaban haciendo de verdad. Escucha lo que dice Rafael y, para cada frase, escribe V o M para indicar si es verdad o mentira.

4

Estás de vacaciones en el mismo hotel (Ejercicio 3) con tu familia o con tus amigos. Tienes que escribir una declaración para la policía, contando todo lo que estabais haciendo tú y tus amigos o familiares cuando ocurrió el robo.

Ejemplo: Cuando robaron las joyas, yo estaba cenando en el comedor.

Para ayudarte

Vocabulario

alterado (adj) – upset
arruinar (v) – to ruin
clasificar (v) – to sort
gazpacho (nm) – chilled vegetable soup
mentiroso (adj) – untruthful

¡NO A LA EXPERIMENTACIÓN CON ANIMALES!

Cada año millones de animales son víctimas de las dolorosas pruebas a las que son sometidos por los laboratorios de todo el mundo dedicados a la industria cosmética y la industria farmacéutica.

Algunos ejemplos del uso de animales para la experimentación en cosmética:

- las barras de labios: se las dan a los conejos para que se las coman para ver qué efecto tienen . . .
- el rímel y los lápices de ojos: inyectan los ingredientes en conejos o ratas
- los champúes: sumergen a los animales en un baño de estas sustancias para observar su efecto
- las lacas para el pelo: además de aplicárselas varias veces al día,

hacen que los conejos respiren aire contaminado por estos sprays

- perfumes, colonias y lociones para después del afeitado: se los aplican repetidamente a ratas jóvenes durante días y días – y después de afeitarlas
- pasta de dientes, jabones etc: además de aplicárselos repetidamente, hacen que los animales coman todos los días cantidades pequeñas de estos productos para saber qué efectos nocivos tienen

Escogen a estos animales pequeños porque son fáciles de obtener y de guardar en un laboratorio, y porque tienen ciertas características parecidas a las nuestras. Además, consumen

poco y cuando mueren . . . son fáciles de reemplazar por otros . . .

Nuestra campaña a favor de la abolición de las pruebas que son realizadas en los productos de cosmética e higiene ha sido apoyada por el Decreto del 17 de octubre de 1997, de modo que cada vez son más las empresas que ya no prueban sus productos en animales.

ADDA: la Asociación para la Defensa de los Derechos de los Animales

¡ADDA defiende a los animales!

5

Escribe unas notas en inglés con los detalles más importantes del artículo, para explicárselo a un(a) amigo/a a quien le interesa el tema de la experimentación con animales.

Gramática

The passive

In the article, you may have noticed some verbs with unfamiliar forms, but were able to understand them because of the context. For example:

[Los animales] **son sometidos** *[a dolorosas pruebas] por los laboratorios.*

[The animals] are subjected [to painful tests] by the laboratories.

Las pruebas . . . **son realizadas** *. . .*

The tests . . . are carried out . . .

This verb form is called the passive – which simply means that the action is described from the point of view of the **object** of the verb. In each case, a form of the verb *ser* is followed by a past participle. This way of expressing an action being done to someone/something works the same way in Spanish as in English, although it is not used as often as in English.

Nuestra campaña **ha sido apoyada** *por el Decreto . . .*

Our campaign **has been supported** by the decree . . .

Past participles always agree with the subject of the verb (singular/plural, masculine/feminine).

Mi casete personal

La experimentación con animales

Prepara unas notas sobre uno de los siguientes temas y grábalas en tu casete.

- lo que opinas sobre el uso de animales para las pruebas de la industria cosmética
- lo que opinas sobre el uso de animales en las pruebas de la industria farmacéutica
- lo que opinan tus amigos
- algunos ejemplos de pruebas y de los productos que son sometidos a las pruebas
- los animales que son sometidos a estas pruebas, y por qué se usan éstos y no otros

6

Eres reportero de televisión y tienes que describir una manifestación: un grupo de estudiantes de Pamplona protesta contra la Empresa Pimentel, que usa animales para hacer pruebas de sus productos. Mira el dibujo y utiliza estos verbos para describir lo que están haciendo.

quemar	desgarrar	gritar	amenazar	agitar	tirar

El chico pelirrojo está quemando productos de Pimentel.

7

Escucha este debate emitido en Radio Pamplona, en el que unos jóvenes hablan del tema del uso de animales para hacer pruebas de los productos de la industria cosmética y la industria farmacéutica. Luego trata de identificar quiénes expresan las siguientes opiniones. Elige el nombre correcto: Jorge, Carmela, Montse, Gabriel o Miguel.

1 ¿Quién opina que se puede usar animales para todo y no le importa la crueldad?
2 ¿Quién cree que no se debe maltratar a los animales por ninguna razón?
3 ¿Quién no sabe qué pensar?
4 ¿Quién dice que la experimentación es necesaria para el progreso de la medicina?
5 ¿Quién no ve la diferencia entre comer animales y usarlos para la experimentación?

Para ayudarte

Vocabulario

afeitar(se) (v) – to shave
apoyar (v) – to support
arriesgar (v) – to risk
barra (nf) de labios – lipstick
bobo (adj) – stupid
champú (nm) – shampoo
colonia (nf) – Cologne, toilet water
dañino (adj) – harmful
derecho (nm) – right (due)
doloroso (adj) – painful
equilibrio (nm) – balance
laca (nf) – lacquer
nocivo (adj) – harmful
papanatas (nm) – idiot
parecido (adj) – like, similar
rata (nf) – rat
reemplazar (v) – to replace
respirar (v) – to breathe
rímel (nm) – mascara
someter (v) – to subject, submit (someone to something)

Study techniques

Plan well ahead. Make sure that there are specific times set aside during the week when you concentrate on Spanish. Try not to be sidetracked by pressures from other subjects. If you get organised early, these pressures will not exist, and you will not suffer from 'headless chicken syndrome'.

8

Usando algunos de los detalles e ideas del artículo, diseña un póster o escribe un folleto para la Asociación ADDA, para protestar contra las pruebas que se realizan con animales.

Gramática

Repaso: Negatives

As you have seen before, expressions like *¡no me digas . . . !* and *¡no me hables así!* are examples of negative imperatives: how to tell somebody not to do something. They use the present subjunctive, which you have also already met (see Unit 5 page 64).

9

Escribe un resumen de lo que Ana no quiere que haga Felipe y viceversa.

Ejemplo:

Pero, no me hables así . . .

Felipe no quiere que Ana le hable así.

¡No me digas mentiras!

Ana no quiere que Felipe le diga mentiras.

10

Lee este artículo sobre ADDA, la Asociación para la Defensa de los Derechos de los Animales. Por cada consejo de lo que **no** hay que hacer, hay una recomendación positiva. Empareja los números con las letras.

ADDA, la Asociación para la Defensa de los Derechos de los Animales, existe para luchar por los derechos de los animales y contra la explotación de los animales. Pero ¿cómo puedes apoyarnos? Aquí tienes unos consejos de lo que no hay que hacer y unas recomendaciones que ayudarán a mejorar la situación de los animales en España.

Consejos: cosas que no hay que hacer

1 No vayas a las corridas de toros, porque son crueles.

2 No compres nunca cosméticos producidos por empresas que usan a animales en pruebas para desarrollar sus productos.

3 No dejes que tu madre compre un abrigo de pieles; para hacer un solo abrigo se sacrifican muchos animales.

4 No votes nunca a partidos políticos cuyos programas no prometan mejorar la situación de los animales en España.

5 No consumas productos de la ganadería intensiva, en la que se mantiene los animales en condiciones penosas.

Recomendaciones: cosas que hay que hacer

a) Pide la lista que ADDA publica cada año de las empresas cosméticas que hacen pruebas con animales.

b) Pide siempre ropa hecha con materiales que no son producidos mediante la explotación de animales.

c) Manda una de nuestras postales a las cadenas de televisión solicitándoles que no transmitan corridas de toros.

d) Consulta el registro que ADDA mantiene de empresas agrícolas que ofrecen productos de la ganadería 'biológica'.

e) Vota a los partidos que luchan por el bienestar, la defensa y la protección de los animales.

---

12   *Cartas al editor*

Escribe una carta al editor de la revista de ADDA, expresando tus opiniones sobre las pruebas en que se utilizan animales.

11

Santi Iturbe de Radio Pamplona entrevista a gente de la calle sobre el tema de las pruebas con animales. Escucha cada opinión expresada (1–10) y escribe la letra correcta.

- Escribe **A** si la persona está completamente en contra de las pruebas.
- Escribe **B** si está en contra de las pruebas cuando se trata de la industria cosmética, pero no en el caso de la industria farmacéutica.
- Escribe **C** si está a favor de las pruebas.
- Escribe **D** si no le importa nada el asunto.
- Escribe **E** si no sabe.

Para ayudarte

Vocabulario

abrigo (nm) de pieles – fur coat

a pesar de – in spite of

apostar(ue) (v) – to bet

apoyar (v) – to support

asegurar (v) – to assure

bienestar (nm) – welfare

cadena (nf) de televisión – TV company

engañar (v) – to deceive

ganadería (nf) – livestock farming

mejorar (v) – to improve

penoso (adj) – distressing, pitiful

Ana escribió esta carta a su amiga Maite, contándole sus problemas.

> Pamplona, 10 de julio
>
> Querida Maite:
>
> ¿Cómo estás? Hace mucho tiempo que no nos vemos. Estoy bastante bien y mis estudios van un poco mejor; pero estoy muy alterada debido a las prácticas que hice, las dejé casi en seguida, y papá está muy enfadado conmigo. En este momento, no está en casa, por eso tengo tiempo para escribirte.
>
> Lo que pasó fue que en seguida descubrí, que la empresa, Pimentel, usa conejos y ratones para hacer pruebas de sus nuevos productos cosméticos. Para mí, esto es inaceptable, y lo que es peor es que he descubierto que papá tiene un contrato muy importante con Pimentel.
>
> El otro día, nos peleamos, y tú ya sabes que soy muy impetuosa: me enfadé y acusé a papá de aceptar el contrato sabiendo lo de las pruebas con animales; él me juró que no, y me explicó que había aceptado el contrato para pagar por mis estudios. Está muy triste y enfadado, y dice que soy ingrata. Ahora me siento bastante avergonzada, porque la verdad es que papá es muy bueno y no sé qué decirle.
>
> ¿Qué piensas tú? Escríbeme, necesito tus consejos.
>
> Un abrazo
>
> Ana

13

Lee la carta de Ana. Busca todas las expresiones con los verbos **ser** y **estar** y escribe frases que explican cómo son o cómo están Ana y Felipe y por qué.

Ejemplo: Estoy muy alterada, debido a las prácticas que hice en una empresa… las dejé casi en seguida.
Ana está muy alterada, debido a las prácticas que hizo.

14

1 Escucha la canción y escríbela.
2 Usando las palabras de la canción, escribe frases sobre tu propia familia.

Gramática

Object pronouns

Pronouns replace names of people or things. Object pronouns are ones which refer to:

- 'objects' of verbs
  ¡**Te** quiero!   **Los** tengo aquí.   ¡**Nos** han visto!
- whoever/whatever is on the receiving end of an action
  Le mandó unas flores.
  Voy a decir**le** la verdad.

In Spanish, these pronouns are normally put before the verb:
*Esa chica **me** está mirando.*
***Nos** mandaron una postal.*

If there is more than one of these pronouns, the one referring to a person always goes first:
*Pues el dinero, **me lo** da una vez por semana.*

If both begin with an **l**, the first one (the person) changes to **se**:
*El cartero, ¿ dio la carta a la secretaria? Sí, **se** la dio ayer.*

Pronouns added to infinitives

When the verb is in the infinitive, object pronouns can be attached to the end of it.
*Voy a mandar**lo** mañana.*
If there are more than one of these pronouns, they can both be put on the end of the infinitive. The pronoun referring to a person goes first.
*Voy a mandár**selo** mañana.*
When this happens you need a written accent on the last vowel of the infinitive to keep the stress in the right place.
Pronouns are added to commands as well. See Unit 1 page 5 and page 166 to remind yourself about this.

15

Lee las siguientes cartas recibidas por la tía Dolores, luego busca el consejo más apropiado para cada una de ellas. Empareja los números y las letras.

1

Querida Dolores:
Necesito tu consejo: mis padres quieren que vaya a la iglesia con ellos todos los domingos y yo no quiero. Dicen que soy atea. No es que yo no crea en Dios, sólo que prefiero rezar a mi manera, pero no logro convencerlos. Estoy muy triste . . .
Amalia P

2

Querida Dolores:
¿Qué consejos me das? Estoy muy frustrada, porque quiero seguir estudiando y tener una carrera universitaria, pero mis padres me dicen que tengo que ir a trabajar y darles parte de mi sueldo para ayudarles en casa. Son bastante viejos y no tienen estudios. ¿Qué hago?
Daniela B

3

Querida Dolores:
Soy muy infeliz. Soy trabajador, sensato, estudio mucho y mantengo mi dormitorio limpio y arreglado. Pero mi problema es mis padres. Son bastante viejos, pero son más bien como unos hippies jubilados. Están locos! Todas las noches . . . fiestas, ruido, la casa llena de amigos borrachos . . . Me es muy difícil estudiar y me resulta imposible dormir . . . ¿Qué debería hacer?
Jaime M

a)
Sí, tienes un gran problema. Los padres tienen que pagar todos los gastos de la universidad y tus padres quizás son bastante pobres . . . o sea que posiblemente no tienen los medios necesarios. Te mando los detalles de varias organizaciones que ofrecen becas a estudiantes como tú.

b)
¡Qué suerte tienes! ¿No es mejor tener padres como los tuyos, que no unos padres demasiado estrictos? ¡Al menos puedes cerrar la puerta y taparte los oídos con algodón!

c)
Bueno, tienes razón, es una cuestión muy difícil. Pero quizás sea mejor acompañarles en lugar de estar en conflicto con ellos. Eres joven y, cuando seas independiente, podrás elegir tú misma.

16

Haz una encuesta entre tus compañeros de clase para saber cómo se llevan con su familia. Usa los siguientes preguntas:

¿Te llevas bien con tu padre/madre/con tu(s) hermano(s)/hermana(s)/con tu(s) abuelo/a(s)?

¿Por qué?/¿Por qué no?

17

Imagina que tienes un problema con tu familia o con un miembro de tu familia (hay varios ejemplos en esta unidad). Escribe una carta a la tía Dolores contándole tus problemas y pidiéndole consejos.

Ana, quiero hablar contigo . . .

No, papá, yo tengo que decirte algo a ti . . . Te pido perdón por lo que te dije el otro día. Desde entonces me he sentido muy mal por ello.

Y yo me disculpo contigo, porque ahora comprendo por qué estabas tan enfadada. Creo que es muy importante que tengas tus ideas sobre el abuso de los animales y te respeto por ello.

Y yo a ti, a pesar de lo que te dije el otro día.

Bueno, últimamente los dos hemos tenido muchos problemas y preocupaciones. Necesito tiempo para pensar . . .

Y yo también . . . Huy, madre mía, ya son las diez menos cuarto. Tengo clase a las diez. Me voy volando . . . Hasta luego, papá.

¡Ya está! Estoy decidido. Voy a llamar a Pimentel para disculparme . . .

¿El señor Pérez de Pimentel? Soy Felipe López. Le llamo para decirle que, lamentándolo mucho, no voy a poder continuar con el contrato que tengo con ustedes . . . Lo siento mucho, pero . . .

¿Que por qué? Porque me opongo al uso de animales en las pruebas que hacen ustedes . . . Tengo mis principios, lo siento . . . Sí, le escribiré una carta explicándoselo todo. Adiós.

Gramática

Saying you are sorry

Ana and Felipe used a number of expressions of regret. There are others, but here are the most useful.

sentirse mal por algo	to feel sorry about something
disculparse por algo (con alguien)	to apologise for something (to somebody)
lamentar + inf	to be afraid/sorry
pedir perdón a alguien por algo	to apologise to somebody for something
sentir	to feel/be sorry

There are also some adverbs which are useful in expressing regret. Here are two of the most common:

desgraciadamente/por desgracia	regrettably
desafortunadamente	unfortunately

18

En el diálogo, Ana y Felipe ofrecen sus disculpas varias veces. Empareja las frases.

1 Ana le pide perdón a Felipe
2 Ana se ha sentido muy mal
3 Felipe se disculpa
4 Felipe llama a Pimentel
5 Felipe lamenta tener que decirles que
6 Felipe dice al señor Pérez que

a) por lo que le dijo el otro día.
b) no va a poder continuar con el contrato.
c) lo siente mucho.
d) por lo que le dijo el otro día.
e) para disculparse
f) con Ana por lo que pasó.

19

Con un(a) compañero/a, elabora conversaciones telefónicas en las que uno/a de vosotros/as invita al otro/a la otra a hacer algo, pero el otro/la otra no puede aceptar. Usa algunas de las expresiones de disculpa que se presentan arriba. Aquí tienes algunas sugerencias:

• invitación a una fiesta/a un partido de fútbol

20

Rellena este cuestionario de ADDA: si no tienes animales en casa, imagina que tienes gatos o perros o . . . ¡tú puedes escoger! Contesta a las preguntas usando pronombres (te, le, nos, etc.) en lugar de las palabras rojas.

Ejemplo: ¿Cómo tratas a los animales?
*¡Siempre **los** trato bien!*

¿Cómo tratas a los animales?
Nombre: Animales en casa:
1. ¿Como tratas a los animales?
2. ¿Qué das para comer a estos animales?
3. ¿Cuántas veces al día das de comer a los animales?
4. ¿Qué das a tus animales para beber?
5. ¿Cuándo das esto a los animales?
6. ¿Llevas a tus animales a dar un paseo?
7. ¿Adónde llevas a estos animales a pasear?
8. ¿Adónde vas a llevar a estos animales a pasear la próxima vez?
9. ¿Cuándo hiciste un regalo a tus animales por última vez?
10. ¿Cuándo vas a hacer un regalo a tus animales la próxima vez?
11. ¿Si ves al perro del vecino en tu jardín, ¿qué haces?
12. ¿Si ves en la calle un pájaro que está a punto de morir, ¿qué haces?

21

Rellena los espacios con la palabra más adecuada de la casilla.

> aviso   contrato   empresa
> etiquetas   experimentación
> oferta   productos   rescindir
> pruebas   informar
> telefónica   saluda

Carlos Pérez Sánchez
Pimentel S.A.
Pamplona

Pamplona, 12 de marzo

Estimado señor Pérez:
Le escribo para repetirle lo que dije en la conversación _____ que tuvimos ayer. Como ya le comenté, me encuentro en una posición imposible con relación al _____ que tengo con ustedes.
Recientemente, descubrí que la _____ Pimentel usa animales para hacer _____ de sus nuevos productos.
Desafortunadamente, estoy en contra de la _____ con animales cuando se trata de _____ que se compran por la vanidad de los humanos. De haber sabido esto antes de recibir la _____ del contrato, no la habría aceptado. Desgraciadamente, tengo que _____ el contrato habiendo ya empezado el trabajo.
Creo que Pimentel debería ser más abierta e _____ a los clientes que compran sus productos de que se usan animales para la experimentación, poniendo un _____ en las _____ de los productos. Le _____ atentamente,
Felipe López

22

1 Escucha estas entrevistas con jóvenes que tuvieron problemas como los de Ana. Para cada persona escribe unas notas en español sobre:
   a) dónde trabajaba
   b) cuál era su trabajo
   c) qué tenía que hacer exactamente
   d) por qué no se quedó

2 Usa tus notas para preparar una explicación de por qué **tú** no quieres trabajar en uno de estos lugares:
   a) un parque de atracciones donde explotan a los jóvenes
   b) una fábrica de armamentos
   c) un laboratorio experimental de ingeniería genética

Felipe explica sus dudas a Ana y las razones por las cuales ha rescindido su contrato con Pimentel. Ana está encantada.

Ana, . . . nuestra conversación me hizo pensar en lo que hago y por qué . . . había olvidado las cosas más importantes . . . Me sentí muy desilusionado y empecé a tener dudas y . . . he decidido rescindir el contrato de Pimentel.

Pero, papá, ¿de verdad vas a hacer esto por mí?

Pues sí, ya lo he hecho . . . Al aceptar el contrato, había creído que sería la solución a nuestros problemas, pero al descubrir lo de los animales, me sentí muy decepcionado. Eres más importante que el dinero y el trabajo, ¿sabes?

Claro, papá, ya lo sabía . . . pero . . .

Tomé la decisión después de hablar contigo. Les llamé en seguida para disculparme y les expliqué las cosas que había descubierto, luego les escribí . . .

Pero, ¿por qué tomaste esa decisión?

No había pensado bien en lo que hacía, y que Pimentel quizás abusaba de los animales. Empecé a pensar en ti y en tus opiniones: tus principios me parecen muy nobles. No tenemos derecho a abusar de los animales. Ahora me parece una cosa inmoral . . .

. . . Y yo no me había dado cuenta de que necesitabas este contrato para ayudarme . . . ¡Ahora estoy muy contenta!

Pero tengo que buscar otro contrato para poder ayudarte . . .

No te preocupes, papá . . . pronto llegará algo. Yo también buscaré otro trabajo.

23

Completa estas frases, escogiendo la forma del verbo más apropiada en cada caso.

1 Antes, Felipe **había creído/cree** que el contrato le ayudaría mucho.
2 Ahora Felipe **había creído/cree** que sería inmoral trabajar para Pimentel.
3 Antes, Ana **había creído/cree** que Felipe sabía que Pimental explotaba a los animales.
4 Ahora, Ana **había sabido/sabe** que a Felipe no le gusta lo que hace Pimentel.
5 Ana se **había dado/se da** cuenta de que Felipe necesitaba este contrato.
6 Ana se **había dado/se da** cuenta de que Felipe tiene principios.

Gramática

Repaso: The pluperfect tense

You use the pluperfect to talk about things that '**had**' happened'. Like the perfect, it is made up of *haber* with the past participle, but instead of the present of *haber*, it uses the imperfect: *había, habías, había, habíamos, habíais, habían.*

*No podía correr, porque **había comido** demasiado.*
*Antes de llegar a casa, **habíamos comprado** pan.*

Remember that *con* joins with *mí* and *ti* to become *conmigo/contigo*.

24

Tienes que contar algo muy curioso que ha ocurrido, usando el pluscuamperfecto. Aquí tienes unas situaciones.

Ejemplo: En el metro, viste a un hombre de negocios que no llevaba pantalones . . . Se había olvidado de ponerse los pantalones.

- El profesor no llevaba corbata.
- El director no podía entrar en su despacho.
- Tu amigo no tenía los deberes.
- En la discoteca, no había disc-jockey.
- En la tienda, tu amiga descubrió que no tenía el monedero.
- Viste un coche con una cartera en el techo.
- Querías grabar tu programa favorito, pero . . .
- Fue el cumpleaños de tu amigo/a, pero . . .

25

Con la ayuda del diccionario lee este artículo que cuenta la historia reciente de la monarquía en España.

Para ayudarte

Vocabulario

decepcionado (adj) – disappointed
desastre (nm) – disaster
desilusionado (adj) – disappointed, disillusioned
despacho (nm) – office, study
duda (nf) – doubt
heredero (nm) – heir
nombrado (adj) – appointed
satisfacer (v) – to satisfy
soltero (nm) – single man
teniente (nm) de navío – lieutenant

DON FELIPE DE BORBÓN ES, QUIZÁS, UNO DE LOS SOLTEROS MÁS ATRACTIVOS DEL MUNDO, Y UN DÍA SERÁ REY DE ESPAÑA. PERO ¿CÓMO HA LLEGADO A SER HEREDERO?

El abuelo de Felipe fue don Juan de Borbón, que quiso ser rey pero nunca llegó al trono. El bisabuelo de Felipe había reinado hasta 1930 y había renunciado al trono a causa de la inestabilidad en España. Entonces, don Juan ya había empezado a estudiar en la Academia Naval de España, pero tuvo que abandonar España con su familia. Continuó sus estudios en el Colegio Naval de Dartmouth en el Reino Unido, y ya era teniente de navío cuando recibió una noticia muy curiosa: sus dos hermanos mayores habían renunciado al trono de España. El joven oficial tuvo que escoger entre una carrera en la Royal Navy y la posibilidad de ser un día rey de España. Desgraciadamente, nunca llegó al trono, porque después de ganar la Guerra Civil (1936–39) el General Francisco Franco gobernó como dictador, aunque al menos en 1948 declaró que un día España volvería a tener rey. Efectivamente, después de la muerte de Franco en 1975, el hijo de don Juan y padre de Felipe, Juan Carlos, llegó a ser Rey de España.

Felipe tiene dos hermanas mayores, pero según la ley el heredero tiene que ser el hijo mayor del rey. Así es que don Felipe, antes de ser declarado Príncipe de Asturias, se había formado para ese papel. Antes de ir a la universidad en los Estados Unidos, estudió en un instituto de Madrid y en las tres academias militares de España. Ahora lleva varios años cumpliendo sus deberes reales en actos oficiales del estado y está muy bien preparado para ser rey.

Contesta las preguntas.

1 ¿Qué quiso hacer don Juan de Borbón?
2 ¿Qué había hecho el bisabuelo de Felipe en 1930?
3 ¿Qué había hecho don Juan cuando tuvo que abandonar España?
4 ¿Qué había hecho el General Franco antes de ser dictador?
5 ¿Qué hizo Franco en 1948?
6 ¿Qué pasó en 1975?
7 ¿Durante cuántos años había reinado Franco?
8 ¿Qué había hecho Felipe para prepararse para ser rey?

26

Escucha estas conversaciones y luego escoge una frase para describir el estado de ánimo de cada persona. Hay varias posibilidades y podrías sugerir otras.

- Rafael
- Virginia
- Camilo
- Fernando
- Carmen
- Rogelio

está encantado/a   está satisfecho/a

está preocupado/a

está contento/a   está desilusionado/a

está triste

27

En cada dibujo de esta historia desastrosa, hay alguien que no había hecho algo muy importante. Túrnate con tu pareja. Cuenta lo que pasó y lo que ya había pasado. Usa los verbos de la casilla.

salir/cerrar   llegar/olvidar

comprar/dejar

volver al coche/aparcar

regresar a casa/comprar/echar

gasolina   llegar a casa/robar

Ejemplo:

Cuando los jóvenes estaban en camino al concierto, se dieron cuenta de que no habían cerrado la puerta.

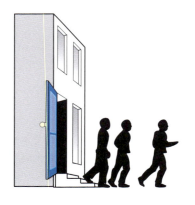

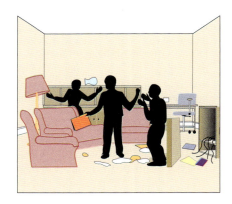

Ya lo sé

A Cosmética Gaia

1 Trabajas en la empresa Cosmética Gaia, cuyos productos son todos 'verdes' y no son resultado de la explotación de animales. Diseña un folleto para cada producto para persuadir a los posibles clientes de las cualidades de tus productos, para que los compren.

Ejemplo:

2 Ahora tienes que preparar el guión para un anuncio televisivo o radiofónico para promocionar vuestros productos.

Pide siempre champú **Lucipelo**, elaborado a base de productos naturales, sin uso de experimentación con animales. Te garantizamos los mejores resultados, ¡incluso si te lavas la cabeza cinco veces al día! Nuestros ingredientes naturales, producidos en nuestra propia granja y cultivados sin abonos artificiales ni pesticidas, nunca te harán ni el más mínimo daño. Al contrario, siempre tendrás el pelo limpio y bonito. ¡Lucipelo!

Lucipelo

250 ml

B Antes y después

Prepara un anuncio para un producto de la empresa cosmética o para cualquier otro producto. Presenta la situación antes y después de usar el producto. ¡Tu anuncio tiene que ser divertido y original!

Ejemplo: Antes de usar nuestro nuevo champú 'Champasco', hecho de la grasa de cerdos y malas hierbas, doña Encarnación estaba totalmente calva; después de usar 'Champasco', el pelo le llega hasta los pies y tiene que afeitarse tres veces al día.

C Animales en peligro de extinción

Elige varios animales que, según sabes, están en peligro de extinción. Haz un dibujo y unos apuntes breves sobre cada uno de ellos, mencionando los problemas que sufren a manos de los hombres.

Los problemas de Suso

¡Ay, qué vida! ¿Qué me va a pasar? He hecho tantas cosas malas, he visto robos y no he dicho nada a la policía, he cometido crímenes, me he peleado con mi mejor amigo . . . Por lo menos he escrito a Esteban. ¿Ha recibido la carta? ¿La ha abierto o la ha tirado a la basura? ¿Qué voy a . . . ?

¡Hola, Suso! He vuelto a por mi dinero . . .

1

Lee el texto y escucha el casete. Busca el participio pasado de estos verbos:
volver; abrir; hacer; escribir; decir; ver

Gramática

***Repaso:* The perfect tense**
The perfect tense is used to say 'I have (done something)'.
Remember that the verb for 'have' in this sense is *haber* – not *tener*.
Haber is the verb that is used to form all compound tenses like the pluperfect tense (see Units 6 and 8). It tells you who has performed the action. The other part of the verb, the **past participle**, tells you what the action is.

Look at pages 160 and 161 to refresh your knowledge of irregular past participles, and of how to form the perfect tense of regular verbs.

2

Escucha el casete. Empareja las preguntas y los dibujos. ¡Cuidado! Hay un dibujo que sobra.

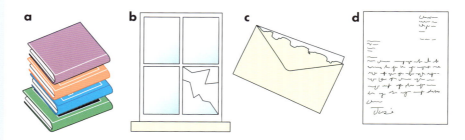

3

Esteban escribe a los padres de Suso. Lee su carta.

Estimados señores Pinto:

Escribo esta carta porque no sé qué hacer. He recibido una carta de Suso desde Madrid. Me dice que tiene problemas, pero eso es todo. Tampoco me da una dirección en Madrid. ¿Han visto ustedes a Suso recientemente? ¿Ha vuelto a Pamplona? ¿Saben ustedes que está haciendo? ¿Se ha puesto en contacto con ustedes también? Ya sé que ustedes no se llevaban bien con él cuando vivía en Pamplona pero, al fin y al cabo, es su hijo, y quizás necesite nuestra ayuda. Yo era su mejor amigo y estoy muy preocupado. Si ha hecho alguna tontería, quiero ayudarle.

Por favor, mándenme su dirección si la tienen.

A la espera de sus noticias, un saludo de

Esteban Muñoz

¿Verdad, mentira o no se sabe?

1 Suso ha recibido una carta de Esteban.
2 Suso está en Madrid.
3 Esteban tiene la dirección de Suso.
4 Suso ha escrito a los señores Pinto.
5 Los señores Pinto son los tíos de Suso.
6 Los señores Pinto no se llevaban bien con Suso cuando vivía en Pamplona.
7 Esteban ha ido a Madrid para ver a Suso.
8 La hermana de Suso está muy preocupada.

4

Túrnate con tu pareja. Haz preguntas.

Ejemplo:

A ¿Has visto mi reloj?

B Número cuatro.

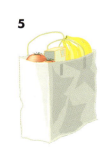

5

¿Has hecho alguna cosa extraordinaria en la vida? Escribe una frase para cada ilustración.

a NOVELA
b
c ¡Nuevo récord del mundo!
d CINE
e
f EL GORDO

Para ayudarte

Vocabulario

al fin y al cabo – at the end of the day, when all's said and done
llevarse (v) bien con – to get on well with
tampoco (adv) – neither

Gramática

Repaso: Radical-changing verbs

The verb *poder* is used several times in the dialogue. Remember that *poder* is a radical-changing verb, meaning that it sometimes has a spelling change: *¿**Pue**do visitarte? Claro, p**ue**des.* Several other very common verbs have spelling changes – you can check the details in the tables on pages 174–179. Here is a list of some to watch out for:

decir	d**i**go, d**i**ces, etc.
jugar	j**ue**go etc.
poder	p**ue**do etc.
querer	qu**i**ero etc.
soler	s**ue**lo etc.
tener	**tengo**, t**ie**nes etc.
venir	**vengo**, v**ie**nes etc.

6

Busca una palabra o una frase que significa:

1 Cómo llamar por teléfono, cuando no puedes pagarlo.
2 Con esta cosa, puedes llamar sin utilizar monedas.
3 Un policía que no lleva uniforme.
4 Seguir a una persona para ver lo que hace, sin que se dé cuenta.

7

Lee el texto.

¿SE IMAGINA UNA TELEFONÍA A LA MEDIDA DE CADA PERSONA? PRESENTAMOS BONOAIRTEL.

BonoAirtel. Una solución a la medida de cada uno. Todos nos comportamos de formas muy diferentes con un teléfono en las manos. Desde los que usan mucho el móvil, hasta los que sólo lo quieren para recibir llamadas. BONOAIRTEL nace para ofrecer a cada usuario la mejor solución según sus hábitos y sus necesidades.

Cada usuario podrá comprar el tiempo que quiera hablar al mes. Desde 15 minutos hasta 360. Es un sencillo sistema de bonos mediante el que usted compra el bono con los minutos que necesita.

Usted decide cuánto quiere gastar al mes. Usted compra un BonoAirtel de 30 minutos, por ejemplo, y sabe que cada mes paga un precio fijo. Lo que cuesta el bono. Y si necesita hablar más, tranquilo. Todo lo que consuma fuera del bono le saldrá aún más barato.

Con BonoAirtel, hable lo que hable, pagará menos. Sea cual sea el BonoAirtel que elija, le saldrá más económico que otros planes. Y al ser un sistema de bonificación, cuanto mayor sea su bono, más ahorrará.

Todo mucho más lógico, fácil y claro. No hay horarios más caros que otros. No se corta una llamada si ha consumido su bono. Y la factura es simple, clara y, por supuesto, más económica.

Un claro ejemplo. Hablar 30 minutos al mes le puede costar 4.250 ptas con otra empresa. Hablar 30 minutos al mes con BonoAirtel le costará sólo 2.790 ptas. Sin duda, BonoAirtel le interesa.

(IVA no incluido en estos precios)

Si puede imaginarse, puede hacerse. ¿Por qué no?

BonoAirtel. La telefonía que marca diferencias.

Infórmese en el 900 100 907

Prepara una lista en inglés para tu amigo/a que va a trabajar en España, con cinco ventajas de BonoAirtel.

8

Escucha la canción. Busca las palabras 1–10 en español.

1 'Hello'
2 'Speaking'
3 'Hold on'
4 'Repeat . . .'
5 How do you spell that?
6 Engaged
7 Wrong number
8 Extension
9 Message
10 'Goodbye'

9

Túrnate con tu pareja.
A es un(a) cliente y
B es un(a) recepcionista. Elabora conversaciones telefónicas:

1 Una llamada a cobro revertido.
2 Dejar un recado.
3 Llamar más tarde: está comunicando.

10

Acabas de comprar un teléfono móvil, con un sistema de bonificación. Escribe un párrafo de una carta a tu corresponsal, describiendo dos o tres ventajas del sistema.

Busca las frases en español.

1 Put me through.
2 It's engaged.
3 Hold the line.
4 He's in a bit of trouble.
5 Someone would have told me.

6 Can I do anything?
7 He isn't going anywhere.
8 That's OK; no problem.
9 Do you want to leave a message?

Gramática

Some, any, no

One of the words you will probably come across frequently in Spanish is *algo*. It is most often heard in shopping or café situations:

¿Algo más?   Anything else?

You will also see it in other contexts:

¿Puedo hacer algo?   Is there anything I can do?

Alguno means 'some':

Hay algunas dificultades   There are some difficulties

while the word *alguien* means someone:

Alguien me ha llamado.   Someone has called me.

The word for 'no' is *ninguno*:

No estoy de acuerdo con   I don't agree with any political party
  ningún partido político.

Both *alguno* and *ninguno* shorten to *algún* and *ningún* before a masculine singular noun:

Leo algún libro que otro.   I read the odd book.

Repaso: Adjectives

Remember that there are a few other adjectives which shorten as shown here before a masculine singular noun: *mal*, *buen*, *gran* and the ordinal numbers *primer*, *tercer*.

Es un **gran** libro.
Viven en el **tercer** piso.

Repaso: Pronouns

Remember that you can add pronouns on to the end of commands. Here are two examples from the dialogue which are useful in phone conversations:

Póngame con . . .   Put me through to . . .
Dígame.   Here/Speaking/Hello (literally 'Speak to me')

You can also add pronouns on to the end of infinitives. Find two examples in the dialogue.

12

Lee el texto y contesta las preguntas en inglés.

LAS DROGAS EN ESPAÑA – ALGUNOS DATOS ALARMANTES

Hoy en día la drogadicción es un fenómeno que constituye una preocupación social, en el que además se complican una serie de factores:

- un aumento de la cantidad de consumidores
- la edad de inicio al consumo cada vez más joven
- nuevas drogas y nuevas formas de consumo
- la disponibilidad, cada vez mayor, de las diferentes drogas
- una cultura favorecedora del consumo de todo tipo de drogas
- la cantidad enorme de dinero que se mueve en este campo
- la crisis de valores de nuestra sociedad

Algunas estadísticas:

30% de los jóvenes entre quince y veinticuatro años han probado algún tipo de droga.
70% de los jóvenes entre doce y catorce años han consumido alguna bebida alcohólica.
62% de los jóvenes entre doce y catorce años han fumado algún producto de tabaco.

En España:

Alcohólicos (o con riesgo de serlo): dos millones quinientos mil
Fumadores: doce millones quinientos mil
Consumidores de cannabis: dos millones
Consumidores de heroína o cocaína: cien mil
Quizás la estadística más alarmante es que la edad del inicio del consumo va decreciendo, llegando en el caso de las drogas legales a los diez años o menos.

1 Give **any three** of the seven factors which complicate the drugs question in Spain.
2 What percentage of 15–24 year olds have tried drugs?
3 What percentage of 12–14 year olds have tried alcohol?
4 What percentage of 12–14 year olds have smoked?
5 How many alcoholics, or those at risk of alcoholism, are there thought to be in Spain?
6 How many people smoke?
7 How many users of cannabis are there thought to be?
8 How many users of heroin or cocaine are there?
9 According to the article, what is the most worrying aspect of the drugs scene in Spain?

13

Escucha las conversaciones. ¿Cuál es el problema? Empareja las conversaciones (1–7) con los problemas a-g.

a) No está en su oficina.
b) Está comunicando.
c) Está de vacaciones.
d) Te llamará más tarde.
e) Quiere aplazar la cita.
f) Quiere cancelar la cita.
g) Está enferma.

14

Túrnate con tu pareja.

1 **A** quiere hablar con el señor Castillo, de la compañía Cerinox, para concertar una cita. **B** tiene que decir que el señor Castillo está ocupado.
2 **A** quiere hablar con la señora Lamas para aplazar una cita. **B** tiene que decir que la señora Lamas está de vacaciones.
3 **A** quiere hablar con la recepcionista del polideportivo. Ha perdido su reloj. Tiene que describirlo y decir dónde y cuándo lo perdió. **B** tiene que decir si lo tienen en la oficina.

Para ayudarte

Vocabulario

cada vez mayor – ever-increasing
datos (nmpl) – data, facts
decrecer (v) – to decrease
disponibilidad (nf) – availability
inicio (nm) – beginning
'no cuelgue' – 'hold the line'
'póngame' – 'put me through'
probar(ue) (v) – to try

Me gustaría estar lejos de aquí. Si estuviese libre, iría al Caribe. Tomaría el sol en la playa, saldría en un pequeño barco para pescar en el mar, comería pescado fresco y fruta, bebería cerveza muy fría, descansaría todo el día, viviría en un piso de lujo, no tendría el problema de las drogas, podría salir sin preocuparme. Pero ¿vendría Esteban? No sería lo mismo sin él. Mi único amigo, y le traté fatal. ¡Ay! ¡Menuda alternativa! Encerrado durante años en la carcel o muerto en la calle . . .

Gramática

The conditional tense

The conditional tense is used to express something you 'would' do. You can already use it in phrases with *gustaría*, which is the conditional of *gustar*.

Me gustaría estar lejos de aquí.

To form the conditional tense of regular verbs, add the following endings to the infinitive: *-ía, -ías, ía, íamos, íais, -ían*.

me gustaría (I would like); *compraría* (I would buy); *iría al Caribe* (I would go to the Caribbean)

A few important irregular verbs form their conditional tense by adding these endings to the **future tense** form, not to the infinitive:

Infinitive	Future	Conditional
decir	diré, etc.	diría, etc.
hacer	haré, etc.	haría, etc.
poder	podré, etc.	podría, etc.
poner	pondré, etc.	pondría, etc.
querer	querré, etc.	querría, etc.
saber	sabré, etc.	sabría, etc.
salir	saldré, etc.	saldría, etc.
tener	tendré, etc.	tendría, etc.
venir	vendré, etc.	vendría, etc.

Look back at Suso. Nearly all of his thoughts are in the conditional tense. Which verbs aren't? How can you tell?

Using the imperfect subjective with the conditional

To talk about what you **would** do **if** things were different you need to use the conditional tense plus another, new tense: the imperfect subjunctive.

Look at the following examples of 'If . . .' sentences:

Si ganase mucho dinero, me compraría un coche nuevo.

If I won lots of money, I would buy a new car.

Si estuviese libre, iría al Caribe.

If I were free, I'd go to the Caribbean.

The formation of the imperfect subjunctive is explained on page 104, but for the following exercises you only need to recognise it when it is used alongside the conditional in 'If . . .' sentences.

15

¿Qué haría Suso si estuviese libre? Escoge las ilustraciones que convengan.

a 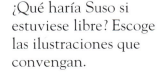   b   c

d   e   f   g    h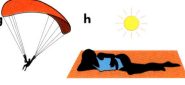

16

Busca en el artículo el nombre ...

1 de una calle muy famosa en Liverpool.
2 de un amigo de niñez de John Lennon.
3 de una sala de fiestas muy famosa en Liverpool.
4 de una sala de fiestas muy famosa en Hamburgo de los años sesenta.
5 de un estadio muy grande en los EE.UU.
6 de un álbum grabado por los Beatles.
7 de un famoso yogui indio que enseñó a los Beatles meditación trascendental.
8 del edificio donde vivía John Lennon cuando fue asesinado.
9 del chico que mató a John Lennon a tiros.

Si tuvieses la oportunidad ¿con quién hablarías? Nuestro reportero reflexiona sobre un héroe del rock and roll.

Si tuviese la oportunidad, hablaría con John Lennon. Le preguntaría sobre su niñez en Liverpool. Hablaríamos de su amistad con Paul McCartney y de los primeros ensayos como músicos. Daríamos un paseo por la calle de Mathew. Visitaríamos el famoso Cavern Club donde todo comenzó. Iríamos juntos a Hamburgo para ver el Star Club donde los Beatles tocaban a principios de los años sesenta. Nos sentaríamos en el estadio de Shea en Nueva York. Discutiríamos sobre la influencia de las drogas alucinógenas en el contenido del álbum 'Sergeant Pepper's Lonely Hearts Club Band'. Hablaríamos del Maharishi Mahesh Yogi, de la meditación trascendental y de la música india. Tomaríamos una copa en el edificio de Dakota en Nueva York, donde lo mató a tiros Mark Chapman en el mes de diciembre de 1980. Seríamos buenos amigos . . .

17

Si tuvieses la oportunidad, ¿con quién hablarías tú? Elige a un personaje famoso. Escribe unas frases sobre la conversación. ¿De qué hablarías? ¿Qué preguntas le harías? ¿Qué querrías saber?

18

Escucha la canción. ¿Qué haría el cantante por su novia? Pon las ilustraciones en el orden de la canción.

 a
 b

 c
 d
 e
 f

Mi casete personal

Si me tocase la lotería . . .
Completa las frases. Graba las frases completas en un casete.

1 Si me tocase la lotería . . .
2 Si encontrase la agenda de mi amigo/a en el patio del instituto . . .
3 Si encontrase cinco mil pesetas en la calle . . .
4 Si mi amigo/a fuese a hacer novillos . . .
5 Si viese a un(a) amigo/a robando cosas en una tienda . . .
6 Si mi amigo/a intentase escaparse de casa . . .

Para ayudarte

Vocabulario
alucinógeno (adj) – hallucinogenic (of drugs)
descansar (v) – to rest
EE.UU (Estados Unidos) – USA
encarcelado (adj) – imprisoned
hacer (v) novillos – to play truant
leyenda (nf) – legend
niñez (nf) – childhood
reflexionar (v) – to ponder, think about

Study techniques
What are you good at? Make an honest appraisal of your strengths, or, if you are uncertain, ask your teacher. Make sure your revision includes the things you are good at as well as the things you are less happy with – your strong points are your best chance of a high grade! An amateur practises until (s)he gets it right; a professional practises until (s)he can't get it wrong!

Bueno, Suso, lo de las drogas. Cuéntame cómo te involucraste.

Necesitaba dinero. No tenía ni un sitio para vivir ni nada para comer. Hablé con un chico en la calle y me dio algo para vender. Me dijo que podría quedarme parte del dinero.

Ah, sí, sí, ya lo sé. El señor Chávez. El colombiano. Lo conocemos muy bien. Una cosa, Suso. Hace dos semanas encontramos el cadáver de un chico rubio de dieciséis años en el Parque del Retiro, asesinado a tiros. Es probable que lo hiciese tu amigo Chávez.

¡Ay! ¡Nando! No era preciso que hiciesen eso.

Me trataron como si fuese un idiota. Quería que me dejasen en paz. No quería que me involucrasen en este asunto de drogas. Estaría más contento si tuviese un trabajo. ¿Qué voy a hacer? Van a matarme, seguro. Si no fuese por Esteban, no tendría un solo amigo. Me aconsejó que buscase un trabajo y no le hice caso. ¡Ojalá fuese tan bueno como él!

Si yo pudiese, te ayudaría, pero primero tienes que ayudarme. Escríbeme una lista de los miembros de la pandilla de Chávez.

¡Imposible! Me dijeron que me callase. ¡Me van a matar!

19

¿Verdad, mentira, o no se menciona?

1 Un chico de la calle dio a Suso algo para vender.
2 Suso se quedó diez mil pesetas.
3 Chávez es de Colombia.
4 El chico rubio era un amigo de Suso.
5 Suso no tiene miedo.
6 Morales quiere que Suso escriba una lista con los miembros de la pandilla de Escobar.
7 La pandilla de Chávez dijo a Suso que no hablase.

Gramática

The imperfect subjunctive

To form the imperfect subjunctive of a verb, you need to know, or to be able to look up, its preterite tense form. Take the third person plural form of the preterite and remove the -ron ending – habla(ron), comie(ron), vivie(ron) – then add the following endings:
-se, -ses, -se, -semos, -seis, -sen. Add an accent to the nosotros form.
For example:

hablase	comiese	viviese
hablases	comieses	vivieses
hablase	comiese	viviese
hablásemos	comiésemos	viviésemos
hablaseis	comieseis	vivieseis
hablasen	comiesen	viviesen

There is another set of endings for this tense, and it is useful to be able to recognise them, as they are just as common as the -se endings:
-ra, -ras, -ra, -ramos, -rais, -ran.
However, we recommend that you learn and use the -se endings – the ones you have seen in this unit – to avoid confusion with the future tense.

There are no irregular verbs in this tense, as it depends on forms that are already irregular in some verbs. In other words, if the preterite is irregular, so is the imperfect subjunctive: hicieron gives us hiciese, etc.

▶

20

Lee el texto.
Contesta a las preguntas.

1 ¿Quién es Gonzalo?
2 ¿Cómo es?
3 ¿Con quién sale Amina?
4 ¿Qué haría Amina si fuese más valiente?
5 ¿Adónde iría con Gonzalo?
6 ¿Cómo reaccionaría la amiga de Amina si se enterase?
7 ¿Cómo reaccionaría Gonzalo?

Le escribo porque no sé qué hacer. Me he enamorado del novio de mi mejor amiga. Se llama Gonzalo y es guapo y simpático. Salimos en pandilla, ella, Gonzalo, mi amigo Tomás y yo. Nos lo pasamos bomba. Si fuese más valiente, le hablaría. Si tuviese la oportunidad, le invitaría a tomar una copa en la cafetería enfrente del Ayuntamiento, o a ir al cine. Si quisiese, podríamos ir al polideportivo, o bailaríamos en la discoteca. Pero me da vergüenza pensar en mi amiga. Si se enterase, se quedaría anonadada, pero yo no puedo menos que hacerlo. Es una locura, ya lo sé, pero para mí fue amor a primera vista. Si lo supiese Gonzalo, estoy segura de que le haría mucha ilusión. ¿Qué me aconsejas, porque no puedo ni dormir ni comer con una situación así?

Amina

Para ayudarte

Vocabulario
anonadado (adj) – devastated
cadáver (nm) – body, corpse
callar (v) – to be silent
enamorarse (v) de – to fall in love with
involucrarse (v) – to get involved in
locura (nf) – madness
vergüenza (nf) – shame

The word ¡Ojalá! is a legacy from the Moorish occupation of Spain, 711–1492. It is a Spanish version of the Arabic phrase Insh'Allah, meaning 'Allah willing'.

21

Haz un póster y escribe un eslogan para un anuncio, utilizando el subjuntivo y el condicional.

Ejemplo:

Using the imperfect subjunctive

It is most often used in connection with the conditional tense to talk about probable or possible situations – often in sentences starting with 'If . . .'
Si me hablases de tus problemas, podría ayudarte.
If you talked to me about your problems, I could help you.
Look back at *Mi casete personal* on page 103. All the verbs in the first part of the sentences are in the imperfect subjunctive.

The imperfect subjunctive is also used to express hopes and wishes:
Si mis padres me viesen ahora.   If only my parents could see me now.
An extremely useful word in this context is *¡Ojalá!* – I hope/If only/I wish:
¡Ojalá fuese tan bueno   If only I were as good as him!
como él!

Here are some other expressions where the subjunctive *must* be used:

Es probable que . . .   It's probable that . . .
Me aconsejó que no hablase .   He advised me not to talk to her.
con ella
Me tratan como si tuviese diez años. They treat me as if I were ten years old.
Quiero que me escriba.   I want him to write to me.
All of these situations involve some degree of uncertainty, or things that have not actually happened.

1 ¡Ay, Suso! ¿Qué es de ti? ¿Qué has hecho?

¡Hola, Esteban! ¿Qué tal?

2 ¿Por qué estás aquí? ¿Qué es esto de las drogas? ¿En qué diablos te has metido?

Ay, Esteban, si hubiese sabido que todo iba a terminar así, nunca me habría ido de Pamplona. Lo siento muchísimo.

3 No te pongas así, hombre, no vale la pena.

4 Yo también me siento responsable. Si hubiese insistido en que encontrases un trabajo, si te hubiese ayudado más en vez de tocar la guitarra y ligar con las chicas, tal vez no habrías cometido el primer robo. Y lo irónico es que fue la cartera del padre de la que era mi novia, Ana.

Supongo que es verdad. Si tú no hubieses conocido a esa chica, tal vez yo no me habría sentido celoso de ti, con tu trabajo, tu piso, tu grupo y todo eso.

5 Y mírate ahora, con ropa nueva, teléfono móvil . . . Si yo me hubiese quedado en Pamplona, tal vez habríamos continuado jugando al fútbol en el parque.

Bueno, todo eso queda ya en el pasado. De momento, debemos decidir qué vamos a hacer. Tienes que ayudar a la policía. Así podrás salir pronto de aquí. Yo voy a ver lo que se puede arreglar.

Pero si te hubiese escuchado, si hubiese encontrado un trabajo, no habría acabado aquí. Y van a meterme en la cárcel muchos años.

22

Empareja el número de la ilustración con el título.

a) Esteban acepta una parte de la culpa.

b) Suso se siente deprimido.

c) Amigos reconciliados.

d) Estaban quiere ayudar a su amigo.

e) Suso lamenta haberse ido de su ciudad.

Gramática

'If . . .' sentences in the past tense

The tense you use for 'If . . .' sentences in the past is the **pluperfect subjunctive**. It is not as difficult as it sounds. You already know how to form the pluperfect tense – this one works in exactly the same way but using the subjunctive of *haber*:

hubiese, hubieses, hubiese, hubiésemos, hubieseis, hubiesen

Add the past participle, and you have done it! Look again at the dialogue above, and find examples.

Si **me hubiese levantado** más temprano, no **habría perdido** el *autobús*.

If I had got up earlier, I wouldn't have missed the bus.

In the second part of the sentence you use the **conditional perfect**, which is formed with the conditional of *haber* and the past participle. (There is another set of subjunctive forms that you might see:

hubiera, hubieras, hubiera, hubiéramos, hubierais, hubieran

but to avoid confusion it is best to use the -se endings, which are the ones you will see in this unit.)

23

Escucha la canción. Pon las ilustraciones en el orden en que aparecen.

a

b

c

suspendido
☹

d

24

Lee el artículo.

Me llamo Luis. Cuando tenía dieciséis años tuve la idea de escaparme de casa. Se me daba mal el instituto, y no me llevaba bien con mi padre. Vine a la ciudad a buscar trabajo, pero no había nada. Me dejé llevar, andaba sin rumbo fijo, no tenía ni trabajo, ni piso, ni dinero. Me metí en asuntos de drogas, porque así por lo menos podía sacar dinero. Por desgracia, me detuvo la policía, y pasé seis meses en la cárcel. Ahora tengo problemas. Soy toxicómano y es muy difícil encontrar trabajo con antecedentes penales. Si hubiese sabido que la vida iba a ser tan dura, no me habría ido de casa. Si hubiese continuado con mis estudios, tal vez habría encontrado trabajo. Si hubiese hablado más con mi padre, tal vez nos habríamos entendido. Echo de menos a mi familia, y me gustaría cambiar. Bueno, que os sirva de lección mi experiencia. No hagáis lo mismo, porque yo he aprendido por la vía dura.

¿Verdad, mentira o no se sabe? Escribe V, M o N.

1 Luis escapó de casa a los dieciséis años.
2 Se llevaba bien con su padre.
3 No se llevaba bien con su hermano.
4 Fue a la ciudad.
5 Encontró un trabajo.
6 Lo metieron en la cárcel.
7 Es adicto a la cocaína.
8 No tiene problemas para encontrar trabajo.
9 Quiere vivir su vida de nuevo.
10 Quiere que otros jóvenes aprendan de su experiencia.

25

Completa las frases.

1 Si ... habría ido al cine.
2 Si ... habría aprendido más.
3 Si ... habría comprado un coche.
4 Si ... me habría sentido mejor.

Inventa otras frases. Grábalas todas en un casete.

26

Escucha la canción del Ejercicio 23 otra vez. Escribe dos versos más.

Ya lo sé

A *Un póster*

Haz un póster para un producto como el jabón, la pasta de dientes, el desodorante o el jabón en polvo. Mira el ejemplo del Ejercicio 21 (página 105) antes de empezar. Utiliza un diccionario.

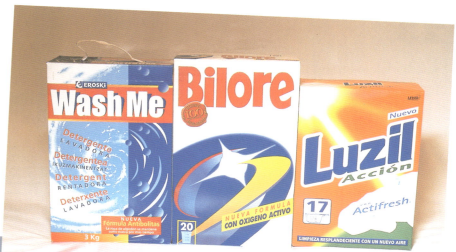

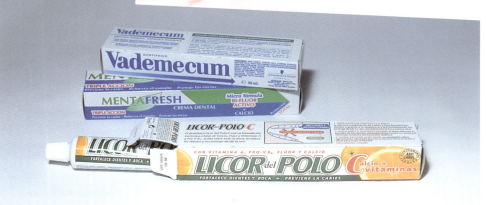

B *Imagina . . .*

Si tuvieses la oportunidad, ¿quién serías? Elige a un personaje famoso o histórico.
¿Qué harías diferente?
¿Con quién hablarías?
¿Cómo vivirías?

C *Una lista de cambios*

Escribe una lista de cinco cosas (como mínimo) que cambiarías en tu instituto, y por qué las cambiarías.

D *Un póster contra las drogas*

Haz un póster contra las drogas. Utiliza el ejemplo de Luis (Ejercicio 24) y escribe un eslogan: 'Si hubiese sabido . . . '. Utiliza un diccionario.

E *Una encuesta*

Haz una encuesta en tu clase. ¿Qué cosas cambiarían tus compañeros en tu pueblo? ¿Por qué las cambiarían?

F *El currículum*

Has solicitado un empleo a tiempo parcial. Elige un empleo y escribe una carta de solicitud y un currículum:

- ¿Qué has estudiado en el instituto?
- ¿Qué exámenes has aprobado?
- ¿En qué asignaturas has obtenido buenas notas?
- ¿Qué calificaciones has obtenido?
- ¿Qué experiencia de trabajo tienes?
- ¿Durante cuánto tiempo?
- ¿Qué recomendaciones has obtenido?

'Adiós, ciudad de mi querer'

¡Fíjate! ¡Marisol casada! ¡Qué ilusión! Pero vas a dejarnos y te vas a ir a vivir a Perú.

No te preocupes, Susana. Quizás puedas venir a verme durante las vacaciones.

Pase lo que pase, estaremos en contacto, no lo dudes.

Mientras tanto, vamos a despedirnos de Salamanca con nuestros amigos.

¡Un gato! ¡Qué mono! No me dijiste que tenías un animal en casa.

Estaba abandonado. Lo encontré en la escalera. Estaba hambriento y por eso le di un poquito de leche. Tú habrías hecho lo mismo. Somos muy amigos.

¿Y tu tesis para el doctorado?

¡Ojalá la pudiese terminar! Me cuesta muchísimo trabajo. Pero no es el momento de hablar de trabajo. Voy a llamar a Pierre y a Mark. ¡Vamos a celebrarlo!

Gramática

More uses of the subjunctive

The subjunctive is most often used where the action of the verb is not presented as a fact, but rather as only a possibility:

*Prefiero que lo **hagas** tú.*	I prefer you to do it.
*Dudo que **venga**.*	I doubt whether he will come.

It can also be used in commands:

*No lo **hagas**.*	Don't do it.

and in some set expressions:

Diga** lo que **diga	Whatever he says
Sea** quien **sea	Whoever he is

after *¡Ojalá!* meaning 'if only':

*¡Ojalá no lo **hubieses** hecho!*	If only you hadn't done it!

or after expressions meaning 'perhaps', to express doubt:

*Quizás lo **haga** mañana.*	Perhaps I'll do it tomorrow.

Make a list of all the examples of the subjunctive in the dialogue.

1

¿Verdad o mentira?

1 Marisol dice que Susana podrá visitarla durante las vacaciones.
2 Susana tiene un perro.
3 El gato estaba abandonado.
4 Susana le dio al gato un poquito de carne.
5 Susana ha terminado su tesis.
6 Susana va a llamar a Pierre y a Mark.

2

Susana tiene un gato. Busca estos animales en el diccionario:

3

¿Qué animales tienen en casa? Mira las ilustraciones del Ejercicio 2 otra vez. Empareja los animales con las personas.

1 Pedro
2 Maribel
3 Elena
4 Quique

5 Encarna
6 Luisa
7 Ricardo

4

Túrnate con tu pareja.

A ¿Tienes algún animal doméstico?

B Sí, tengo un pez de colores.

A Dibujo c.

5

Escribe un párrafo de una carta a tu corresponsal hablando de los animales que tienes. Menciona detalles como el nombre, la edad, el color, etcétera. Si no tienes animales, ¿qué animales te gustaría tener?

6 📖 📼

Empareja las definiciones con los edificios:

1 Cruza el río Tormes y es muy viejo.
2 Hay dos en Salamanca, la vieja y la nueva.
3 Aquí se pueden ver ejemplos del arte moderno.
4 Aquí se puede sentarse para tomar una copa y mirar a la gente pasear.
5 Aquí hay una tradición muy antigua para los que quieren regresar a Salamanca.
6 Aquí se reúnen muchos estudiantes para charlar.

> Tenemos que visitar la Plaza Mayor para tomar una copa en el Café Altamira . . .

> . . . y hay que ver la Casa de las Conchas. Es preciosa.

> Y tenemos que visitar la Universidad para pasearnos por la Plaza de Anaya. Me trae recuerdos maravillosos.

> Y podemos dar un paseo por el Puente Romano que cruza el río. Hay una vista preciosa de la ciudad desde el otro lado con las dos catedrales.

> Debes buscar la rana en la fachada de la Universidad en el Patio Escuelas. Se dice que si encuentras la rana, regresarás a Salamanca algún día.

> Y quiero ver las pinturas en el museo de la Casa Lys.

Gramática

Repaso: Two-verb constructions
When the subject of both verbs is the same, the second verb is always in the infinitive:
podemos dar; debes buscar; quiero ver.
Note also set expressions such as:
tenemos que visitar; hay que ver.

Repaso: Agreement and position of adjectives
Adjectives must agree with the noun they describe in gender (masculine/feminine) and number (singular/plural). For example:
recuerdos maravillosos, arte moderno, una tradición muy antigua
In Spanish, adjectives are usually placed after the noun, with some common exceptions (see the list on page 152). Numbers and other adjectives describing quantity – *mucho, poco, tanto, demasiado, varios, cuánto, qué* – always come before the noun.

Tantos deberes, **muchas** tareas domésticas . . . **demasiado** trabajo, **poco** tiempo, **¡qué** vida tan terrible!

Also note that some adjectives can be used either before or after the noun, but with a change of meaning.

Adjective	Before the noun	After the noun
distinto	various, several	different
grande	great (stature in society)	big (physical size)
antiguo	former	old
mismo	same	self
pobre	poor (to be pitied)	poor (without money)

Adjectives which usually come before the noun are placed after it when they are used with an adverb:
*un libro **muy bueno**; una casa **bastante vieja**; un profesor **demasiado joven***

7

Escucha la información sobre el tráfico en la región de Salamanca. Mira el mapa y apunta los problemas en el orden en que se mencionan.

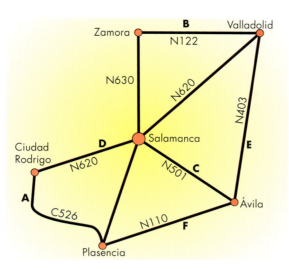

8

Lee el texto y contesta las preguntas.

SALAMANCA, CIUDAD DE ORO

Salamanca, la ciudad de oro, es el resultado de la actividad de los canteros o picapedreros de Villamayor, que está situado a unos cuatro kilómetros de Salamanca, en la carretera de Ledesma. De estas canteras viene la dulce piedra amarilla que dio forma a las torres, las murallas y la arquitectura plateresca de la universidad. La piedra de Villamayor es una piedra arenisca de una vena muy fina. Retiene la humedad de la cantera, lo que facilita la obra de talla de los artistas de Salamanca. Una vez secada, se retrae y se endurece, y ése es el secreto del 'bordado en piedra' o el estilo plateresco, un estilo de tallar muy complejo y detallado que necesita mucha destreza por parte de los albañiles. Se llama así porque recuerda el trabajo delicado de los plateros. Con el tiempo, el color pálido de la piedra tallada se hace un oro brillante o un rojo dorado. Por eso recibe Salamanca el nombre de 'la ciudad de oro'.

1 ¿Dónde está Villamayor?
2 ¿Qué hay en Villamayor?
3 ¿Cómo es la piedra de las canteras de Villamayor?
4 ¿Para qué se utilizó la piedra de Villamayor?
5 ¿Qué clase de piedra es?
6 ¿Qué hace un albañil?
7 ¿Qué es el estilo 'plateresco'?
8 ¿Por qué se llama Salamanca 'la ciudad de oro'?

9

Pon las palabras en el orden correcto.

1 señores casas viven ingleses pocos en andaluzas
2 tiendas muchas Pamplona hay hermosas en
3 ¿niña cartas española escribe cuántas la?
4 ¿libros son qué más los baratos?
5 cartas muchos amigos recibo de españoles
6 vieja de casa hermano bonita muy mi la es grande muy y

Mi casete personal

Una visita a Salamanca
Prepara y graba una presentación de un minuto sobre una visita a Salamanca.

• ¿Cuándo viajaste?
• ¿Cómo viajaste?
• ¿Con quién viajaste?
• ¿Qué visitaste primero?
• ¿Y luego . . . ?
• ¿Qué te gustó más?

Para ayudarte

Vocabulario
albañil (nm) – stonemason
bordado (nm) – embroidery
cantera (nf) – quarry
cantero (nm) – quarryman
endurecerse (v) – to harden
fachada (nf) – facade
picapedrero (nm) – quarryman
piedra (nf) arenisca – sandstone
precioso (adj) – beautiful
rana (nf) – frog
retraerse (v) – to contract, shrink
tallar (v) – to carve
vena (nf) – grain

The speaking test
Train yourself to speak from headings or prompts. You will not be allowed to read out a prepared script in the exam anyway, so get used to working this way as soon as possible. Try building up topic webs of linked ideas. Remember – you can use photos, postcards, or objects as prompts.

Yo voy a tomar el menú del día, por favor. Ensalada rusa, pollo al chilindrón y un helado de fresa.

¿Y para beber?

Vino tinto, por favor.

Y yo voy a tomar guisantes con jamón, lomo de cerdo y fruta, por favor. Y para beber, agua mineral con gas.

Para mí, espaguetis con tomate, filete con patatas fritas, flan y una caña de cerveza.

Yo voy a tomar una ración de aceitunas, una tortilla española, melocotones en almíbar y vino blanco.

Y para mí, una ración de calamares, guiso de cordero, merengues de café y vino tinto.

¡Oiga, camarero! Nos hace falta un tenedor, por favor.

Enseguida, señor.

Pero, ¿qué es esto?

Mocita, dame el clavel, dame el clavel de tu boca.
Que pa'eso no hay que tener mucha vergüenza ni poca.
Yo te daré un cascabel, te lo prometo mocita,
si tú me das esa miel que llevas en la boquita.
Clavelitos, clavelitos, clavelitos de mi corazón
Hoy te traigo clavelitos colorados igual que un fresón.
Si algún día, clavelitos, no lograra poderte traer,
no te creas que ya no te quiero, es que no me dejó mi mujer.

Es la Tuna Estudiantina de la Universidad. Son músicos que dan serenatas a las chicas. ¡Qué romántico!

10

¿De quién es cada comida?

Gramática

Hacer falta – to need

If you need something and you haven't got it, the expression to use is *me hace falta*. The only part of the expression that changes is the first part, so 'we need' would be *nos hace falta*, and the question would be *¿Le/Te hace falta . . . ?* (Do you need . . . ?).

11

Elige una comida para cada una de estas personas.

1 A José no le gustan ni la pasta ni el pescado ni la fruta.
2 A Mariluz no le gustan ni las verduras ni el pollo ni los productos lácteos.
3 A Nando no le gustan ni la carne ni la fruta.
4 A Pilar no le gustan ni las verduras ni el pescado ni los productos lácteos.

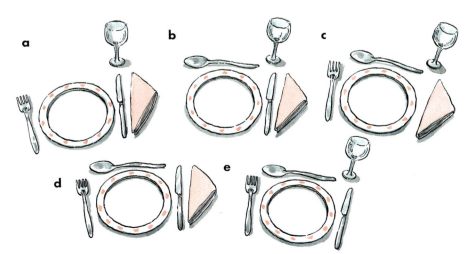

MENÚ DEL DÍA

1º • Alubias Blancas
   • Ensalada Americana
   • Espaguetis con Tomate

2º • Pollo al Chilindrón
   • Lomo a la Plancha
   • Trucha a la Navarra

POSTRES
   • Leche Frita
   • Fruta del Tiempo
   • Piña en Almibar

BEBIDA
   • Caña de Cerveza o Copa de Vino o ¹/4 l. de agua.

I.V.A. incluido 1.200 ptas.

12

Eres el camarero/la camarera. Escucha a los clientes y apunta en tu cuaderno lo que quieren comer. Mira el menú del día (Ejercicio 11).

13

¿Qué te hace falta? Túrnate con tu pareja.

a

b

c

d

e

14

Anoche fuiste a un restaurante con tu familia para celebrar tu cumpleaños. Escribe una carta a tu corresponsal. Describe la cena, con quién fuiste, lo que comiste, lo que bebiste, etcétera.

Para ayudarte

Vocabulario
almíbar (nm) – syrup
cascabel (nm) – little bell
clavel (nm) – carnation
cordero (nm) – lamb
dar serenatas (v) – to serenade
guisantes (nmpl) – peas
guiso (nm) – stew
lograr (v) – to succeed
lomo (nm) – loin (cut of meat)
melocotón (nm) – peach
pollo (nm) al chilindrón – chicken with tomatoes and peppers
vergüenza (nf) – shame

The speaking test
Sometimes the unpredictable element of a role play requires a word you haven't prepared for, or you have forgotten a word you looked up while preparing. Don't panic – do one of the following:

1 If you have forgotten the name of an item, can you describe what it is used for?
2 If you have forgotten a key word, can you explain what you mean using other words?
3 Do you know the opposite of the word you need? You can say *no es interesante* instead of *es aburrido*, for example.

15

Contesta a las preguntas.

1 ¿Qué opina Marisol de la vista de la ciudad de Salamanca?
2 ¿Qué sugiere Roberto?
3 ¿Por qué no quiere ir Marisol?
4 ¿Por qué preferiría quedarse en Salamanca?
5 ¿Cómo se siente Marisol?
6 ¿Cómo van al piso de Susana?

Gramática

Valer – to be worth

This is a useful verb in some set expressions, with only one irregular part – *valgo*.
(No) vale la pena. It's (not) worth it.
There are several examples of the verb in the dialogue. Make a note of them and their meanings.

Repaso: Reflexive verbs

These verbs 'reflect' the action back on to the person performing it:
Lavo – I wash (the car, the windows, the dishes, etc.)
Me lavo – I wash myself, I get washed

Reflexive verbs need the appropriate pronoun:
me, te, se, nos, os, se
Identify the reflexive verbs in the dialogue on this page.

16 📖

Empareja a cada persona con el empleo correcto. ¡Atención! Hay una persona que sobra.

ATENCIÓN ROTULISTAS

Empresa de ámbito nacional desea contactar con profesionales del sector autónomo o por contrato en toda España.

Cerrajeros, Plastiqueros, Delineantes, Vinilo, Montadores, Sopladores de Neón, Encargados, Director de Fabrica, Experto en Compras, Ingenieros, Arquitectos y Aparejadores.

Interesados mandar su Curriculum al Apdo. de Correos 353 - 28220 Majadahonda (Madrid)

Empresa próxima a San Sebastián dedicada a la fabricación de un producto relacionado con la industria papelera

PRECISA CONTRATAR

2 TECNICOS COMERCIALES

Pensamos:

Primero: en un Ingeniero Superior bien formado, valorándose el tener una experiencia acreditada en fabricación de papel y que quiera desarrollar su carrera profesional en la atención y asesoramiento técnico a clientes en pre y post-venta.

Segundo: en un Ingeniero sin experiencia, preferiblemente de las especialidades mecánicas o químicas, con fuerte vocación comercial y que quiera también desarrollar su carrera profesional en el campo técnico-comercial.

Se ofrece:
● Integración en una empresa filial de grupo internacional prestigiada y de tecnología de vanguardia.
● Formación complementaria.
● Interesante remuneración a convenir en función de la experiencia y valía del candidato.

Se requiere:
● Titulación de Ingeniero Superior ● Dotes comerciales y organizativas
● Capacidad para tomar decisiones ● Disposición para viajar así como carnet de conducir
● Inglés fluido imprescindible (se valorarán otros idiomas)
● Informática a nivel de usuario y manejo de PC y sistemas operativos.

Los interesados escribirán a mano adjuntando historial personal y profesional así como fotografía reciente al **Apartado de Correos Nº 418, 20080 San Sebastián, ref: INGENIERO.** Toda la documentación será tratada con total discreción, devolviéndose la no seleccionada.

ROTEDIC, S.A.
EMPRESA LÍDER EN EL SECTOR DE IMPRESIÓN EN ROTATIVAS OFFSET
BUSCA

COMERCIAL

CON AMPLIA EXPERIENCIA EN LA CONTRATACIÓN DE REVISTAS, CATÁLOGOS Y FOLLETOS COMERCIALES, Y RELACIONES CON CLIENTES. SE VALORARÁ CONOCIMIENTO DE IDIOMAS.

INTERESADOS ENVIAR CURRICULUM A :
ROTEDIC, S.A.
DIRECCIÓN DE PERSONAL RF. COMER.
RONDA VALDECARRIZO, 13
TRES CANTOS 28760
MADRID

a) Javi – Título de Ingeniero Superior, inglés y francés hablado, carnet de conducir, conocimientos informáticos.

b) Paco – Título de Arte Gráfico, cuatro años de experiencia como delineante en una oficina de arquitecto.

c) Inés – Tres años de experiencia en un taller de impresión, sección de venta; inglés y alemán hablado y escrito.

d) Nando – Título de informática, cinco años de experiencia con una empresa médico-legal, experto en marketing telefónico.

Para ayudarte

Vocabulario
delineante (nm) – draughtsman
derechos (nm) – rights
título (nm) – qualification, diploma

The speaking test
If you are aiming for the higher grades in the speaking test, you will need to:

● say more
● make your answers more interesting by using a wider range of vocabulary and more complicated structures
● use a variety of tenses
● give opinions and justify them.

17

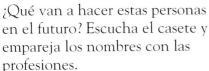

¿Qué van a hacer estas personas en el futuro? Escucha el casete y empareja los nombres con las profesiones.

Quique Marifé Lorenzo
Charo Quino
Santi

veterinario/a periodista
programador(a)
músico/a policía
ingeniero/a

18 💬

Túrnate con tu pareja.

Ejemplo:

A Cuánto cuesta un billete de ida y vuelta a Zamora, por favor?

B Doscientas cincuenta pesetas.

(Mira la lista de precios en la pagina 123.)

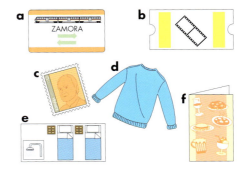

a ZAMORA
b
c d
e f

¡Ay, Susana! Mañana me voy para Perú a empezar una nueva vida.

¿Y la boda?

Nos casaremos por la iglesia en Lima. Invitaremos a la familia de Roberto. Mis padres vendrán para la boda, pero por desgracia Miguel no podrá venir. Está estudiando para los exámenes.

¿Y la luna de miel?

Iremos quince días a Bolivia y después los padres de Roberto nos han invitado a pasar una semana en su casa. Viven en Arequipa.

¡Qué emocionante! Y después, ¿qué vas a hacer?

Trabajaré un año en Lima y luego buscaremos trabajo más cerca de Arequipa.

Sí. Roberto me la regaló para mi cumpleaños. Es preciosa. Me gusta muchísimo.

¡Ay, Marisol! Me alegro mucho por ti. Mereces un poquito de felicidad después de lo de tu abuela . . .

¡Qué suerte tienes, Marisol! Tienes un novio muy guapo y amable y vas a empezar una nueva vida en otro país. Y mira ¡qué pulsera más bonita!

20

¿Qué regalos compraron? ¿Para quién? ¿Por qué? Escucha y apunta los detalles en tu cuaderno.

Augusto	Luisa	Merche
Paco	Raúl	Pilar

19

Rellena los espacios.

1 Me voy _____ Perú.
2 Nos casaremos _____ la iglesia.
3 Mis padres vendrán _____ la boda.
4 Está estudiando _____ los exámenes.
5 Me la regaló _____ mi cumpleaños.
6 Me alegro mucho _____ ti.

Gramática

Por and para

Read through the dialogue and list the uses of *por* and *para*. Both these words can translate the English word 'for' but they have different uses in Spanish. To decide which one to use, look at this list:

Por	**Para**
(source or means of action)	(direction, purpose, destination, suitability)

Por
(source or means of action)

- by, through, out of
- because of, on account of
- in exchange for
- on what occasion
- multiplied by
- on behalf of

Para
(direction, purpose, destination, suitability)

- to, in order to, reason or explanation
- intended for someone

Repaso: Reflexive verbs

Look back at page 116 and revise reflexive pronouns before attempting Ejercicio 21. How many examples can you find in Marisol's letter?

21 📖

Lee la carta de Marisol. Tu profesor te dará un formulario. Rellena el formulario utilizando la información en la carta.

> querida mamá:
>
> Lo estamos pasando bomba aquí en Salamanca pero ya sé que voy a estar triste al despedirme de mis amigos. Me siento un poco confusa, porque empezar una nueva vida en otro país es emocionante, pero también puede ser un poco difícil.
>
> ¡Fíjate, yo, la señora Marisol Ortíz! A veces me siento muy adulta, a veces muy niña, sólo tengo veintitrés años. Sé también que voy a echar de menos nuestro piso de la calle Arbolanche 5, 1° dcha, me recuerda mi niñez en Pamplona, y tengo unos recuerdos muy agradables de aquella época ... Por lo menos estaré allí para mi cumpleaños el tres de agosto, antes de salir para Perú.
>
> No sé cómo agradecerte todo lo que has hecho por mí, mamá. Estoy a punto de empezar una carrera como profesora de inglés en el Instituto Simón Bolívar de Lima, gracias a mi licenciatura en inglés y al prestigio de la universidad de Salamanca.
>
> Espero poder continuar con la natación en Lima, y si no puedo practicarla como miembro de un equipo, espero elegir a entrenar a niños.
>
> Miguel me ha dicho que el número de teléfono ha cambiado, ahora es el 948 33 41 26, ¿verdad? Escríbeme para confirmarlo - Bueno, mamá, vamos a cenar en la Plaza Mayor con los otros, Susana, Mark y Pierre, así que tengo que arreglarme para salir.
>
> Hasta pronto
> Un beso
>
> Marisol.

Gramática

Repaso: Possessive adjectives

mi(s)	my
tu(s)	your
su(s)	his/her/your
nuestro/a/os/as	our
vuestro/a/os/as	your
su(s)	their/your

22

Túrnate con tu pareja.

Ejemplo:

A — Compré una pluma. B — ¿Para quién?

A — Para mi abuelo. B — ¿Por qué?

A — Por su jubilación.

Gramática

Caber – to fit, be contained

This verb has an irregular first person in the present tense:

quepo, cabes, cabe, cabemos, cabéis, caben

It is used in situations where you want to talk about whether there is room for something or someone.

Examples:

Yo no quepo aquí. There's no room for me here.

Los libros no caben en mi cartera. The books won't fit into my briefcase.

¿Cabe uno más? Can you get one more in?

Repaso: The future

The simplest way to refer to the future is to use *ir a* followed by an infinitive:

Voy a pasar las vacaciones en Mallorca. I'm going to spend the holidays in Mallorca.

¿Vas a comprar un regalo para tu padre? Are you going to buy a present for your father?

23

Busca una frase para cada situación.

1 Marisol no puede cerrar la maleta.

2 Marisol quiere que Roberto ponga unas cosas en su maleta.

3 Roberto cree que hay demasiado equipaje para el taxi.

4 Roberto quiere que el taxista ponga la maleta en el maletero.

24

Lee la carta de Luis. ¿Qué cosas llevó consigo en su maleta? Escribe una lista de artículos para sus vacaciones.

25

Escucha los anuncios y toma notas sobre los artículos (por ejemplo, el contenido, el precio, la tela, etcétera).

26

Túrnate con tu pareja. ¿Qué no cabe en tu mochila?

Antes de empezar busca las palabras en el diccionario y apúntalas en tu cuaderno de vocabulario.

Ejemplo:

A   (No cabe el bañador.)

B   (Dibujo c.)

He pasado unas vacaciones estupendas en Port de Pollença, en Mallorca. Nos alojamos en un piso cerca de la playa y cada mañana me iba a nadar en el mar. Por las tardes jugaba al tenis, o hacía windsurf. Después de cenar, íbamos a la discoteca. El jueves fuimos a Cala Boquer a pie. Es una excursión de unos seis kilómetros de distancia por las montañas que hay detrás de Port de Pollença. Es muy importante tener el equipo adecuado para andar por la montaña, porque puede ser peligroso. Hizo un tiempo espléndido. Hacía calor y hacía mucho sol. Pero había muchos mosquitos, lo que era una molestia. El mar estaba muy tranquilo en Cala Boquer y nos bañamos. Buceamos y vimos peces en el agua. Saqué unas fotos estupendas. El último día lo pasé en la playa, tomando el sol, escuchando música y leyendo.

Para ayudarte

Vocabulario
bucear (v) – to snorkel
cuídate – take care
lavadero (nm) – laundry room
maleta (nf) – suitcase
maletero (nm) – car boot
pesado (adj) – irritating
pez (nm) – fish

The speaking test
To extend answers, try these techniques:

- Describing people: include physical appearance, character, likes and dislikes, any future plans and ambitions.
- Talking about your family: if you are an only child, talk about cousins, friends or pets to continue the conversation.
- Talking about holidays: if you don't go away, talk about how you spend your days.
- Talking about hobbies: if you don't have a particular hobby, talk about things that you would like to do if you had more time/money.
- Talking about your house: don't just list the rooms, but be prepared to say a bit about colours, what there is in the room, whether you like the room or not and why, what there is near the house, whether you like living there or not, and why. If you can include references to a place where you have lived previously and compare the two, so much the better, as you will be bound to include a past tense.

Ya lo sé

A *Canción de despedida*

Escucha la canción y lee el texto.

Fonseca

Adiós[1], ciudad de mi querer,
donde por tradición mi carrera estudié.
Adiós, mi Universidad,
cuyo viejo reloj no volveré a escuchar.
Adiós, mi Universidad,
cuyo viejo reloj no volveré a escuchar.
Las calles están mojadas
y parece que llovió.
Son lágrimas de una niña
por un amor que perdió.
Triste y sola, sola se queda Fonseca.
Triste y llorosa se queda la Facultad.
Y los libros, y los libros empeñados
en el Monte, en el Monte de Piedad[2].
¿No te acuerdas cuando te decía
a la pálida luz de la luna,
yo no puedo querer más que a una,
y esa una, mi vida, eres tú?
Triste y sola, sola se queda Fonseca.
Triste y llorosa se queda la Facultad.
Y los libros, y los libros empeñados
en el Monte, en el Monte de Piedad.

Diseña y escribe el texto para la portada de un CD de la canción, grabada por la Tuna de la Universidad de Salamanca.

[1]Los estudiantes le dicen adiós a la universidad, al finalizar los estudios. Se hace referencia al Arzobispo Fonseca. Aunque es una figura sobre todo asociada a la Universidad de Santiago de Compostela, existe también el Colegio Mayor del Arzobispo Fonseca en la Universidad de Salamanca.

[2]La Caja de Ahorros y el Monte de Piedad es un tipo de banco que existe en todas las provincias españolas. En una sección de esta institución, el Monte de Piedad, la gente recibía una cantidad de dinero en préstamo. Como garantía de pago, había que depositar un objeto de valor, como un reloj o una máquina de escribir. Cuando el deudor devolvía el dinero prestado, recuperaba el objeto que dejó como garantía. En tiempos pasados, cuando los libros eran un objeto de valor porque pocas personas podían adquirirlos, los estudiantes empeñaban los libros al fin del curso.

B

Diseña un póster denunciando la crueldad contra los animales, o contra la vivisección o los experimentos hechos con animales para probar medicamentos, maquillaje o el efecto del tabaco.

C

Diseña un folleto turístico sobre Salamanca y sus atracciones. Luego, en el mismo estilo, diseña un folleto sobre tu pueblo o ciudad y sus atracciones para los turistas.

D

Diseña el menú para un restaurante español que va a abrir en tu pueblo. Inventa un nombre para el restaurante. La comida debe ser típicamente española.

E

Lee el relato de un día típico de Marisol en la universidad. Completa su horario.

Los lunes solía ir a la universidad a las nueve. Las clases duraban una hora. Primero tenía una clase de literatura inglesa del siglo diecinueve. Me parecía muy difícil. Los textos eran largos y densos, pero me gustaba mucho la obra de Dickens y también me gustaban los libros de Wilkie Collins. Después teníamos una hora de lingüística, y luego mi clase particular, que también duraba una hora. Estudiaba las novelas de Jane Austen y escribí una tesina de quince mil palabras. Luego tenía dos horas libre, y solía trabajar en la biblioteca. Almorzaba con Susana, Mark y Pierre. Solíamos ir al bar de la Facultad de Derecho, donde el vino era muy barato. Las clases volvían a empezar a las cuatro. Tenía una clase de poesía del siglo veinte. Me gusta mucho la poesía de los poetas de la Primera Guerra Mundial, como Siegfried Sassoon y Wilfred Owen, pero no entendía mucho de la obra de los poetas como Roger McGough. Me encanta la obra del poeta galés, Dylan Thomas. Después de la poesía teníamos una hora de conversación con un asistente. Normalmente el asistente era un estudiante inglés que pasaba un año en España en un intercambio. El último asistente que tuvimos era un gran aficionado de los Beatles y nos pasábamos horas analizando la letra de las canciones de John Lennon. Luego, una hora de lenguaje comercial y por último una hora de informática. Nos reuníamos en la Plaza Mayor para tomar una copa y cenábamos normalmente a las diez de la noche.

F

Mira las ilustraciones. Escribe un párrafo de una carta describiendo lo que hiciste en tus vacaciones. Utiliza un diccionario para ayudarte.

1

2

3

Precios para el Ejercicio 18, página 117

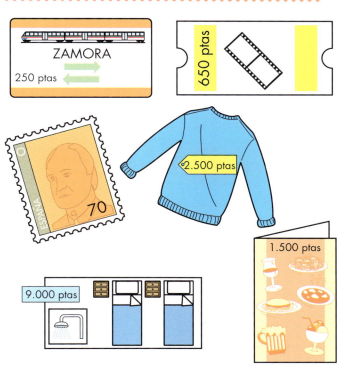

¡Hay que mantenerse en forma!

Miguel pide hora con el dentista, porque se le ha caído un empaste.

Oiga, por favor, soy Miguel Muñoz y necesito ver al dentista . . .

¿Qué le pasa, Señor Muñoz?

Tengo un dolor de muelas horrible. Ayer se me cayó un empaste y me duele mucho cuando tomo bebidas frías.

¿Qué le pasó, exactamente?

. . . al principio me dolía poco, pero ahora me duele tanto que apenas puedo comer . . . me duele todo el tiempo.

Pues, me estaba comiendo un caramelo y se me cayó el empaste . . .

Sí, ya veo, ¿es ésta?

Bueno, siéntese aquí y relájese . . .

Vamos a ver estos dientes. ¿Cuál le duele? ¿Es éste?

No, no me duele esta muela; me duele esa otra, la que está detrás.

1

Busca palabras del diálogo para completar esta conversación de un dentista con su paciente.

Dentista ¿Qué le pasa, doña María?

Paciente Pues, ayer se me _____ un empaste y me _____ mucho cuando como.

Dentista ¿Qué le _____ exactamente?

Paciente Pues, _____ una galleta y se me cayó este empaste. Al principio casi no me dolía nada, pero ahora me _____ tanto que apenas como. Me duele casi todo el tiempo, sobre todo después de _____ .

Dentista Bueno, siéntese _____ y relájese. Vamos a ver estos _____ . ¿Cuál le duele? ¿Es éste?

Paciente No, no me duele esta _____ ; me duele esa otra, la muela que está _____ de aquélla.

Dentista Sí, ya veo, ¡se la voy a sacar en seguida!

Gramática

Mucho, poco, tanto, todo

These words all express how much:
mucho = a lot; *poco* = little (not much);
tanto = so much; *todo* = all
They can be used as adjectives:
Tengo **muchos** problemas.
or as adverbs: Me duele **mucho**.
Of course, as adjectives they have to agree with the nouns they describe.

All four of them can also be used as nouns or pronouns, as follows:

mucho	a lot
(un) poco	a little
tanto	so much
todo	all, everything

He comido un kilo de queso. ¿Tanto?
¿Has olvidado todo? Sí, todo.

Repaso: Expressions with *tener*

Miguel uses the expression *tengo un dolor de muelas*, the verb *tener* is used for several expressions which express feelings or emotions. There is a list on page 169.

Repaso: Demonstrative adjectives: 'this . . .' and 'that . . .'

In the dialogue, the words *este, estos, aquella*, etc are used to identify ('demonstrate') '**this** filling', '**these** teeth', '**that** back tooth there'. Remind yourself of the Spanish words for this/that/these/those, by looking at page 154. Then write the following list in Spanish, remembering that these words are adjectives so they must agree with their noun.

1 [these] *empastes*
2 [that] *dentista*
3 [those] *pacientes*
4 [this] *muela*
5 [these] *caramelos*

2

Escucha estas llamadas telefónicas. Unos pacientes piden hora con el médico o con el dentista. La recepcionista ha hecho unos errores. ¿Puedes corregirlos?

3

Lee las recomendaciones y escribe V (verdadera) o F (falsa) para cada frase. Luego corrige las frases incorrectas. ➡

	Cita con	Paciente	Hora	Razón
1	médico	Rafael Fente	lunes 12 mayo 1000	dolor de muelas
2	médico	Marta López	miércoles 14 mayo 1130	le duele el estómago
3	médico	Conchita Pérez	lunes 12 mayo 1410	muchos problemas al respirar
4	dentista	Manolo Santurce	jueves 15 mayo 1730	se le ha caído un empaste
5	dentista	Luis Olmedo	viernes 16 mayo 1420	reconocimiento médico

4

Túrnate con tu pareja. **A** necesita ir al dentista; **B** es el/la recepcionista. Es el lunes por la mañana. **El/la paciente** tiene que explicar qué le pasa exactamente. **El/la recepcionista** tiene que consultar la agenda del dentista, que está en la página 137.

1 Eres Paco Ramírez. Se te ha caído un empaste. No hay prisa pero te resulta difícil comer. Tienes clase todos los días de 9 a 4.

2 Te llamas Manuela Sanjurjo: te duelen muchísimo las muelas. Necesitas ver al dentista muy pronto. No tienes otros compromisos.

3 A tu abuela, doña Julia Ramos, se le ha caído un diente y necesita un diente postizo. Sólo puede visitar al dentista durante el día.

4 Te llamas Sergio Vicente. Has sufrido un golpe en la cara y quieres que el dentista examine tus dientes. Sólo tienes el jueves libre.

5

Escucha la canción. Apunta lo que pasa con los pacientes en el orden de la canción.

CÓMO CUIDARTE LOS DIENTES

Tus dientes son muy importantes, pero deberías cuidar de ellos:

a) No comas muchos caramelos.

b) Límpiate los dientes dos veces a la semana.

c) Es mejor comer pasteles que zanahorias.

d) Si comes caramelos todos los días, no debes comer tantos.

e) Sólo tienes que tomar un poco de azúcar.

f) Cuando te limpias los dientes, es mejor no usar pasta de dientes.

g) Las bebidas dulces son buenas para los dientes.

h) Es mejor limpiarse los dientes antes de las comidas.

i) Debes ir al dentista al menos dos veces al año.

j) Escucha todos los consejos de tu dentista.

Para ayudarte

Vocabulario

agenda (nm) – diary, appointment book

cariado (adj) – decayed

chequeo (nm) – check-up

compromiso (nf) – commitment

empaste (nm) – filling

inyección (nf) – injection

muela (nf) – molar (back tooth)

paciente (nm/f) – patient

pedir (v) hora – to ask for an appointment

postizo (adj) – false (teeth)

respirar (v) – to breathe

Improving writing

- Jot down ten nouns. Include a range of singular and plural, masculine and feminine, e.g. *una falda*.

- Now add an adjective to each one: *una falda negra*.

- Now add an adverb and another adjective where possible: *una falda negra bastante larga*.

Miguel habla con Juanjo acerca del nuevo régimen que está siguiendo para mantenerse en forma.

Bueno, Miguel, ¿por qué has empezado este nuevo régimen?

Ya sabes. Después del accidente, hacía un año que no montaba en bici. Empecé a darme cuenta de que no estaba en forma.

Al principio busqué actividades que necesitan mucha energía y un alto nivel de forma física: cogí la raqueta de squash y jugué tres veces.

Y ¿qué pasó?

¡Perdí las tres veces porque era incapaz de moverme!

¿Y luego?

Hablé con mi médico. Le expliqué lo que quería hacer y me dijo que tenía que hacer un ejercicio más bien de tipo aeróbic, como andar o nadar.

Vale, y ¿qué hiciste?

Cuéntame . . .

Pues, leí el libro y recomendaba el ciclismo. Recuerdas que una vez choqué con un coche y me rompí la pierna . . . Por eso tenía miedo, pero ahora no: me encanta y salgo casi todos los días.

Comencé a pensar en otras actividades para mejorar mi forma física poco a poco. Empecé a hacer gimnasia tres veces por semana. También encontré un libro muy bueno, pero muy caro. ¡Me costó cinco mil pesetas!

Gramática

Irregular preterites

In his conversation with Juanjo, Miguel uses some verbs which are irregular in the *yo* form of the preterite tense. What are the infinitives of these verbs?

busqué, choqué, expliqué, comencé, empecé, jugué

The changes happen because in Spanish the spelling of a word is always adapted to keep the sound correct:

c → qu to keep a hard 'c' sound when followed by *-é* (other verbs: *atacar, pescar, tocar*)

z → c to keep the soft 'c' sound when followed by *-é*: *cruzar*

g → gu to keep a hard 'g' sound when followed by *-é*: *llegar*

There is one other kind of spelling change in the preterite: a few verbs change their *-i-* to *-y-* where necessary to avoid having three vowels in a row.

*leer: leí, leíste, le**y**ó, leímos, leísteis, le**y**eron*

Others like this are: *caer, creer* and *oír* and all verbs ending in *-uir*.

6

Escucha diez frases que cuentan lo que le pasó a Miguel. Indica si estas frases son correctas o no con V (verdadero) o F (falso).

Ejemplo: **1F**

7

Miguel escribió la siguiente carta a Marisol, que está en Lima. Léela e identifica las cosas que escribe Miguel que no dijo en su conversación con Juanjo.

> Pamplona
> 2 de Mayo
>
> Querida Marisol:
>
> ¿Cómo te van las cosas allá en Lima? Espero que bien, pero escríbeme, porque me interesaría tener noticias tuyas.
> Aquí todo va bien, aparte de que recientemente me di cuenta de que no estaba en buena forma. Fue cuando tuve que correr para coger un autobús: perdí el autobús, porque no pude correr más de diez metros. Poco después decidí que tenía que hacer más ejercicio. Al principio busqué actividades que necesitan un alto nivel de forma física: jugué al squash y perdí tres veces... ¡porque era incapaz de moverme!
> Fui a ver al médico. Me dijo que debería hacer un ejercicio aeróbico, como andar o nadar, pero no me interesan. Empecé a pensar en otras actividades para mejorar mi forma física poco a poco y comencé a hacer gimnasia tres veces por semana y a comer menos. Luego leí un libro que recomendaba el ciclismo. Como ya sabes, hace algún tiempo tuve un accidente, y por eso tenía miedo, pero ahora no: me encanta ir en bici, y salgo casi todos los días. Sigo comiendo menos y mejor: muchas verduras y frutas, menos grasa. Ya empiezo a adelgazar, y me siento mucho mejor: sigo con la gimnasia, y hasta puedo jugar al squash sin problemas. El otro día gané un partido por primera vez.
> Bueno, basta por ahora. ¡Escríbeme pronto!
> Un montón de abrazos,
> Miguel

8

Escucha a estos jóvenes que hablan de los deportes que practican. Escribe el nombre del joven que practica cada deporte.

Ejemplo: **a** Inés

Amalia Antonio
Marisol Carlos
Guillermo Jorge
Juanjo Inés

a
b
c
d
e
f
g
h

Para ayudarte

Vocabulario
adelgazar (v) – to slim, lose weight
barco (nm) – boat
grasa (nf) – fat
incapaz (adj) – incapable, unable
marcar (v) – to score
nivel (nm) – level
Pantano de Cubillas – a lake near Granada
pista (nf) – tennis court
régimen (nm) – diet

Improving writing
Start with a simple sentence:
Salió de la casa.
Now add an adverb to describe how the action took place:
Salió rapidamente de la casa.
Adverbs are easier to use because they do not have to agree with anything. Adding adverbs improves your chances of obtaining a higher grade.

9

Haz una encuesta acerca del tema de mantenerse en forma. Haz preguntas a tus compañeros.

Ejemplo:

- Mantenerse en forma: ¿es importante o no?
- ¿Qué haces para mantenerte en forma?
- ¿Qué deportes practicas?
- ¿Vas al gimnasio a veces?
- ¿Comes bien o no?

10

Completa estas frases y cuenta qué hacen los personajes para mantenerse en forma.

1 Ana quiere perder peso; por eso ha decidido . . .
2 Esteban cree que debería mantenerse en forma
3 Susana quiere hacer ejercicio y prefiere estar al aire libre. Por eso, sale a . . .

11

Escribe tu propia versión del itinerario de los chicos.

Ejemplo: Primero de agosto: viaje en tren a Santander: Camping del Faro. Dos de agosto (primer día): 27 kilómetros a Reinosa . . .

12

Lee el diálogo otra vez. Escucha las frases: ¿son verdaderas (V) o falsas (F)?

Ejemplo: **1**V

Gramática

Ordinal numbers

As they plan their cycling trip, Miguel and Juanjo use ordinal numbers: *primero, segundo, tercero, cuarto, quinto, sexto, séptimo, octavo, noveno, décimo.* Ordinal numbers are adjectives, and they are often used with *parte*:

la tercera parte   one third
la cuarta parte   a quarter
El cuarto is also used on its own as a noun to express 'quarter':
Son las tres y cuarto.   It's 4.15.

13

Lee las palabras de abajo. Elige los 10 objetos más importantes que llevarías en una excursión en bicicleta. Explica por qué serían necesarios. Utiliza tu diccionario. Compara tu lista con la de tu pareja: luego preparad una lista juntos para presentar a vuestro grupo.

una tienda   un chándal   una cantimplora   una linterna

un colchón neumático   un casco   una toalla   un jersey

un neumático de repuesto

unas gafas de sol   un mapa de carreteras   un saco de dormir

una bomba de bicicleta   una cámara de aire

unas zapatillas   un paraguas   un pantalón impermeable

14 📖

Lee este folleto sobre los Picos de Europa y contesta las preguntas.

La Comarca oriental de Asturias le ofrece muchas posibilidades para sus vacaciones. Mar y montaña constituyen un paraíso natural para el visitante: puede usted bañarse en una de sus muchas playas y a la vez admirar la grandeza y la belleza de los Picos de Europa. Los Picos, en efecto, son las montañas más altas de Cantabria y se dividen en tres zonas: Occidental, Central y Oriental. Esta última es la zona más popular entre los turistas. El famoso Naranjo de Bulnes, el barranco del Cares, Covadonga y los Lagos son los elementos más conocidos, y todos combinan historia, tradición y paisajes hermosos. Muy cerca de esta zona se encuentran las famosas Cuevas de Altamira, con sus pinturas

prehistóricas. Además, esta zona tiene una riqueza fenomenal de flora y fauna, que incluye el caballo Asturcón y los urogallos de los bosques de Ponga y Amieva.

La costa oriental, con sus inmensos acantilados y sus playas de fina arena, se funde con las verdes praderas. Éstas cuentan también con hermosos pueblos y casas que todavía conservan el tradicional sabor marinero. Allí encontrará usted también el rico patrimonio monumental e histórico de Asturias.

Por último, esta zona le ofrece una rica y variada gastronomía, que con los demás elementos mencionados, hacen de esta región uno de los núcleos turísticos más importantes de España.

1 Esta región, ¿por qué es un paraíso natural?
2 ¿Qué se puede hacer en las costas?
3 ¿Cómo se llaman las tres zonas de esta región?
4 ¿Qué es lo que atrae a los visitantes a la región?
5 ¿Qué se puede ver en las Cuevas de Altamira?
6 ¿Qué animales se pueden ver en esta región?
7 ¿Dónde se puede encontrar el sabor marinero?
8 ¿Cómo es la cocina de Asturias?

Para ayudarte

Vocabulario

acantilado (nm) – cliff
agotado (adj) – exhausted
arena (nf) – sand
belleza (nf) – beauty
bosque (nm) – woods, forest
cocina (nf) – cuisine (style of cooking)
fundirse (v) – to melt (into)
grandeza (nf) – grandeur
paisaje (nm) – countryside, landscape
paraíso (nm) – paradise
patrimonio (nm) – heritage
pintura (nf) – painting
reunir (v) – to bring together
riqueza (nf) – richness
urogallo (nm) – capercaillie (wild bird)

Improving writing

- Make the most of any possible contacts: exchange partner, Spanish assistant, partner school.
- Write your letters half in English and half in Spanish, and ask your partner to do the same. Note any useful phrases or ways of saying things in their letters.
- Don't forget e-mail where possible – you will get a response more quickly.
- Try writing to organisations in Spain for information – tourist offices, football clubs, pressure groups, etc. Or write a fan letter to a famous Spanish personality.

Mi casete personal

¿Adónde ir?

Escoge uno de los destinos siguientes. ¿Por qué te gustaría ir allí? Prepara unas frases y grábalas en un casete.

Madrid   Barcelona   Nueva York
Disneylandia   Méjico
Buenos Aires   Colombia
las Islas Canarias   Edimburgo

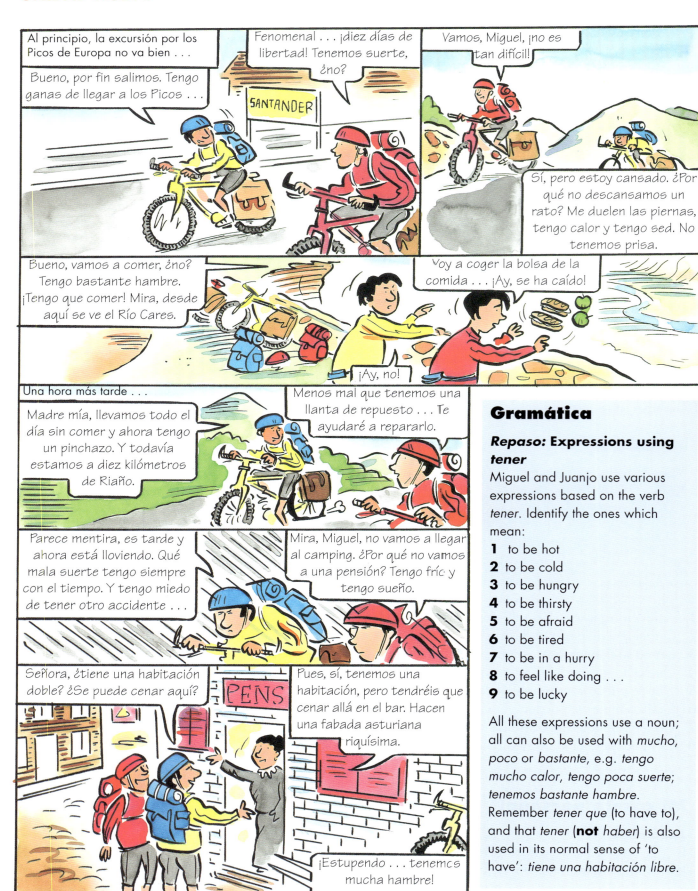

Gramática

Repaso:* Expressions using *tener

Miguel and Juanjo use various expressions based on the verb *tener*. Identify the ones which mean:

1 to be hot
2 to be cold
3 to be hungry
4 to be thirsty
5 to be afraid
6 to be tired
7 to be in a hurry
8 to feel like doing . . .
9 to be lucky

All these expressions use a noun; all can also be used with *mucho, poco* or *bastante*, e.g. *tengo mucho calor, tengo poca suerte; tenemos bastante hambre.* Remember *tener que* (to have to), and that *tener* (**not** *haber*) is also used in its normal sense of 'to have': *tiene una habitación libre.*

15

Escucha las preguntas y contesta, rellenando los espacios.

1 Dice que tiene _____ de llegar a los Picos.
2 Dice que tienen _____ .
3 Le duelen las piernas y tiene _____ .
4 Tiene _____ .
5 Tiene _____ .
6 Tienen _____ y tienen _____ .
7 Tienen _____ .
8 Tiene una _____ libre.

16

Escribe una historia basada en esta serie de dibujos. Trata de usar al menos **seis** expresiones con 'tener'.

17

Escucha a estos jóvenes. Cada uno tiene un problema: elige una expresión para describirlo.

Ejemplo: **1** *Tiene hambre.*

18

Túrnate con tu pareja.
A expresa cómo se siente.
B le hace preguntas usando expresiones con 'tener'.
A dice que sí o que no.

Ejemplo:

A Voy a ponerme el suéter.

B ¿Qué pasa? ¿Tienes frío?

A Sí, un poco.

Para ayudarte

Vocabulario
abrigo (nm) – coat
fabada (nf) – bean stew
riquísimo (adj) – very delicious

Improving writing
Try building up sentences by altering the tense of the verb and gradually increasing the complexity. Begin with a noun:
una bici.
Miguel tiene una bici.
Antes del accidente, Miguel tenía una bici.
Si tuviese bastante dinero, Miguel compraría una nueva bici.
Antes de irse de vacaciones con Juanjo, Miguel había comprado una nueva bici.

Seguimos la historia con lo que escribió Miguel en su diario. . .

Tercer día :

Desde Potes fuimos a Fuente Dé : quería subir en la telecabina, pero Juanjo tenía miedo : tuve que subir sin él. En la telecabina había una chica muy guapa : yo la miré y ella me miró a mí también ! Me senté a su lado y charlamos. Su amiga se había quedado abajo también. ¡ Qué coincidencia ! Va a ir a la Universidad de Salamanca como yo, pero también como yo, va a pasar un año haciendo otras cosas antes de ir. Al bajar, vimos que su amiga estaba charlando con Juanjo. La chica y yo nos acercamos a ellos, las dos chicas se tomaron un café con nosotros. Camino de Riaño, nos desviamos por el Barranco del Cares : dejamos las bicicletas cerca del pueblo de Portilla de la Reina y fuimos andando... Al volver, no las encontramos, pero fue simplemente que no las vimos al principio porque un microbús estaba aparcado delante de ellas.

Último día :

Camino de Santander, nos desviamos para ir a las Cuevas de Altamira : tuvimos suerte, porque llegamos temprano y pudimos entrar (hay un límite de visitantes permitidos cada día). Al principio no veíamos nada. El guía nos decía : ' Mirad, están detrás vuestro y también encima '. Lo que no sabíamos es que las pinturas de las cuevas son de colores muy poco vivos : primero te tienes que acostumbrar a la luz, y luego las ves fácilmente.

19

Corrige los errores en las siguientes frases.

1 En Fuente Dé, los dos chicos subieron en la telecabina.
2 En la telecabina, Juanjo conoció a una chica muy guapa.
3 La chica iba a ir a la misma universidad que su amiga.
4 Las dos chicas tomaron una cerveza con los chicos.
5 Para visitar el Barranco del Cares, dejaron sus motocicletas cerca del pueblo de Portillo de la Reina.
6 Llegaron temprano a las Cuevas de Altamira pero no pudieron entrar.
7 Al pasar por las cuevas, al principio no vieron las estatuas.
8 El guía les dijo que las pinturas estaban detrás de ellos.
9 No sabían que las pinturas modernas son de colores no muy vivos.
10 Cuando te acostumbras a la luz, ves las pinturas con dificultad.

Gramática

Prepositional pronouns

In his diary notes, Miguel uses the following words: *mí, ti, él, ella, nosotros, vosotros, ellos, ellas*. Look back at them and you will find that each has a preposition in front of them. This is because they are prepositional pronouns, so called because they exist to be used with prepositions:

mí	*Está delante **de mí**.*	It is **in front of me**.
ti	*Se encuentra detrás **de ti**.*	It is **behind you**.
él	*Fui a la discoteca **con él**.*	I went to the disco **with him**.
ella	*Iré al restaurante **con ella**.*	I'll go to the restaurant **with her**.
nosotros	*No vinieron **con nosotros**.*	They didn't come **with us**.
vosotros	*No quiero irme **sin vosotros**.*	I don't want to go **without you**.
ellos	*Esta carta es **para ellos**.*	This letter is **for them**.
ellas	*¿Sabes algo **de ellas**?*	Have you heard **from them**?

20

Lee este relato de la famosa Cueva de Altamira y contesta las preguntas.

LA CUEVA DE ALTAMIRA es una de las primeras manifestaciones de la existencia de la Humanidad y del arte prehistórico. Lo que es más increíble es que las famosas pinturas de Altamira sean tan elegantes y fascinantes. Esta cueva fue la primera pinacoteca del mundo y todavía lo es; además, es una de las mejores, por la excelencia de su arte.

La cueva fue descubierta en 1868 por un cazador cuyo perro entró en la cueva. En 1879 María de la Sautuola visitó la cueva con su padre, que buscaba objetos y restos humanos: esta niña fue quien vio las pinturas por primera vez.

Lo que se ve en la cueva son figuras, sobre todo de bisontes, pintadas en colores rojizos, utilizando el perfil de las rocas del techo de la cueva. Lo que es curioso es que los bisontes no existen en esta región desde hace miles de años. Algunos de los bisontes están inmóviles, pero otros andan o corren: lo que es sorprendente es la manera en que el artista parece haber pintado no sólo bisontes concretos, sino el alma de la especie. Por eso parecen casi pinturas religiosas, llenas de emoción y misterio.

Pero, ¿cuándo fueron pintados estos bisontes? Según las pruebas de carbono 14, tienen más de 13.000 años de antigüedad. Por eso las pinturas de la Cueva de Altamira son, sin duda, las pinturas más antiguas del mundo.

1 ¿Cómo son las famosas pinturas de la Cueva de Altamira?
2 Estas pinturas, ¿por qué pueden considerarse entre las mejores del mundo?
3 ¿En qué año fue descubierta la Cueva de Altamira?
4 ¿Quién descubrió las pinturas?
5 ¿Cuáles animales figuran en las pinturas?
6 ¿Cómo están pintados?
7 ¿Por qué es curioso encontrar pinturas de bisontes en esta región?
8 ¿Qué hacen los bisontes?
9 ¿Por qué parecen pinturas religiosas?
10 ¿Cuándo fueron pintadas estas pinturas?

Para ayudarte

Vocabulario

alma (nm) – soul
bisonte (nm) – bison
desviarse (v) – to take a detour
especie (nf) – species
manifestación (nf) – manifestation, evidence
microbús (nm) – minibus
perfil (nm) – profile
pinacoteca (nf) – art gallery
restos (nmpl) – remains, relics
rojizo (adj) – reddish

Improving writing

- Write down a list of 10 things you would take with you to a desert island:
  Mi gato
  Mi osito
  Mi cama . . .
- Now add some more information to each item by using a relative clause:
  *Mi gato, **que** es mi mejor amigo.*
  *Mi osito, **que** mi madre me dio cuando era niño.*
  *Mi cama, **que** es muy confortable.*

Notice how the word *que* links or relates the two ideas. That is why this structure is called a relative clause.

Miguel y Juanjo llegan a San Vicente de la Barquera. Van a un camping cerca de la playa, donde van a pasar unos días antes de volver a Santander. Allí les espera una sorpresa . . .

¡Ya llegamos! ¡Por fin! ¡Estoy agotado . . . necesito descansar!

¡Vamos! Fíjate, cuatro días de playa. ¡Ya tengo ganas de bañarme!

Una tienda para cinco noches, sin luz, ¿verdad?

Eso es.

Ya está. Vamos a preparar algo de comer, pero primero me voy a duchar.

¡Date prisa! Tengo hambre.

Mira, Juanjo, hay otra tienda al lado de la nuestra, pero . . .

Sí, son aquellas chicas tan guapas que conocimos en Fuente Dé. ¡Qué coincidencia!

Me llamo Miguel Muñoz.

Yo soy Juanjo Álvarez . . . ¿Y vosotras? ¿De dónde sois?

Me llamo Elena Gómez; tengo 18 años y mi hermana Chus tiene 17. Somos de Manchester, en Inglaterra.

Pensaba que erais españolas . . . ¡habláis muy bien el español! Además, ¿no me dijiste que ibas a ir a la Universidad de Salamanca?

Somos inglesas, pero nuestro padre es español, de Lugo, y estudiamos el español en el instituto. Prefiero estudiar en la universidad española porque un día quiero trabajar en España.

¡Pues me alegro!

Gramática

Repaso: Reflexive verbs

In the dialogue you may have noticed several reflexive verbs. Look again and make a list – there are eight.

When reflexive verbs are used in infinitive form or in commands, the reflexive pronoun goes on the end of the verb: *Voy a duchar**me***. *¡Fíja**te**!* Note the accent on the 'i' in *fíjate*, to keep the stress in the right place.

21

Escucha las frases y escribe V (verdadera) o F (falsa) para cada frase.

22

Lee el folleto y contesta las preguntas.

Camping del Faro: la mejor solución para sus vacaciones al aire libre.
Situado al lado de una de las mejores playas de la costa del norte de España, con frondosos árboles frente al mar, el Camping del Faro está ubicado en el lugar que ocupaba el antiguo faro. Dispone de supermercado, bar y restaurante; este último ofrece una gran variedad de platos típicos de la región, mientras que el supermercado le brinda pescado y mariscos de San Vicente y otros productos de la región. Único en su categoría, además de su fácil acceso a la playa, posee una impresionante piscina, adornada con una gran fuente luminosa. Hay pistas de tenis y está muy cerca de uno de los mejores campos de golf de la región. Dispone de servicios sanitarios muy modernos. Grandes espacios libres. Temperatura ideal en el verano. Este camping se encuentra tan sólo a sesenta kilómetros de la ruta principal de Santander a Madrid, pero lejos del tráfico y la contaminación.

1 ¿Dónde está el camping?
2 ¿Qué instalaciones tiene?
3 ¿Por qué se puede comer bien en este camping?
4 ¿Cuáles son los productos de San Vicente de la Barquera?
5 ¿Qué deportes se puede practicar allí?
6 ¿Cómo son sus servicios sanitarios?
7 ¿San Vicente tiene un buen clima para hacer camping?
8 ¿Qué ventaja tiene su situación con relación a la carretera de Madrid a Santander?

23

Eres recepcionista en el Camping del Faro. Escucha los mensajes en el contestador automático. Apunta en el libro de reservas las reservas pedidas. En algunos casos tendrás que llamar al cliente para cambiar la reserva: en este caso apúntalo en la casilla de la derecha.

Agosto	1	2	3	4	5	6	7	8	9	10	Notas
10	Sr Montero						Sra Díaz				
11											
12											
13											
14											
15											
16	Familia Jiménez										
17											
18											
19											

Sombra ◗

24

Trabajando con tu pareja, haz reservas por teléfono en un camping, dando estos detalles:

- ¿Cuántas personas?
- ¿Cuántas noches?
- ¿Tiendas o caravanas?
- ¿Quieres estar a la sombra?

También tienes que hacer preguntas acerca de los servicios que se ofrecen.

Ejemplo:

A Quisiera reservar una plaza para cinco personas: dos mayores y tres niños.

B ¿Para qué fechas?

A Para las noches del 5 y del 6.

B ¿Tienen coche, tienda o caravana?

A Un coche y una tienda grande. Y preferimos estar a la sombra. ¿Puede decirme qué instalaciones y servicios hay?

B No hay ningún problema con la reserva. Tenemos piscina, restaurante y supermercado. ¿Cómo se llama usted, por favor?

Para ayudarte

Vocabulario

brindar (v) – to offer
entorno (nm) – surroundings
frondoso (adj) – leafy
instalaciones (nfpl) – facilities
mariscos (nmpl) – shellfish
sombra (nf) – shade
ubicado (adj) – situated

Improving writing

Try improving your range of vocabulary by writing lists:

- Two famous people get married. What presents do they get?
- Two famous people divorce. Who gets what in the settlement?
- What would you put into a time capsule to be opened in 500 years' time?
- The birthday/Christmas list of a famous person
- The shopping list of a famous person

25

Escucha a este español que vive en Inglaterra describiendo unas vacaciones que ha pasado recientemente en España. Elige el mapa y los dibujos que corresponden a estas vacaciones.

1

2

3

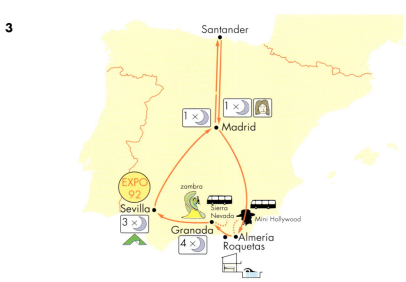

26

Trabaja con tu pareja. Vais a ir de vacaciones juntos. Mira los mapas del Ejercicio 25 y habla de lo que te gustaría hacer. Tenéis que poneros de acuerdo. Explica por qué aceptas o por qué no te gustan las ideas de tu pareja.

Ejemplo:

A   Me gustaría ir a Granada y subir a la Sierra Nevada. ¿Qué te parece?

B   No, no me gustan las alturas . . . prefiero ir a la costa, a la Costa Dorada, por ejemplo.

A   Vale, pero un día visitaremos Montjuic, ¿de acuerdo?

B   Muy bien, pero no quiero subir en la telecabina.

27

Imagina que hiciste uno de los viajes que figuran en los mapas del Ejercicio 25. Describe tus vacaciones usando el pretérito y el imperfecto; da detalles de fechas, actividades, etcétera.

Ya lo sé

A

Diseña un folleto para un dentista local, con detalles de los servicios que ofrece. Debes incluir las siguientes informaciones:

- Horario de consulta
- Servicios ofrecidos (precios para niños, estudiantes, mayores, jubilados)
- Consejos para no tener que ir al dentista
- Productos en venta

B

Planifica un circuito para ciclistas con un itinerario que reúne muchos sitios de interés en tu pueblo/región. Prepara un folleto en español, con un mapa que muestra la ruta y los lugares que se pueden visitar. Tienes que incluir detalles de los sitios de interés (monumentos, parques, ríos, tiendas . . .).

C

Prepara un póster para promocionar los aspectos 'verdes' de tu región o de tu país, poniendo énfasis en la conservación de la naturaleza.

Ejemplo:

Captown le ofrece un medio ambiente saludable y limpio porque:

- En esta región somos muy conscientes de . . .
- Hacemos todo lo posible para preservar . . . y no estorbar . . .
- Preservamos y creamos hábitats para los siguientes animales . . .
- No permitimos el desarrollo desenfrenado en . . .

3 *(página 125)*

Información para la Persona B:

	lunes 8	martes 9	miércoles 10	jueves 11	viernes 12
1000–1030		Paco Nárdiz limpieza			
1030–1100	Sr Burbano empastes		P. Sampere empastes		
1100–1130	Sra Flores chequeo	Lola Fernández chequeo	Srta Blanco sacar 3 muelas	Noelia Sereno dentadura postiza	Rafael Fuertes chequeo
1130–1200	Pablo Peña dentaduras postizas		Sr Roman chequeo	Carmen Rollos empastes	Familia Rupérez chequeo
1400–1430		Sol Vinuesa empastes	B. Franco dentadura postiza		Pancho Vargas chequeo
1430–1500	Sr Gómez limpieza	Santiago Núñez sacar 1 muela	Ana Zafra sacar 2 muelas	O. Pastor chequeo	Carolina Tejada empastes
1500–1530		F. Rodríguez dentadura postiza	Lino de Pablo chequeo		
1600–1630	Sr Faustino chequeo			Sancho Barbero sacar diente	Sergio L. chequeo
1700–1730	Soledad Palos empaste		Sr Berenguer dentadura postiza	Pablo Peña dentaduras postizas	Julio Neruda dentadura postiza
1730–1800		Familia Santos chequeo	Nuria Espósito empastes	Familia Zúñiga chequeo	Diego Vázquez empastes

Gramática

Repaso: Adverbs

Adverbs give us more information about the way in which the action of a verb is carried out. They are easy to use as they don't need to agree like adjectives. And they are easy to form. Just add *-mente* to the feminine singular form of the adjective:

segura – sure; *seguramente* – surely

If the adjective doesn't have separate masculine and feminine forms, just add *-mente*:

regular – regular; *regularmente* – regularly

fácil – easy; *fácilmente* – easily

reciente – recent; *recientemente* – recently

Other important adverbs are:

mucho	a lot
poco	a little
apenas	scarcely, hardly
siempre	always
bien	well
mal	badly
rara vez	rarely
a menudo	often
algunas veces/ a veces	sometimes
nunca	never
muchísimo	very much
de vez en cuando	from time to time
cerca	nearby
de repente	suddenly
allí	there
aquí	here
lejos	far

1

Copia y completa la tabla.

Adverbio	Adjetivo
regularmente	
lentamente	
furiosamente	
naturalmente	

2

1 Rellena los espacios con el adverbio correcto de la casilla.

Jaime conducía _____ . Elena miraba _____ de un lado a otro. Llovía _____ y la carretera no se veía _____ . Un relámpago iluminaba el horizonte _____ .

'Jaime, por favor,' dijo Elena, 'Estás _____ cansado. Conduces _____ . Párate un momento para descansar.'

'Cállate,' gritó Jaime _____ . 'Está bastante _____ de _____ .' _____ , había un tronco muy grande en la carretera. Jaime torció el volante _____ , pero era _____ tarde. Elena chilló _____ .

de vez en cuando		rápidamente	muy
	demasiado		cerca
nerviosamente		locamente	
violentamente	mal		furiosamente
aquí	fácilmente	intensamente	de repente

2 Lee otra vez la historia de Jaime y Elena. Escribe lo que pasó o antes o después del incidente con el árbol.

3

Escucha la canción. Apunta en tu cuaderno cada adverbio.

4

Busca a una pareja del otro sexo y escribe el diálogo de la primera llamada telefónica entre Miguel y Carmen.

- ¿Qué tal están?
- ¿Cómo es el piso de Miguel?
- ¿Con quién comparte el piso?
- ¿Cómo son?
- ¿Qué ha hecho Miguel desde su llegada a la universidad?
- ¿Qué hacen Miguel y Carmen en su tiempo libre?
- ¿Se echan de menos?

Ahora graba el diálogo.

Para ayudarte

Vocabulario
chillar (v) – to screech
enfadado (adj) – annoyed
lástima (nf) – pity
romper (v) – to split up

Preparing for the writing test
1 Make sure you know what the topic areas are.
2 Ask your teacher to give you as many specimen tasks and past papers as possible.
3 Practise writing to the time allocations in the exam.

5

Rellena los espacios.

Gramática

Repaso: Demonstrative adjectives and pronouns

These are used to tell items apart so that we know which you are talking about. The word you use depends on the distance the object is away from you and/or the person you are speaking to. The adjective is always used with a noun (e.g. 'this book'). The pronoun is never used with a noun (e.g. 'this one'). The difference between the two in Spanish is the written accent on the pronoun. Check them on page 154.

6

¿Qué es? Lee las descripciones y apunta el nombre de cada artículo en tu cuaderno.

1 Esta cosa es esférica. En un partido de fútbol el portero tiene que cogerla.
2 Se utiliza ésta para abrir la puerta de entrada de un piso o una casa.
3 Se comen éstas en Inglaterra con pescado normalmente.
4 Esta bebida es la bebida preferida de los ingleses, al parecer.
5 En España, este vino no es blanco.
6 Se comen éstas en los bares de España, normalmente con un vaso de vino.
7 Se utilizan éstos para bajar de una montaña cubierta de nieve.
8 Un ciclista lleva uno de éstos para protegerse la cabeza.

8

Túrnate con tu pareja.

Ejemplo:

A   ¿Qué gafas prefieres, éstas o aquéllas?

B   Aquéllas.

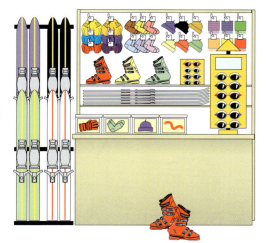

9

¿Para qué sirven estas cosas? Escribe una definición de cada artículo.

7

¿De quién son estas cosas? Escucha el casete y empareja las cosas con las personas.

Para ayudarte

Vocabulario
curso (nm) de empresariales – business studies course

Preparing for the writing test
In the exam you may find that you are not sure which word or expression to use. In this case, think of other ways round it. For example:

- Do you know the opposite? If you didn't know how to say 'far' you could say *no muy cerca*. For 'It is closed' you could say *No está abierto*.
- Can you explain what you mean without the key word? If you can't remember that 'to swim' in Spanish is *nadar* you could say *Voy a la piscina*.
- If you have forgotten the name of an object, can you say what it is used for? If you have forgotten or don't know the word for a glass you could write *Sirve para beber*.

No sé qué hacer. Me parece un buen puesto, pero ¿estoy preparado?

Yo que tú, iría a casa ahora mismo, llamaría a la empresa para obtener la hoja de solicitud, rellenaría la hoja, la mandaría por correo y luego me prepararía para la entrevista. Este puesto es para ti, hombre, no cabe duda.

Si consiguiese el puesto, me compraría un coche nuevo, quizás un BMW. Y me gustaría una guitarra nueva. Una Gibson Les Paul a lo mejor. Lo bueno es que puedo hablar con Suso, ahora que ha regresado a Pamplona. ¿Qué haría él en mi lugar? Pero primero, necesito gasolina.

Treinta litros de gasolina sin plomo, por favor, y compruebe el aceite y limpie el parabrisas.

Enseguida, señor.

Bueno, dime, Suso, ¿qué harías tú?

Yo solicitaría el puesto inmediatamente. Pero no lo mencionaría en la oficina de momento, por si acaso . . .

10

Busca una frase para cada dibujo.

Gramática

Repaso: **The conditional tense**
This tense is used to talk about things that should, could or would be done. It often occurs when people are giving advice: 'I would . . .' or 'You should . . .'.
The endings are:
-ía, -ías, -ía, -íamos, -íais, -ían
and they are added directly to the infinitive. So:
hablar – to speak (infinitive)
hablaría – I would speak
The verbs that are irregular in the future are also irregular in the conditional:

decir	diría
hacer	haría
poder	podría
poner	pondría
querer	querría
saber	sabría
salir	saldría
tener	tendría
venir	vendría

11

Empareja las palabras y las ilustraciones.

1 Compruebe el agua del radiador.

2 Compruebe el aceite.

3 Compruebe la batería.

4 Veinticinco litros de gasolina sin plomo.

5 Compruebe la presión de los neumáticos.

6 Limpie el parabrisas.

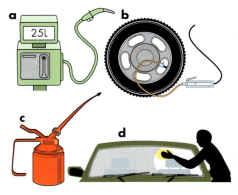

a b c d e f

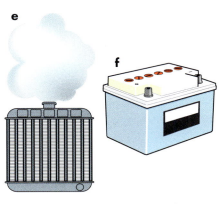

12

Escucha el casete y apunta lo que quieren los conductores.

13

Trabaja con tu pareja. Utiliza las ilustraciones del Ejercicio 11 para elaborar conversaciones.

Ejemplo:

A Veinte litros de gasolina sin plomo, por favor.

B Aquí tiene, señor(a). ¿Algo más?

A Sí. Compruebe el aceite, por favor.

B En seguida, señor(a). [Indica la ilustración que corresponda]

14

Lee el anuncio y escribe una carta al señor Gutiérrez. Incluye la información siguiente:

- información personal
- tus estudios en español y otros idiomas
- tu experiencia de otros trabajos
- preguntas sobre el trabajo en el campamento (horas, sueldo, etcétera)
- las fechas en que puedes trabajar

> Buscamos jóvenes para trabajar en un campamento de verano para niños. Se exige buenas recomendaciones, idiomas extranjeros, buena presentación, buena salud. Diríjase con toda la información al señor Gutiérrez, Campamentos Paraíso, Calle Primo de Rivera 2, 4º dcha Granada.

Para ayudarte

Vocabulario
comprobar(ue) (v) – to check
hoja de solicitud (nf) – application form
sin plomo – unleaded

Preparing for the writing test
A checklist:

1 Have I answered the question?
2 Have I checked the word count?
3 Have I checked for accuracy?

Verbs:
- Do subjects and verb endings match? (sing/plural)
- Correct tense? (imperfect = scene; preterite = sequence of events)

Gender:
- Do articles and nouns match?
- Do pronouns match the nouns they replace?

Adjectives:
- Do adjectives match nouns in gender and number? (masc/fem; sing/plural)

Spellings:
- Key rules obeyed? (-c-; -z-; -qu-; -i-; -g-)
- Accent rules? (NB *pretéritos graves – dijo, puso, vino, estuvo*, etc.)

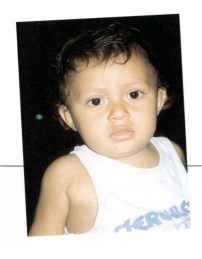

Arequipa, 7 de Junio

Queridos mamá y papá

Os mando una foto reciente de Roberto Miguel, vuestro nieto. Se parece a su abuelo y a su tío. ¿no? Roberto está loco de alegría y está como tonto con su hijo.

El piso está casi terminado. Vivimos enfrente de un parque, será un sitio excelente cuando el niño pueda andar.

El piso está encima de un supermercado, y resulta muy práctico vivir aquí, aunque el aparcamiento es un problema. No tenemos garaje, y Roberto tiene que dejar el coche delante del supermercado. No es ideal.

Hay una pequeña parcela de tierra detrás del supermercado y vamos a ver si podemos comprarla.

Hay una terraza y un lavadero en el terrado, y debajo de la terraza hay dos dormitorios. Acabamos de comprar una cama de matrimonio para el cuarto de los invitados, así que podéis visitarnos cuando queráis.

En el salón hay un balcón que da al parque. No tenemos comedor, pero en la cocina hay espacio para invitar a los amigos a cenar.

No hay jardín, pero como estamos cerca del parque no importa. Hay un pequeño patio al lado del supermercado, cercado por una tapia, y Roberto Miguel y yo nos sentamos allí de vez en cuando para tomar el sol.

Es un poco ruidoso, pero está bien.

Bueno, nada más de momento. Os llamaré a finales de Junio para hablar de la visita.

Un beso

Marisol

15

Busca estas palabras en la carta de Marisol.

1

2
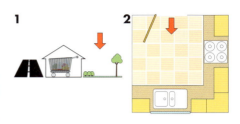

3
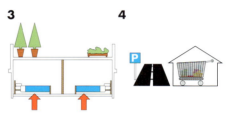

4

5

6

7

Gramática

Repaso: Prepositions

These words tell you where one thing is in relation to another.

debajo de	under, below
encima de	above
al lado de	beside
cerca de	near
lejos de	far from
delante de	in front of
detrás de	behind
enfrente de	opposite

One good way to learn them is to learn them in pairs of opposites, so knowing one can trigger the other.

16 📖

Lee la carta de Marisol otra vez. Dibuja un plano de su nuevo piso.

17 📼 🎵

Escucha la canción. Pon las habitaciones, etc. en el orden en que se mencionan.

a
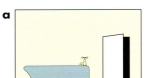

b
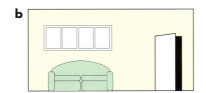

c

d
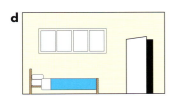

e
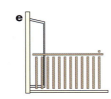

f
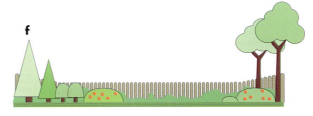

18 💬

Túrnate con tu pareja.

Ejemplo:

A ¿Dónde está mi cartera?

B Está en el suelo, delante del televisor.

19 ✏️

Escribe una descripción del dormitorio de un personaje muy famoso. ¿Qué muebles hay? ¿Qué otras cosas hay en el dormitorio?

Para ayudarte

Vocabulario
nieto (nm) – grandson
tapia (nf) – fence
terrado (nm) – flat roof

Preparing for the writing test
Before you start writing:

1 Read the questions and any other instructions carefully. Know how many questions you have to answer and from which sections if applicable.
2 Divide the time available by the number of questions to be answered, and note down the times when you should be moving on to the next question
3 Jot down brief lists of key words and expressions relevant to the questions.

20

Contesta las preguntas.

1 ¿Con quién vivía Suso en Madrid?
2 ¿Qué tenía Suso en Madrid?
3 ¿Dónde vivía en Madrid?
4 ¿Quién lo ayudaron?
5 ¿Cómo se siente ahora?
6 ¿Cómo se siente hacia Esteban?

Gramática

Repaso: Negatives

The most frequently used negatives are:

no . . . nada	nothing
no . . . nadie	no one, nobody
no . . . nunca/jamás	never
no . . . ni . . . ni	neither . . . nor
no . . . ninguno	no, not any, none
no . . . tampoco	not either, neither

They are used either sandwiched around the verb (*No tenía nada*) or they can be used alone before the verb (*Nadie me daba la oportunidad*) or as a single-word response to a question:

¿Has visitado España?   Nunca.   ▶

Repaso: Comparatives and superlatives

To compare one thing or person with another, use this structure:

más + adjective + *que*	more . . . than
menos + adjective + *que*	less . . . than
tan + adjective + *como*	as . . . as
tanto + noun + *como*	as/so much . . . as

To say that something is the best, worst, biggest, etc. you use:

el más + adjective (masculine)/*la más* + adjective (feminine)

To say the best in the class, world, etc. you use *de* to mean 'in' and **not** *en*:

Ana es la más inteligente de la clase. Quique es el más alto de la clase.

Special cases:

Adjective	Comparative	Superlative
bueno/a – good	*mejor* – better	*el/la mejor* – the best
malo/a – bad	*peor* – worse	*el/la peor* – the worst

Mejor and *peor* do not have separate feminine forms, only singular and plural.

22

Escucha el casete y apunta los detalles del concierto de esta tarde.

23

Quieres ir al cine con tu pareja. Tienes que quedar para la semana que viene. Aquí tienes tu agenda. La agenda de tu pareja está en la página 150. Continúa la conversación hasta que hayáis quedado para ir juntos al cine. →

24

Escribe tu agenda para la semana que viene. Apunta adónde irás, a qué hora y con quién.

lunes	*11*
baloncesto – polideportivo	
martes	*12*
miércoles	*13*
fiesta – casa de Maribel	
jueves	*14*
viernes	*15*
bolera con Javi y Quino	
sábado	*16*
piscina con Santi	
domingo	*17*

21

Dibuja una ilustración para cada frase.

1 El coche rojo es más caro que el coche azul.
2 ¡No hay nada en la caja fuerte!
3 Pilar es menos alta que Encarna.
4 La bicicleta verde es tan barata como la bicicleta roja.
5 La habitación estaba vacía – no había nadie.
6 Paco tiene tantos bocadillos como Felipe.

Para ayudarte

Vocabulario

capaz (adj) – capable
asentado (adj) – settled
gamberro (nm) – lout, hooligan
mostrar(ue) (v) – to show
por si acaso – just in case
toxicómano (nm) – drug addict
valer (v) la pena – to be worth it

Preparing for the writing test

- Remember to cross out anything you don't want the examiner to mark. Just put a line through it, as the examiner might want to check how you arrived at your answer.
- Make sure you have communicated the information required by the question in such a way that the person receiving the list, note, letter, etc. can understand what you have written.
- Check that you have dealt with all the required points.

¿Cómo será el mundo cuando Roberto Miguel sea mayor?

MATEMÁTICAS

No habrá profesores en los institutos . . .

. . . y algunos cursos se harán en casa.

Viajaremos en coches electrónicos . . .

. . . y pasaremos las vacaciones en la luna.

La gente comerá comida muy concentrada . . .

. . . y vivirá en megaciudades.

Pero ¿a qué precio? Quizás la Tierra será un desierto.

Gramática

Repaso: The future tense

There are two ways to talk about the future:

ir a + infinitive: *Voy a estudiar para el bachillerato.*

or the straight future, by adding the future endings to the infinitive:

-é, -ás, -á, -emos, -éis, -án

Estudiaré para el bachillerato.

The irregular future forms are:

decir	diré
hacer	haré
poder	podré
poner	pondré
querer	querré
saber	sabré
salir	saldré
tener	tendré
venir	vendré

25

Lee el anuncio. Haz dos listas en tu cuaderno, una lista de artículos que hay que comprar y una lista de artículos que no hay que comprar en los supermercados.

26

Escucha el casete. ¿Qué van a hacer estas personas? Toma notas en tu cuaderno.

27

Escribe una carta a tu corresponsal. Dile lo que vas a hacer después de los exámenes, durante el verano, el año que viene y en el futuro como carrera.

Mi casete personal

¿Qué vas a hacer?

¿Qué vas a hacer después de los exámenes? ¿Bachillerato? ¿Empleo? ¿Universidad? Graba unas frases en tu casete.

Ejemplo: Regresaré al instituto para hacer el bachillerato.

Letter type	Beginning	Ending
Informal	*Querido/a*	*Un abrazo de . . .*
Semi-formal	*Estimado/a*	*Un cordial saludo de . . .*
Formal	*Muy señor mío*	*Le(s) saluda atentamente . . .*
	Muy señores míos	

Para ayudarte

Vocabulario
concentrado (adj) – concentrated
desierto (nm) – desert
fiambrera (nf) – lunch box
megaciudad (nf) – mega-city
trapo (nm) – cloth

Preparing for the writing test

If you are aiming for the higher grades, you will need to be able to write in continuous sentences, use different tenses to write about past, present and future events, be able to express opinions, and justify the opinions you express.

If you have to write a letter, you will need to be able to tell the difference between formal letters (booking accommodation, expressing complaints, etc.), semi-formal letters (thanking the parents of an exchange partner), and informal letters (to penfriends, etc.). Each type of letter has its own set of writing formulae, although there are some similarities. All types of letter carry the address and date in the top right-hand corner, but they begin and end in different ways (see left).

Ya lo sé

A

Dibuja un plano de cada una de estas casas:

> **Pozuelo** – residencial, piscina, jardines delante y detrás, cuatro dormitorios – uno con ducha adjunta, garaje tres plazas, terraza, lavadero en el terrado, cocina, comedor, salón.
> **Aluche** – cuatro dormitorios, salón comedor, terraza, tendedero, baño, aseo, trastero, garaje, jardín privado, pista de tenis.

Ahora escribe una descripción de tu casa como las descripciones de arriba.

B

Trabajas en un supermercado, pero tienes que dejar el trabajo para ir a estudiar a otra parte. Escribe el anuncio para el puesto que dejas, mencionando las horas, la remuneración y lo que tienes que hacer.

C

Haz un póster sobre el futuro del planeta. Mira el dibujo en la página 149 y el anuncio aquí abajo.

D

Escribe una descripción de estos artículos sin mencionar la palabra.

Ejemplo: **a** *Esta cosa sirve para hablar con personas que viven en otra casa.*

E

Tu hermana acaba de dar a luz a un niño. Escribe una carta a tu corresponsal, describiendo al bebé y el día del nacimiento.
- ¿Nació en casa o en el hospital?
- ¿Quién estaba con tu hermana?
- ¿Qué regalos recibió tu hermana?
- ¿Qué pasó el día del bautizo?

Agenda para el Ejercicio 23, página 147

lunes	11
martes	12
curso de informática – universidad, 19h00 a 21h00	
miércoles	13
jueves	14
partido de balonmano, polideportivo, 20h00	
viernes	15
sábado	16
cumpleaños de mi tía, Restaurante Siglo de Oro	
domingo	17

CONTRA LOS CULTIVOS EXTENSIVOS QUE PRACTICAN LAS MULTINACIONALES AGROQUÍMICAS, QUE COMPRAN LA TIERRA LA DESTRUYEN LA EXPLOTAN EXPORTAN SUS FRUTOS Y SE VAN.

DEJÁNDOLA VENDIDA TORTURADA EXPRIMIDA SAQUEADA Y SOLA

Grammar information

Nouns

Gender
In Spanish, nouns (the names given to things, people and places) are divided into two groups, called masculine and feminine. This is called **gender**.
- Nouns ending in **o** are masculine (main exceptions: *la mano, la foto, la moto*)
- Nouns ending in **l** or **r** are masculine (main exceptions: *la catedral, la miel, la sal, la señal, la flor*).
- Nouns ending in **a** are almost all feminine (main exceptions: *el día, el mapa, el problema*).
- Nouns ending in **ción** or **sión** are feminine.
- Nouns ending in **dad**, **tad** or **tud** are feminine.

Articles – how to say 'the'/'a'/'an'
Articles are the words for 'a' and 'the': *el/la/los/las* are **definite** articles; *un/una/unos/unas* are **indefinite** articles.

		a	*the*
singular (one)	**(m)**	*un*	*el*
	(f)	*una*	*la*

		some	**the**
plural (more	**(m)**	*unos*	*los*
than one)	**(f)**	*unas*	*las*

Sometimes Spanish uses articles differently from English. Two points to remember:

- You **don't** use an article in front of job titles.
  ¿Elena es secretaria? No, es dentista.
- you **do** use articles with parts *of the body*.
  Me duelen **la** *mano y* **la** *cabeza.*

Lo and *lo que*
Lo is used with an adjective to convey pros and cons ('The … thing is …').
Lo bueno es *que me gusta mucho –* ¡*lo malo es* *que cuesta dos mil pesetas!*

Lo que is used to talk about what it is that annoys, pleases, worries you, etc.
Lo que me encanta es la vista desde el balcón.
Lo que no me gusta es la basura en las calles.

Adjectives

Adjectives give you more information about nouns. They describe nouns, and help you identify which noun is being spoken about.

Adjective agreement

Adjectives must agree with their noun, that is, they must be masculine or feminine, singular or plural to match the noun. Dictionaries list adjectives by their masculine singular form so you have to be able to work out the other forms. Here are the patterns:

Masculine singular ending	Feminine singular ending	Masculine plural ending	Feminine plural ending
-o	-a	-os	-as
-e	-e	-es	-es
-l	-l	-les	-les
-n	-n	-nes	-nes
-ol	-ola	-oles	-olas
-or	-ora	-ores	-oras
-és	-esa	-eses	-esas
-z	-z	-ces	-ces
-án/-ín/-ón	-ana/-ina/-ona	-anes/-ines/-ones	-anas/-inas/-onas
-uz	-uza	-uces	-uzas

Adjectives of nationality

These work like any other adjectives. They do not have a capital letter, although countries do.

*Hay muchos estudiantes **ingleses** en España.*

Where to position adjectives

In Spanish, adjectives are usually placed after the noun, but the following are exceptions:

• Numbers, and other adjectives describing quantity – *alguno, bastante, cada, ¿cuánto?, demasiado, mucho, ninguno, otro, poco, ¿qué?, tanto, todo, varios* – always come **before** the noun.

***Tantos** deberes, **muchas** tareas domésticas ... **demasiado** trabajo, **poco** tiempo – ¡**qué** vida terrible!*

• *bueno, malo, joven, viejo, grande* and *pequeño* can be placed **before or after** the noun.

Some adjectives can be used either before or after the noun, but with a change of meaning:

Adjective	Before the noun it means ...	After the noun it means ...
distinto	various, several	different
grande	great (important)	big (physical size)
antiguo	former	old
mismo	same	self
pobre	poor (to be pitied)	poor (without money)

Adjectives which usually come before the noun are placed after it when they are used with an adverb:

*un libro **muy bueno**; una casa **bastante vieja**; un profesor **demasiado joven**.*

When more than one adjective is used, the usual pattern is that they both follow the noun, and are joined by *y*:

*Salamanca es una ciudad **bonita y antigua**.*

Making comparisons

To compare one thing with another in Spanish you use an adjective sandwiched into the following phrases:

tan _____ como	as _____ as
más _____ que	more _____ than
menos _____ que	less _____ than

*Maite es **tan guapa como** Ana.*

*Marisol es **más alta que** Ana.*

*Portugal es **menos grande que** España.*

To say 'the best', the biggest', etc. you use *el más* (masculine) and *la más* (feminine) before the adjective:

*Esteban es **el más guapo**.*   Esteban is the best looking.

In the plural, this becomes *los más* and *las más*.

To say 'the best of ...' or 'the best in ...' you use *de*:

*Méjico es **el mejor de** todo.*

*Ana es **la más guapa de** la clase.*

Watch out for some irregular forms:

bueno	good	*mejor*	better	*el mejor*	(the) best
malo	bad	*peor*	worse	*el peor*	(the) worst
grande	big	*mayor*	bigger, greater	*el mayor*	(the) biggest, greatest
pequeño	small	*menor*	smaller, less	*el menor*	(the) smallest, least

Possessive adjectives

A possessive adjective is used in front of the noun to show who owns something.

mi *libro* = my book

tu *hermano* = your brother

su *mochila* = his/her rucksack

nuestro *coche* = our car

vuestra *maleta* = your suitcase

su *casa* = their house

In the plural, just add an ***s*** to both adjective and noun:

mis *cuaderno**s***

vuestras *maleta**s***

tus *amigos*

NB *vuestro/**a*** and *nuestro/**a*** must have a **masculine** or **feminine** ending to match the gender of what is 'possessed':

*¿Tenéis vuestr**os** billetes y vuestr**as** maletas?*

Demonstrative adjectives and demonstrative pronouns

These are used to tell items apart so that it is clear which one(s) you are talking about.

- They must agree (masculine/feminine; singular/plural) with the noun they refer to.
- The word you use depends on the distance the object is away from you and/or the person you are speaking to.
- A demonstrative adjective always has a noun after it.
- A demonstrative pronoun is used instead of a noun.
- You can see the difference between the two in Spanish because of the written accent on the pronoun.

	Adjectives Masculine	Feminine	Pronouns Masculine	Feminine
this (near you)	este ordenador	esta corbata	éste	ésta
that (quite close)	ese ordenador	esa corbata	ése	ésa
that (quite far away)	aquel ordenador	aquella corbata	aquél	aquélla
these (near you)	estos ordenadores	estas corbatas	éstos	éstas
those (quite close)	esos ordenadores	esas corbatas	ésos	ésas
those (quite far away)	aquellos ordenadores	aquellas corbatas	aquéllos	aquéllas

Some, any, no

One of the words you will come across most frequently in Spanish is *algo*. It is most often heard in shopping or café situations:

¿Algo más?   Anything else?

You will also see it in other contexts:

¿Puedo hacer algo?   Is there anything I can do?

Alguno means 'some':
Tiene algunas dificultades.
Alguien means 'someone':
Alguien me ha llamado.
The word for 'no' is *ninguno*. *Alguno* and *ninguno* shorten to *algún* and *ningún* before a masculine singular noun:
Leo algún libro que otro. I read the odd book.
No estoy de acuerdo con ningún partido político.
I don't agree with any political party.

A few other useful adjectives shorten when they are in front of a masculine noun:
bueno > buen
malo > mal
grande > gran
primero > primer
tercero > tercer
*Es un **gran** amigo mío.*
*Está en el **tercer** piso.*

Adverbs

Adverbs give us more information about the way in which the action of a verb is carried out. They are easy to use as, unlike adjectives, they don't need to agree. And they are easy to form. Just add *-mente* to the feminine singular form of the adjective:

segura – sure; *seguramente* – surely

If the adjective doesn't have a separate feminine form, just add *-mente* to the singular form:

regular – regular; *regularmente* – regularly

fácil – easy; *fácilmente* – easily

reciente – recent; *recientemente* – recently

Other important adverbs are:

mucho	a lot
poco	a little
apenas	scarcely, hardly
siempre	always
bien	well
mal	badly
rara vez	rarely
a menudo	often
a veces	sometimes
nunca	never
muchísimo	very much
de vez en cuando	from time to time
cerca	nearby
de repente	suddenly
allí	there
aquí	here
lejos	far
enfrente	opposite

Pronouns

Pronouns are short words which replace nouns to avoid repetitions.

Subject pronouns

These pronouns tell you who is performing the action. The Spanish subject pronouns are: *yo, tú, él, ella, nosotros, vosotros, ellos/ellas*. They indicate who/what is doing, having or being something. (In English, 'I', 'you', 'he', 'she', 'we' and 'they' are all examples of subject pronouns.)

In general, Spanish people can tell who you are talking about by the ending of the verb you use, so subject pronouns are not used very often. When they are used it is normally because the verb ending wouldn't be enough to make it clear, as in the following example:

Él *es español, pero* **ella** *es mejicano.*   **He** is Spanish but **she** is Mexican.

The pronouns are sometimes used just to emphasise a point or draw a contrast:

Yo *prefiero las telenovelas, pero* **tú** *prefieres los programas de deportes.*

Formal and informal 'you'

Remember that there are two ways to say 'you' in Spanish:

- With people you know well, or younger people, use the word *tú* if you are speaking to one person, *vosotros* if you are addressing more than one person. This is the familiar form.
- With people you don't know well, or have just been introduced to, or older people, use the word *usted* with one person, *ustedes* with more than one person. This is known as the formal or polite form.

Direct object		Indirect object	
me	me	*me*	to/for me
te	you	*te*	to/for you
lo/le	him/you (polite)	*le*	to/for him/her/it/you (polite)
la	her/you (polite)		
lo	it		
nos	us	*nos*	to/for us
os	you (plural)	*os*	to/for you (plural)
los/les	them (for people, masc. & plural), you (polite plural)	*les*	to/for them/you (polite plural)
las	them (for people and objects, fem. & plural), you (polite plural)		
los	them (for objects, masc & plural)		

Object pronouns

There are separate sets of pronouns to indicate who/what is having something done **to them** or **for them**. These are called direct object pronouns (English examples are 'him', 'us', 'them') and indirect object pronouns (in English we use 'to me', 'for me', 'to/for you', 'to her', etc.).

Spanish direct and indirect object pronouns are listed below.

Examples of **direct object** pronouns:

*¿Tienes la revista? Sí, **la** tengo.*

*¡No te olvides los billetes! **Los** tengo en la mochila.*

*¿Qué piensas de los Lobos Rojos? **Los** odio, son terribles.*

Examples of **indirect object** pronouns:

*¿Qué **me** dices?*

*¿**Les** compraste un regalo?*

*¿**Os** gustan los churros? Sí, **nos** gustan mucho.*

NB The pronouns used with *gustar* are indirect object pronouns.

*¿**Te** gusta el nuevo profesor? Sí, **me** encanta, pero a mi hermano no **le** gusta.*

Order of pronouns

When two or more pronouns come together in a sentence, the order is:

| se | te/os/me/nos | le/les/lo/los/la/las | verb |

¿Te lo he dicho? Me la mandó ayer.
Did I tell **you**? She sent **it to me** yesterday.

NB When *le* or *les* come before *lo/la/los/las* they change to *se*.
Se lo dieron. Pero ¿quién *se lo* compró?
They gave **him it.** But who bought **him it**?

Adding object pronouns to infinitives

When an object pronoun is used with an infinitive it is often added to the end:
*Quisiera comprar**la**.*
*No puedo comer**los**.*
*Voy a escribir**le**.*
Sometimes more than one pronoun can be tacked on to the end of an infinitive. They must be in the right order, as listed above.
*Esteban tiene los casetes pero no quiere dár**melos**.*

The relative pronoun *que*

You can use the word *que* to link two short sentences to make a longer one. It is called a 'relative' pronoun because it 'relates' one half of the sentence to the other:
Hay la catedral. Es impresionante.
Hay la catedral que es impresionante.
Compro pan en el pueblo. Es bueno.
El pan que compro en el pueblo es bueno.
In other words, *que* can mean either 'which' or 'that'. We often miss these words out in English, but *que* is **never** omitted in Spanish.

Prepositions

Prepositions are used as link words between nouns, verbs and adjectives.
The most useful ones are: *a, de, en, con, sin, por, para*.

You need to be particularly careful in choosing between *por* and *para*, because they have different meanings. These are listed in the table below.

Por (source, means of action)	**Para** (direction, purpose, destination, suitability)
• by, through, out of • because of, on account of • in exchange for • multiplied by • on behalf of	• to, in order to, reason or explanation • intended for

Prepositions are also used to talk about the position of one person or thing in relation to another.

debajo de	under, below
encima de	above
al lado de	beside
cerca de	near
lejos de	far from
delante de	in front of
detrás de	behind
alrededor de	around
enfrente de	opposite

Del and *al*
- *de* followed by *el* becomes **del**
- *a* followed by *el* becomes **al**

*El cine está **al** lado **del** banco.*

The personal *a*
Whenever the object of a verb is a person, the **personal *a*** goes in front.

*Visité **a** Miguel en el hospital ayer. Conozco **al** médico.*

Using pronouns with prepositions
Spanish pronouns are normally used only to emphasise who you are talking about, or to make it clear when necessary. However, they are also needed when you use a preposition to refer to someone. These prepositional pronouns work as follows:

sin mí = without me (note accent on *i*, to show it is not *mi* = my)

detrás de ti = behind you (singular)

sin él = without him (you need the accent to show it is not *el* = the)

con ella = with her

para nosotros = for us

con vosotros = with you (plural)

a ellos = to them

NB When used with *con*, *mí* and *ti* change into *migo* and *tigo* and join onto the preposition: *conmigo* = with me; *contigo* = with you.

*¿Te gustaría venir **conmigo** a la discoteca? Me gustaría mucho bailar **contigo**.*

Using verbs with prepositions
Some verbs in Spanish are used with prepositions which act as links between the verb and the rest of the sentence. When you learn the verb, make sure you learn the preposition that goes with it.

NB The prepositions in Spanish are not always the ones you would expect.

acabar de	to have just (done something)
pensar (ie) en	to think about
ayudar a	to help to
cesar de	to stop
soñar (ue) con	to dream about
servir (i) para	to be used for
contar (ue) con	to count on
quedar en	to agree about
dejar de	to stop (doing something)

Verbs

- The basic form of the verb – the form you look up in your dictionary – is called the **infinitive**: *hablar, comer, vivir.*
- Verbs in Spanish fall into three groups – *-ar, -er* and *-ir* verbs – according to how their infinitives end. To get the different tenses right, you need to remember which group the verb belongs to.
- Most verbs follow regular patterns to form the various tenses. However, some of the most useful verbs are irregular and you need to learn these. Regular verb patterns are explained on the following pages, using *hablar*, *comer* and *vivir* as examples. There is a table of the main irregular verbs on pages 174–79.

Talking about the present

The present tense

To form the present tense, remove the *-ar, -er,* and *-ir* endings from the infinitive and replace them with the present tense endings shown below.

	hablar	*comer*	*vivir*
yo	habl**o**	com**o**	viv**o**
tú	habl**as**	com**es**	viv**es**
él/ella/usted	habl**a**	com**e**	viv**e**
nosotros	habl**amos**	com**emos**	viv**imos**
vosotros	habl**áis**	com**éis**	viv**ís**
ellos/ellas/ustedes	habl**an**	com**en**	viv**en**

Common verbs which are irregular in the present tense are:
dar, decir, estar, haber, hacer, ir, oír, poner, saber, salir, ser, tener, traer, venir, ver.
These can be checked in the tables on pages 174–79.

Radical-changing verbs

These are verbs which change not just their endings but also the main part or stem.
There are four kinds of spelling change, and the verbs you are most likely to need are listed below under each kind of change.

e to *ie*		*o* to *ue costar*		*u* to *ue*		*e* to *i*	
cerrar	c**ie**rro	d**o**rmir	c**ue**sta	j**u**gar	j**ue**go*	conseguir	cons**i**go
empezar	emp**ie**zo	ll**o**ver	d**ue**rmo ll**ue**ve			despedirse	me desp**i**do
entender	ent**ie**ndo	m**o**strar p**o**der	m**ue**stro			pedir	p**i**do
pensar	p**ie**nso	s**o**ler	p**ue**do			vestirse	me v**i**sto
perder	p**ie**rdo	v**o**lver	s**ue**lo				
querer	qu**ie**ro		v**ue**lvo				

* *jugar* is the only one like this

The present continuous tense

To say what you are doing at this very moment, you use the present continuous tense. This is formed by using the appropriate part of *estar*, with the 'gerund' part of the verb you want to use. The gerund is the equivalent of the '-ing' part of an English verb.

-ar verbs: replace the *-ar* with *-ando: **hablando***
-er and *-ir* verbs: replace the *-er* or *-ir* with *-iendo: **comiendo, viviendo***
The gerund part does not change.
*¡Escucha! ¡**Estoy hablando** contigo!*
*¿Qué **estás haciendo**? **Estoy comiendo** un bocadillo de jamón.*

Talking about the past
The preterite tense
The preterite tense is the past tense used most often. There are only two patterns to learn because *-er* and *-ir* verbs have the same endings.

	hablar	*comer*	*vivir*
yo	habl**é**	com**í**	same
tú	habl**aste**	com**iste**	endings
él/ella/usted	habl**ó**	com**ió**	as *comer*
nosotros	habl**amos**	com**imos**	
vosotros	habl**asteis**	com**isteis**	
ellos/ellas/ustedes	habl**aron**	com**ieron**	

Common verbs which are irregular in the preterite tense are: *dar, decir, estar, haber, hacer, ir, oír, poder, poner, querer, saber, ser, tener, traer, venir, ver.*
These can be checked in the tables on pages 174–79.
NB *ser* and *ir* have the same preterite form – you can tell which is being used from the context.

Spelling changes in the preterite
Some verbs have spelling changes in the preterite tense. They only affect the first person (*yo*) part of the verb.
Verbs ending in *-**car*** (e.g. *buscar*)
*Lo bus**qué** por todos lados.*
Verbs ending in *-**gar*** (e.g. *llegar*)
*Lle**gué** a las tres.*
Verbs ending in *-**zar*** (e.g. *empezar*)
*Empe**cé** en septiembre.*

The changes happen only because in Spanish the spelling of a word is always adapted to keep the sound correct, e.g. *c > qu* to keep a hard 'c' sound when followed by 'é'.

There is one other kind of spelling change in the preterite: a few verbs change their 'i' to 'y' where necessary to avoid having three vowels in row.
*leer: leí, leiste, le**y**ó, leimos, leisteis, le**y**eron*

The perfect tense
The preterite tense is used to talk about completed actions or events, often ones that took place some time ago. The perfect tense is used to talk about a more recently completed action or event. It has two parts:

The present tense of *haber* tells you who has done the action. It means 'have' or 'has'.
+
the past participle of the action verb. This part of the verb tells you what action has taken place, e.g. 'closed', 'eaten'.

You will need to know all the parts of the verb *haber:*

he I have

has you (singular familiar) have

ha he/she/it has, you (singular polite) have

hemos we have

habéis you (plural familiar) have

han they have, you (plural polite) have

The past participle

This is the part of the verb which in English means 'done', 'eaten', 'gone', 'said', etc. It is formed by taking the *-ar, -er* and *-ir* ending off the infinitive, and adding *-ado* for *-ar* verbs and *-ido* for *-er* and *-ir* verbs:

infinitive	stem	past participle	
*habl**ar***	*habl*	*habl**ado***	spoken
*com**er***	*com*	*com**ido***	eaten
*viv**ir***	*viv*	*viv**ido***	lived

Now put the two parts of the tense together:

He sacado la basura. I have taken the rubbish out.

Hemos comido todo el queso. We have eaten all the cheese.

¿Has venido en coche? Have you come by car?

It is important to note that the two parts of the tense can never be separated by other words, so the negative goes in at the beginning of the expression.

***No** he hecho los deberes.* I haven't done my homework.

Some of the most useful verbs have irregular past participles. It is worth learning this list by heart so that you can use these verbs in the perfect tense.

abrir *abierto*

decir *dicho*

escribir *escrito*

hacer *hecho*

morir *muerto*

poner *puesto*

romper *roto*

Different ways of using past participles

Many useful nouns and adjectives are based on past participles.

Nouns formed like this are usually the feminine form of the past participle. Here are some examples:

entrada – entrance

salida – departure, exit

llegada – arrival

vista – view

vuelta – return

There are a few masculine ones, e.g. *helado* – ice-cream (= frozen!).

Adjectives made from past participles must agree with the noun they go with.

abrir (to open) *abierto* (open[ed])

*La panadería está abiert**a**, pero el museo está cerrad**o**.*

freír (to fry) *frito* (fried)

*He comido demasiadas patatas frit**as**.*

The imperfect tense

Use this tense
- to describe what 'was happening'
- to set the scene for events in the past
- to describe what used to happen regularly in the past

There are only two patterns to learn because -er and -ir verbs have the same endings. Notice the accents!

	hablar	*comer*	*vivir*
yo	habl**aba**	com**ía**	same
tú	habl**abas**	com**ías**	endings
él/ella/usted	habl**aba**	com**ía**	as *comer*
nosotros	habl**ábamos**	com**íamos**	
vosotros	habl**abais**	com**íais**	
ellos/ellas/ustedes	habl**aban**	com**ían**	

There are only three verbs which are irregular in the imperfect:

ser	*ir*	*ver*
era	iba	veía
eras	ibas	veías
era	iba	veía
éramos	íbamos	veíamos
erais	ibais	veíais
eran	iban	veían

NB *Había* – the imperfect of *haber* – is used as the past version of *hay*, to mean 'there was'.

The past continuous tense

This tense is formed by using the imperfect tense of the verb *estar* plus the gerund (the form ending in **-ando** or **-iendo**):

Estaba jugando al fútbol.

It describes what you **were doing** at a particular moment in the past.

The pluperfect tense

Use this tense to talk about things you *had* done. It is another scene-setting tense, which often describes the first things that happened in a chain of events. It is a step further back into the past from the perfect tense. Like the perfect tense, it uses the verb *haber* plus the past participle; the difference is that you use the imperfect tense of *haber* and not the present:

había	
habías	*hablado*
había	+ *comido*
habíamos	*vivido*
habíais	
habían	

Había llovido durante la noche. It had rained during the night.

Talking about the future

The immediate future and plans

To talk about something you **are going to** do, use:

the right part of the verb **ir** (to go) + **a** + the infinitive of your chosen verb

With this pattern you can make many sentences about future plans. For example:

voy		ahorrar dinero
vas		comprar un bici
va	a	dar un paseo
vamos		hacer camping
vais		pasarlo bomba
van		mirar los catálogos

The future tense

As explained above you can use *ir a* + infinitive to talk about what 'is going to' happen. But to talk about what **will** happen, Spanish also uses the future tense. It is a very easy tense to learn because the endings – which are the same for all verbs – are added on to the infinitive.

	hablar	*comer*	*vivir*
yo	hablar**é**	same	same
tú	hablar**ás**	endings	endings as
él/ella/usted	hablar**á**	as *hablar*	*hablar* and
nosotros	hablar**emos**		*comer*
vosotros	hablar**éis**		
ellos/ellas/ustedes	hablar**án**		

There are just a few irregulars; here are the most useful:

decir	**diré**
haber	**habré**
hacer	**haré**
poder	**podré**
poner	**pondré**
querer	**querré**
saber	**sabré**
salir	**saldré**
tener	**tendré**
venir	**vendré**

ser and *ir* are completely regular in the future tense

Talking about what could happen

The conditional tense

Ths verb is used to talk about things that should, could or would be done. It is also used when people are giving advice: 'I would ...', or 'I should ...'.

As for the future tense, the endings are added directly to the infinitive without anything being removed.

	hablar	*comer*	*vivir*
yo	hablar**ía**	same	same
tú	hablar**ías**	endings	endings
él/ella/usted	hablar**ía**	as *hablar*	as *hablar*
nosotros	hablar**íamos**		and *comer*
vosotros	hablar**íais**		
ellos/ellas/ustedes	hablar**ían**		

The verbs that are irregular in the future are also irregular in the conditional:

decir	**diría**
haber	**habría**
hacer	**haría**
poder	**podría**
poner	**pondría**
querer	**querría**
saber	**sabría**
salir	**saldría**
tener	**tendría**
venir	**vendría**

The subjunctive

The subjunctive is used:

• when there is a doubt or a wish about whether something will happen

*Te he comprado un regalo – espero que te **guste**.*

• to express what a person wants someone else to do

*¿Qué quieres que **haga**?*   What do you want me to do?

*Te sugiero que **te calles**.*   I suggest that you shut up.

• when one person wants another **not** to do something

*No quiero que **se enfade** conmigo.*   I don't want him to get angry with me.

• when one person will not let another do something

*¡No me dejas que **salga** con nadie!*   You don't let me go out with anybody!

*Me opongo a que **salgas** con Esteban.*   I am against you going out with Esteban.

Here is the present subjunctive of the three regular verb groups:

	hablar	*comer*	*vivir*
yo	habl**e**	com**a**	viv**a**
tú	habl**es**	com**as**	viv**as**
él/ella/usted	habl**e**	com**a**	viv**a**
nosotros	habl**emos**	com**amos**	viv**amos**
vosotros	habl**éis**	com**áis**	viv**áis**
ellos/ellas/ustedes	habl**en**	com**an**	viv**an**

Using the subjunctive after *cuando*

An important use of the present subjunctive is after *cuando* when it refers to the future.

*Cuando **lleguemos** a casa ...*

The action hasn't happened yet so, being uncertain, is expressed by the subjunctive.

Expressing wishes: *que* + subjunctive

In Spanish you can express a wish using *¡que ...!* or *¡que no ...!* with the subjunctive.

¡Que te diviertas!   Have a good time!

The perfect subjunctive

Sometimes you need to use a subjunctive in a sentence which is in the past tense. The tense you use is the perfect subjunctive. It works in exactly the same way as the perfect tense but using the subjunctive of *haber*.

hubiese, hubieses, hubiese, hubiésemos, hubieseis, hubiesen

Add the past participle, and you have done it!

*Si **me hubiese levantado** más temprano, no habría perdido el autobús.*

If I had got up earlier, I wouldn't have missed the bus.

The **perfect subjunctive** is used in the first part of the sentence and the **conditional perfect** in the second.

(There is another form of *haber* that you might see:

hubiera, hubieras, hubiera, hubiéramos, hubierais, hubieran

but to avoid confusion it is best to use the *-se* endings.)

The imperfect subjunctive

To form the imperfect subjunctive of a verb, you need to know, or to be able to look up, its preterite tense form.

Take the third person plural form of the preterite and remove the *-ron* ending:

habla(ron), comie(ron), vivie(ron).

Then add the endings as shown below.

hablar	*comer*	*vivir*
*habla**se***	*comie**se***	*vivie**se***
*habla**ses***	*comie**ses***	*vivie**ses***
*habla**se***	*comie**se***	*vivie**se***
*hablá**semos***	*comié**semos***	*vivié**semos***
*habla**seis***	*comie**seis***	*vivie**seis***
*habla**sen***	*comie**sen***	*vivie**sen***

(There is another set of endings for this tense and it is useful to be able to recognise them as they are just as common as the *-se* endings: *-ra, -ras, -ra, ramos, -rais, -ran*. However, we recommend that you learn and use the *-se* endings to avoid confusion with the future tense.)

There are no irregular verbs in this tense, as it depends on forms that are already irregular in some verbs. In other words, if the preterite is irregular, so is the imperfect subjunctive: *hicieron* gives us *hiciese*, etc.

Using the imperfect subjunctive: 'if' sentences

It is most often used in connection with the conditional tense to talk about probable or possible situations – often in sentences starting with 'If ...'.

Si me hablases de tus problemas, podría ayudarte.

Si ganase mucho dinero, iría al Caribe.

The imperfect subjunctive is also used to express hopes and wishes:

¡Si mis padres me viesen ahora!

An extremely useful word in this context is *¡Ojalá!* – I hope/If only/I wish:

¡Ojalá fuese tan rico como él!   If only I were as rich as he is!

Imperatives or commands

When addressing someone as *tú*

Positive commands: telling them to do something

Use the *tú* form of the present tense but miss off the *s*.

*¡**Come** tus patatas!*

Negative commands: telling them **not** to do something

Use the *tú* form of the present subjunctive, adding *no*:

*¡**No vayas** demasiado rápido!*

When addressing someone as *usted*

Positive commands: telling them to do something

Use the *usted* form of the present subjunctive:

*¡**Diga** la verdad!*

*¡**Vengan** aquí, por favor!*

Negative commands: telling them **not** to do something

Use the *usted* form of the present subjunctive, adding *no*:

*¡**No diga** tonterías!*

*¡**No compren** ese coche!*

A few verbs are irregular, including the following common ones:

decir > **diga(n)** = say

hacer > **haga(n)** = do/make

ir > **vaya(n)** = go

oír > **oiga(n)** = hear/listen

poner > **ponga(n)** = put

salir > **salga(n)** = go out

tener > **tenga(n)** = have

traer > **traiga(n)** = bring

Some verbs whose infinitive ends in *-car* or *-gar* need a spelling change:

arran**car** > **arranque**

bus**car** > **busque**

desembra**gar** > **desembrague**

pa**gar** > **pague**

sa**car** > **saque**

On public notices you will sometimes see commands given in the infinitive:

No aparcar.

Object pronouns can be tacked on to imperatives in the same way as they are added to infinitives (see page 156). When this happens you may need to use an accent to make sure the stress stays on the right part of the word.

¿Dónde está la llave? *¡**Dámela!***

Reflexive verbs

These are verbs that refer to actions done by yourself, to yourself, for instance 'to get dressed' (= 'to dress yourself'). You can recognise them in a Spanish dictionary by the *se* on the end of the infinitive. *Se* is a pronoun that means 'oneself'/'himself'/'herself'/'itself'. Every time you use a reflexive verb, you need to make sure you include the right pronoun. Here is the present tense of the verb *lavarse*.

me *lavo*

te *lavas*

se *lava*

nos *lavamos*

os *laváis*

se *lavan*

Spanish has far more reflexive verbs than English. It is important to use them correctly or the meaning may not be clear:

lavar = to wash something or someone else (the car, the dog, etc.)

lavarse = to wash yourself, to get washed

Reflexive verbs in the past and the future

In past and future tenses, reflexive verbs work just like other verbs except that you must always remember to include the pronoun. Here are the preterite, perfect, imperfect and future tenses of *lavarse*.

preterite	perfect	imperfect	future
me lavé	*me he lavado*	*me lavaba*	*me lavaré*
te lavaste	*te has lavado*	*te lavabas*	*te lavarás*
se lavó	*se ha lavado*	*se lavaba*	*se lavará*
nos lavamos	*nos hemos lavado*	*nos lavábamos*	*nos lavaremos*
os lavastéis	*os habéis lavado*	*os lavabais*	*os lavaréis*
se lavaron	*se han lavado*	*se lavaban*	*se lavarán*

Negatives

To make a statement into a negative one, add **no** in front of the verb:

Ana escribe a su tía.   *Ana **no** escribe a su tía.*

To say **nothing**, **nobody** or **never**, you need **no** in front of the verb, plus another negative word after it.

nada	nothing/not anything	*No veo nada.*
nadie	no one/nobody	*No hay nadie en el piso.*
nunca	never	*No voy nunca al cine.*
ni ... ni	neither ... nor,	*No quiero ni lavar los platos ni*
	not .... either	*arreglar mi dormitorio.*

Nunca can go before the verb, in which case you don't use *no*.

Nunca *voy al cine.*

When *nadie* or *nada* is the subject, it goes before the verb and you drop *no*.

Nadie *sabe que estás aquí.*

Questions

In Spanish, you can write questions simply by putting a question mark at the beginning (upside down) and end of the sentence.

¿Es el amigo de Miguel?

¿Tiene bastante dinero para vivir?

Sometimes you will find the order of the words changes in a question:

Suso se ha ido a Madrid.   *¿Se ha ido Suso a Madrid?*

You can also begin a question with a suitable question word. Question words always have an accent.

¿**Dónde** está Suso ahora?

¿**Cómo** está Suso?

¿**Cuál** es el verdadero Suso, mi amigo o el idiota que hizo tantas tonterías?

¿**Cuándo** volveré a verlo otra vez?

¿**Cuánto** tiempo llevo ya sin verlo?

¿**Cuántas** manzanas has comprado?

¿**Quién** lo sabe?

¿**Qué** hace Suso en este momento?

¿**Por qué** es tan imbécil?

Expressing your reactions

There is a range of useful expressions in Spanish which you can use to show your reaction to something. The pattern is simple:

¡qué ... + [noun or adjective] (qué always has an accent)

¡Qué tonto! How silly!

¡Qué sorpresa! What a surprise!

¡Qué triste! How sad!

¡Qué maravilla! How wonderful!

¡Qué susto!   How scary! What a fright!

¡Qué aburrido! How boring!

Ser and *estar*

In Spanish there are two verbs which mean 'to be' – ser and estar. You use ser to talk about permanent features or characteristics of a person or thing:

Ana **es** una chica española.

Estar is used to talk about temporary features or characteristics, such as how someone feels:

Ana no **está** contenta – **está** enferma.

Estar is always used when you are saying where something or someone is – even if the position seems quite permanent:

Ana **está** en su dormitorio.

Las Canarias **están** en el Océano Atlántico.

Both ser and estar are irregular verbs – you can check their forms on pages 174–179.

Useful expressions with verbs

Llevar and hace ... que: saying 'how long'

The verb llevar and the expression hace ... que are used to describe doing something for a certain amount of time.

Llevar	[time]	-ando/-iendo form of verb	
Llevo	dos horas	leyendo.	
Hace	[time]	que	present tense of verb
Hace	tres meses	que	trabajo aquí.

Soler: talking about when something usually happens

This is a very useful verb which indicates that something happens on a regular basis. It is used with the infinitive of the chosen verb:

Suelo cepillarme los dientes dos veces al día.

I usually brush my teeth twice a day.

Solemos viajar en autobús.   We usually go by bus.

NB *Soler* is a radical-changing verb following the same pattern as *costar* (o > ue); you can check it on page 159.

Se vende / se venden

The verb *vender* means to sell, but it is often used in a reflexive form, to mean 'to be sold'/'to be for sale'.

Remember to choose either the singular form or the plural form of the verb, depending on what you are referring to.

*Aquí se vend**e** queso.*

*Se vend**en** tomate**s** en el mercado.*

Using a verb in this reflexive way, to mean that actions are done by people at large, is a common pattern in Spanish. For example, outside shops in tourist areas you will see:

*Aquí **se habla** francés.* We speak French/French is spoken here.

Acabar de

This is a useful verb which means 'to have just done something'. It is always followed by another verb in the infinitive:

***Acabo de** hacer los deberes.*	I've just done my homework.
***Acaba de** llegar.*	He/She has just arrived.
***Acaban de** lavar los platos.*	They've just washed the dishes.

Tener

The verb *tener* is an important verb and worth knowing well. Basically it means 'to have' but you can also use it with nouns to describe how you or other people feel or the state that they are in. You use the correct part of *tener* and one of the words from the list below. (*Tener* is an irregular verb – you can check it on page 178.)

tener calor	to be hot
tener cuidado	to be careful
tener frío	to be cold
tener hambre	to be hungry
tener la culpa	to be one's fault
tener miedo	to be frightened
tener prisa	to be in a hurry
tener sed	to be thirsty
tener sueño	to be sleepy
tener suerte	to be lucky
tener éxito	to be successful
tener ganas de	to feel like (doing something)
tener que	to have to (do something)

Me gusta/no me gusta

To say 'I like doing something', you use ***me gusta** + **a verb in the infinitive***.

Me gusta preparar *la comida.*

To ask a friend 'Do you like ...?, you say *¿te gusta?* with an infinitive verb.

¿Te gusta pasar la aspiradora?

To talk about **not** liking to do something, add *no* at the beginning of the sentence:

No me gusta *pasar la aspiradora.*

*¿****No te gusta*** *lavar los platos?*

This verb is also very useful for talking about what you would like to do – for this you use the conditional of *gustar*:

*Me **gustaría** visitar América del Sur.*

You can also use *gustar* with nouns to say what or whom you like/dislike.

No me gusta *el chorizo, pero* ***me gustan*** *la ensalada y los tomates.*

Me gusta *el profesor de inglés.*

You can see that *gustar* has to be in the singular form (*gust**a***) or the plural form (*gust**an***) depending on whether you are talking about one or more things or people.

Using *hacer* to describe the weather

Hacer usually means 'to do' or 'to make', but the third person singular, *hace*, is used in many phrases describing the weather.

hace sol	it is sunny
hace frío	it is cold
hace calor	it is hot
hace viento	it is windy
hace buen tiempo	the weather is nice
hace mal tiempo	the weather is bad

Here are some other useful weather verbs and phrases:

llover	to rain	*llueve*	it's raining
nevar	to snow	*nieva*	it's snowing
hay niebla	it's foggy		

Numbers, dates, days and times

Numbers

Ordinal numbers

You already know numbers 1–1000, but to say 'the first', the 'second' and so on, you need a different set of words. These are called ordinal numbers – they give the order. Ordinal numbers must be **masculine** or **feminine** – to match the noun they refer to.

*la primer**a** clase*

*el segund**o** coche*

number	ordinal number: masculine	ordinal number: feminine
uno	**primero*	*primera*
dos	*segundo*	*segunda*
tres	**tercero*	*tercera*
cuatro	*cuarto*	*cuarta*
cinco	*quinto*	*quinta*
seis	*sexto*	*sexta*
siete	*séptimo*	*séptima*
ocho	*octavo*	*octava*
nueve	*noveno*	*novena*
diez	*décimo*	*décima*

* *primero* and *tercero* shorten to **primer** and **tercer** in front of a masculine noun (see page 154).

Ordinal numbers are adjectives, and they are often used with *parte*:

la tercera parte one-third

la cuarta parte a quarter

El cuarto is also used on its own as a noun to express 'quarter':

Son las tres y cuarto.   It's 3.15.

¿Qué hora es?   What time is it?

To say 'It is x o'clock', use

the verb *ser*   + *la* or *las*   + the appropriate number for the hour.

Es/son   + **la/las**   + **una, dos, tres**, etc.

Watch out – hours are **feminine**, and hours above one are **plural**!

Es la una.		It is one o'clock.
Son las dos.		It is two o'clock.
Son las tres.		It is three o'clock.
Son las cuatro.		It is four o'clock.
Son las cinco.		It is five o'clock.
Son las seis.		It is six o'clock.
Son las siete.		It is seven o'clock.
Son las ocho.		It is eight o'clock.
Son las nueve.		It is nine o'clock.
Son las diez.		It is ten o'clock.
Son las once.		It is eleven o'clock.
Son las doce.		It is twelve o'clock.

To indicate which part of the day, use the following phrases:

de la mañana	*de la tarde*	*de la noche*
6 7 8 9 10 11 12	1 2 3 4 5 6 7 8	9 10 11

¿A qué hora?   At what time?

To say you are doing something **at** a particular time use **a + time.**

a +   la/las +   una, dos, tres, etc.

*Desayuno **a las siete** de la mañana.*

*¿Comes **a la una**?*

*Vamos al colegio **a las tres** de la tarde.*

The days of the week

Spanish days do not have a capital letter.

Monday	Tuesday	Wednesday	Thursday	Friday	Saturday	Sunday
lunes	martes	miércoles	jueves	viernes	sábado	domingo

To say when you regularly do something – on Saturday/on Saturdays – you do not need a word for 'on' in Spanish. Instead you use **los** with the plural form of the day:
Los sábados Marisol tiene muchas tareas.

Los meses y las fechas – months and dates

The months in Spanish do not have a capital letter:

enero	julio
febrero	agosto
marzo	septiembre
abril	octubre
mayo	noviembre
junio	diciembre

To write a date, use the following pattern: **el** [number] **de** [month]
el cinco **de** agosto
el veinte **de** enero

¿Cuál es la fecha hoy?

Es el dos de marzo.

To say 'My birthday is 6 August', for example:
Mi cumpleaños es **el seis de** agosto.
NB An important exception: el **primero** de ... the first of ...
El cumpleaños de mi hermana es **el primero de** septiembre.
When you are also giving the name of the day – for example, at the top of a letter – you don't need el before the date:

Madrid
lunes, dos de mayo

Irregular verbs

infinitive present participle past participle	present indicative	imperfect	future	conditional
ANDAR *to walk* andando andado	ando	andaba	andaré	andaría
DAR *to give* dando dado	**doy** das da damos dais dan	daba	daré	daría
DECIR *to say* diciendo **dicho**	**digo** dices dice decimos decís dicen	decía	**diré**	**diría**
ESTAR *to be* estando estado	**estoy** **estás** **está** estamos estáis **están**	estaba	estaré	estaría
HABER *to have* habiendo habido	**he** **has** **ha** **hemos** habéis **han**	había	**habré**	**habría**
HACER *to do, make* haciendo **hecho**	**hago** haces hace hacemos hacéis hacen	hacía	**haré**	**haría**

preterite	present subjunctive	imperfect subjunctive	imperative
anduve	ande	**anduviera/**	anda
anduviste		**anduviese**	andad
anduvo			
anduvimos			
anduvisteis			
anduvieron			
di	**dé**	**diera/diese**	da
diste	**des**		dad
dio	**dé**		
dimos	**demos**		
disteis	**deis**		
dieron	**den**		
dije	**diga**	**dijera/ dijese**	**di**
dijiste	**digas**		decid
dijo	**diga**		
dijimos	**digamos**		
dijisteis	**digáis**		
dijeron	**digan**		
estuve	**esté**	**estuviera/**	**está**
estuviste	**estés**	**estuviese**	estad
estuvo	**esté**		
estuvimos	estemos		
estuvisteis	estéis		
estuvieron	**estén**		
hube	**haya**	**hubiera/**	**he**
hubiste	**hayas**	**hubiese**	habed
hubo	**haya**		
hubimos	**hayamos**		
hubisteis	**hayáis**		
hubieron	**hayan**		
hice	**haga**	**hiciera/**	**haz**
hiciste	**hagas**	**hiciese**	haced
hizo	**haga**		
hicimos	**hagamos**		
hicisteis	**hagáis**		
hicieron	**hagan**		

infinitive present participle past participle	present indicative	imperfect	future	conditional
IR *to go* **yendo** ido	**voy** **vas** **va** **vamos** **vais** **van**	**iba** **ibas** **iba** **íbamos** **ibais** **iban**	iré	iría
OÍR *to hear* **oyendo** oído	**oigo** **oyes** **oye** oímos oís **oyen**	oía	oiré	oiría
PODER *to be able* **pudiendo** podido	**puedo** **puedes** **puede** podemos podéis **pueden**	podía	**podré**	**podría**
PONER *to put* poniendo **puesto**	**pongo** pones pone ponemos ponéis ponen	ponía	**pondré**	**pondría**
QUERER *to want* queriendo querido	**quiero** **quieres** **quiere** queremos queréis **quieren**	quería	**querré**	**querría**
SABER *to know* sabiendo sabido	**sé** sabes sabe sabemos sabéis saben	sabía	**sabré**	**sabría**

preterite	present subjunctive	imperfect subjunctive	imperative
fui	**vaya**	**fuera/fuese**	**ve**
fuiste	**vayas**		id
fue	**vaya**		
fuimos	**vayamos**		
fuisteis	**vayáis**		
fueron	**vayan**		
oí	**oiga**	**oyera/ oyese**	**oye**
oíste	**oigas**		oíd
oyó	oiga		
oímos	**oigamos**		
oísteis	**oigáis**		
oyeron	oigan		
pude	**pueda**	**pudiera/ pudiese**	**puede**
pudiste	**puedas**		poded
pudo	**pueda**		
pudimos	podamos		
pudisteis	podáis		
pudieron	**puedan**		
puse	**ponga**	**pusiera/ pusiese**	pon
pusiste	**pongas**		poned
puso	**ponga**		
pusimos	**pongamos**		
pusisteis	**pongáis**		
pusieron	**pongan**		
quise	**quiera**	**quisiera/ quisiese**	**quiere**
quisiste	**quieras**		quered
quiso	**quiera**		
quisimos	queramos		
quisisteis	queráis		
quisieron	**quieran**		
supe	**sepa**	**supiera/ supiese**	sabe
supiste	**sepas**		sabed
supo	**sepa**		
supimos	**sepamos**		
supisteis	**sepáis**		
supieron	**sepan**		

infinitive present participle past participle	present indicative	imperfect	future	conditional
SALIR *to go out* saliendo salido	**salgo** sales sale salimos salís salen	salía	**saldré**	**saldría**
SER *to be* siendo sido	**soy** **eres** **es** **somos** **sois** **son**	**era** **eras** **era** **éramos** **erais** **eran**	seré	sería
TENER *to have* teniendo tenido	**tengo** **tienes** **tiene** tenemos tenéis **tienen**	tenía	**tendré**	**tendría**
TRAER *to bring* **trayendo** traído	**traigo** traes trae traemos traéis traen	traía	traeré	traería
VENIR *to come* **viniendo** venido	**vengo** **vienes** **viene** venimos venís **vienen**	venía	**vendré**	**vendría**
VER *to see* viendo **visto**	**veo** ves ve vemos veis ven	**veía**	veré	vería

preterite	present subjunctive	imperfect subjunctive	imperative
salí	**salga**	saliera/ saliese	**sal**
saliste	**salgas**		salid
salió	**salga**		
salimos	**salgamos**		
salisteis	**salgáis**		
salieron	**salgan**		
fui	**sea**	**fuera/ fuese**	**sé**
fuiste	**seas**		**sed**
fue	**sea**		
fuimos	**seamos**		
fuisteis	**seáis**		
fueron	**sean**		
tuve	**tenga**	**tuviera/ tuviese**	**ten**
tuviste	**tengas**		tened
tuvo	**tenga**		
tuvimos	**tengamos**		
tuvisteis	**tengáis**		
tuvieron	**tengan**		
traje	**traiga**	**trajera/ trajese**	trae
trajiste	**traigas**		traed
trajo	**traiga**		
trajimos	**traigamos**		
trajisteis	**traigáis**		
trajeron	**traigan**		
vine	**venga**	**viniera/ viniese**	**ven**
viniste	**vengas**		venid
vino	**venga**		
vinimos	**vengamos**		
vinisteis	**vengáis**		
vinieron	**vengan**		
vi	**vea**	viera/viese	ve
viste	**veas**		ved
vio	**vea**		
vimos	**veamos**		
visteis	**veáis**		
vieron	**vean**		

Using your Spanish dictionary

Abbreviations

Words given in the *Para ayudarte* lists in this book, and listed in the *Vocabulario* at the back, have abbreviations after them to tell you whether the word is

a masculine noun (nm)
a feminine noun (nf)
an adjective (adj)
an adverb (adv)
a verb (v).

In the dictionary you will find similar abbreviations after words, and these are worth noticing as they can help you choose the right word. For example, if you want the word for 'cook', do you want *cocinero (nm)* or *cocinar (v)?*

Use your head before you use your dictionary!

Dictionaries are a great help to language students, but only when you know how to use them effectively! If you don't, they can waste a lot of your time.

The following advice aims to help you make the best use of your dictionary in reading tasks and in written work.

Reading work

- Read the passage first, and decide **what it is generally about** before you open the dictionary. There will be clues to help you: in the question itself, in the title of the text, in the form of a picture or a symbol, or a word that looks like an English word.
- Watch out for different meanings when you look something up – **choose the meaning which makes most sense** in the context.
- Ask yourself: is the word likely to be a noun, or a verb, or an adjective, etc.? This will help you to work out its meaning, or to choose the right meaning if you look it up.
- When you are looking up a verb, remember that **verbs are listed under the infinitive**. For example, if you want to check the meaning of *me acuesto*, you need to look up *acostarse* in the dictionary.
- When you are looking up an adjective, remember that **adjectives are listed under the masculine singular**. For example, if you want to check the meaning of *propias*, you need to look up *propio* in the dictionary.

> **Quick time-savers for reading tasks**
> - Scan the whole passage first to find out what it's about.
> - Make an intelligent guess, using the clues you are given.
> - Think about how a word will be listed, before you look it up.

Written work

- Many words have several meanings – make sure you choose the right one. For example, under 'bat' do you choose *murciélago* or *raqueta*? If you are not sure, then cross-check by looking up the Spanish words in the Spanish–English part of the dictionary.
- When you are looking up a verb, remember that **verbs are listed under the infinitive**. You can't look up the individual parts of verbs. For example, if you want to look up the Spanish for *bought*, you need to look up *buy* in the dictionary and then work out the past tense for yourself, or check it.
- There is a group of verbs which can be particularly tricky to look up. These are verbs which in English are always followed by a preposition, such as to look **at**, to go **on**, to put **out**. The solution is:
  1 Don't look up 'look' and 'at' separately – it doesn't work! Scan the list of meanings under 'look' until you find 'look at'.
  2 If you have a small dictionary it might not include 'look at' under 'look'. To get the right Spanish word, try to think of a single English word you could look up instead. Here are some examples of one-word alternatives:

  to **look at** the paper   to **read** the paper
  to **go on** writing the letter   to **continue** writing the letter
  to **finish off** the housework   to **complete** the housework

  If you look these up you are more likely to find the right Spanish word.

- If you are looking up an adjective to go with a noun you are using, remember that the masculine singular form is the one you will find in the dictionary, but you might need to adjust it to go with your noun. For example, if you want to describe *las chicas españolas* as good-looking, you will find *guapo* but you'll need to write *guapas*.

Quick time-savers for written work
It's a good idea to:
- stick to words or phrases that you **already know**, if you possibly can
- use the dictionary to check spellings **after** you have drafted your piece.

Vocabulario

a

a (prep) *to; at*
abajo (adv) *below*
abandonar (v) *to abandon*
abierto (adj) *open*
abogado/a (nm/nf) *lawyer*
abolición (nf) *abolition*
abordar (v) *to approach*
abrazo (nm) *embrace*
(un abrazo de = love from in letters)
abrigo (nm) *(over)coat*
abrigo de pieles (nm) *fur coat*
abril (nm) *April*
abrir (v) *to open*
abrirse (v) *to open*
absoluto (adj) *absolute*
abuela (nf) *grandmother*
aburrido (adj) *boring*
abusar (v) de *to abuse*
abuso (nm) *abuse*
acabar (v) *to end up*
acabar (v) de *to have just* (see Grammar information)
acabarse (v) *to run out (of money, petrol)*
academia (nf) *academy*
acantilado (nm) *cliff*
acceso (nm) *access*
accidente (nm) *accident*
aceite (nm) *oil*
aceituna (nf) *olive*
aceptar (v) *to accept*
acera (nf) *pavement*
acerca de (prep) *about*
acercarse (v) *to approach, get close*
acero (nm) *steel*
acompañar (v) *to accompany*
aconsejable (adj) *advisable*
aconsejar (v) *to advise*
acordarse (ue) (v) (de) *to remember*
acostar (ue) (v) *to put to bed*
acostarse (ue) (v) *to go to bed*
acostumbrarse (v) *to get used to*
acreditar (v) *to demonstrate*
actividad (nf) *activity*
acto (nm) *act*
actor (nm) *actor*

actriz (nf) *actress*
actualidad (nf): en la actualidad *at the present time*
acuerdo (nm) *agreement (de acuerdo = OK);*
(ponerse de acuerdo = to agree)
adaptarse (v) *to adapt, adjust*
adecuado (adj) *appropriate*
adelantamiento (nm) *overtaking*
adelantar (v) *to overtake*
adelgazar (v) *to lose weight, slim*
además (adv) *as well, besides*
(además de = as well as, besides)
adentro (adv) *inside*
adicto (adj) *addicted*
adiós *goodbye*
adivinar (v) *to guess*
adjetivo (nm) *adjective* (see Grammar information)
adjuntar (v) *to enclose*
adjunto (adj) *attached; enclosed*
administración (nf) *administration; civil service*
administrativo (adj) *administrative*
admitir (v) *to admit*
adonde *where (to)*
¿adónde? *where (to)?*
adornar (v) *to decorate, embellish*
adquirir (ie) (v) *to acquire*
adquisición (nf) *acquisition*
aduana (nf) *customs*
aduanero/a (nm/nf) *customs officer*
adulto (nm, adj) *adult*
adverbio (nm) *adverb* (see Grammar information)
advertir (ie) (v) *to warn*
aeropuerto (nm) *airport*
afectar (v) *to affect*
afectuoso (adj) *affectionate*
afeitado (nm) *shaved*
afeitarse (v) *to shave*
aficionado (adj) a *keen on*
aficionado/a (nm/nf) *fan*
afortunadamente (adv) *fortunately*

afueras (nfpl) *outskirts*
agarrar (v) *to grab, snatch*
agencia (nf) *agency; branch (office)*
agencia de viajes (nf) *travel agency*
agenda (nf) *diary*
agente (nm/nf) *police officer*
agitar (v) *to shake*
agosto (nm) *August*
agotado (adj) *exhausted, worn out*
agotarse (v) *to run out (supplies)*
agradable (adj) *pleasant, nice*
agradecer (v) *to thank*
agresión (nf) *mugging, attack*
agresividad (nf) *drive, vigour*
agresivo (adj) *aggressive*
agrícola (adj) *agricultural*
agricultura (nf) *farming, agriculture*
agua (nf) *water*
aguantar (v) *to put up with*
agudo (adj) *acute, sharp*
agujero (nm) *hole*
ahí (adv) *there; that*
ahogo (nm) *difficulty in breathing*
ahora (adv) *now*
ahorrar (v) *to save (money, time)*
aire (nm) *air (al aire libre = in the open air)*
ajedrez (nm) *chess*
ajo (nm) *garlic*
ajustar (v) *to adjust*
al (= a + el) *to the* (see Grammar information)
alarma (nf) *alarm*
alarmante (adj) *alarming*
albañil (nm) *builder, bricklayer*
albóndiga (nf) *meatball*
álbum (nm) *album*
alcanzar (v) *to reach*
alcohol (nm) *alcohol*
alcohólico/a (nm/nf) *alcoholic*
alegrarse (v) *to be happy*
alegre (adj) *happy*
alemán (nm, adj) *German*
alfabeto (nm) *alphabet*
algo *something*
algodón (nm) *cotton*
alguien *someone*

algún (adj) *some, any*
alianza de boda (nf) *wedding ring*
alimentos (nmpl) *food*
aliño (nm) *salad dressing*
alioli (nm) *garlic mayonnaise*
alivio (nm) *relief*
allá (adv) *(over) there*
allí (adv) *there*
alma (nf) *soul*
almacén (nm) *warehouse, store*
almacenaje (nm) *storage*
almacenar (v) *to store*
almíbar (nm) *syrup*
almorzar (ue) (v) *to have lunch*
almuerzo (nm) *lunch*
alojarse (v) *to stay, lodge*
alteración (nf) *change*
alterado (adj) *upset*
alternativa (nf) *alternative*
altitud (nf) *altitude*
alto (adj) *tall; high*
altruista (adj) *altruistic*
altura (nf) *height*
alubia (nf) *haricot bean*
alucinógeno (adj) *hallucinogenic*
alumbrado (nm) *lights (of vehicle)*
alumno/a (nm/nf) *pupil*
Alzheimer (nm) *Alzheimer's (disease)*
amable (adj) *kind*
amante (nm/nf) *lover*
amarillo (adj) *yellow*
ambición (nf) *ambition*
ambicioso (adj) *ambitious*
ámbito (nm): de ámbito nacional *nationwide (company)*
ambos (adj) *both*
amenazar (v) *to threaten*
americano (nm, adj) *American*
amigo/a (nm/nf) *friend*
amistad (nf) *friendship*
amor (nm) *love*
amplio (adj) *broad, wide*
análisis (nm) *analysis*
anchoa (nf) *(cured) anchovy*
andaluz (nm, adj) *Andalusian*
andar (v) *to walk*

andar (v) sin rumbo fijo *to drift*

andrajos (nmpl) *rags*

anillo (nm) *ring*

animal (nm, adj) *animal*

ánimo (nm): estado de ánimo *mood, state of mind*

anoche (adv) *last night*

anonadado (adj) *devastated*

anónimamente (adv) *anonymously*

antecedentes (nmpl) *records (eg, criminal)*

antes (adv) *before (antes de = before)*

antibióticos (nmpl) *antibiotics*

anticatólico (adj) *anti-Catholic*

anticiparse (v) *to happen early/earlier*

antigüedad (nf) *antiquity, age*

antiguo (adj) *old; former*

antipático (adj) *unfriendly*

anunciar (v) *to announce; to advertise*

anuncio (nm) *advertisement*

añadir (v) *to add*

año (nm) *year*

apagarse (v) *to go out (of light)*

aparcamiento (nm) *parking*

aparcar (v) *to park*

aparecer (v) *to seem*

aparejador/ora (nm/nf) *assistant architect*

Apartado de Correos (nm) *PO Box*

apellido (nm) *surname*

apenas (adv) *hardly*

apetecer (v): me apetece *I feel like*

aplazar (v) *to postpone*

aplicar (v) *to apply*

apostar (ue) (v) *to bet*

apoyar (v) *to support (campaign)*

apoyo (nm) *support*

aprender (v) *to learn*

aprobar (ue) (v) *to pass (exam)*

apropiado (adj) *appropriate*

aprovechar (v) *to take advantage of*

aproveche: ¡que aproveche! *enjoy your meal!*

aproximadamente (adv) *approximately*

apuntar (v) *to note (down)*

apuntes (nmpl) *notes*

aquel (adj) *that*

aquél *that one*

aquí (adv) *here*

aragonés (nm, adj) *Aragonese*

árbol (nm) *tree*

arena (nf) *sand*

arenisca (nf): piedra arenisca *sandstone*

armamento(s) (nmpl) *arms*

arquitecto/a (nm/nf) *architect*

arquitectónico (adj) *architectural*

arrancar (v) *to start, start off*

arrastrar (v) *to tow, pull*

arreglado (adj) *tidy (room)*

arreglar (v) *to sort out, fix; to tidy*

arriba (adv) *above; up*

arriesgar (v) *to risk*

arrimarse (v) *to come/go close(r); to lean over*

arrojar (v) *to throw*

arroz (nm) *rice*

arruinar (v) *to ruin*

arte (nm) *art*

artesanía (nf) *crafts, handicraft*

artes marciales (nmpl) *martial arts*

articulación (nf) *joint (in bones)*

artículo (nm) *article*

artista (nm/nf) *artist*

arzobispo (nm) *archbishop*

ascensión (nf) *ascent*

asco (nm) *disgust (¡que asco! = how awful/disgusting!)*

asegurar (v) *to assure*

aseo (nm) *cleanliness; toilet*

asesinar (v) *to murder*

asesoramiento (nm) *advice giving*

así (adv) *so, thus (así como = just as)*

asentado (adj) *settled*

asignatura (nf) *subject*

asistente (nm) *assistant*

asociación (nf) *association*

asociado (adj) *associated*

aspiradora (nf) *vacuum cleaner*

asqueroso (adj) *revolting*

asturiano (nm, adj) *(person) from Asturias*

asunto (nm) *matter, issue*

atacar (v) *to attack*

ataque (nm) *attack (medical)*

atasco (nm) *traffic jam*

atención (nf) *attention*

atentamente (adv) *attentively (see saludar)*

ateo/a (nm/nf) *atheist*

aterrizar (v) *to land*

atletismo (nm) *athletics*

atmósfera (nf) *atmosphere*

atmosférico (adj) *atmospheric*

atracción (nf) *attraction*

atraer (v) *to attract*

atrás (adv) *behind; back*

atreverse (v) *to dare (to)*

atropellar (v) *to run over*

aumentar (v) *to increase*

aumento (nm) *increase*

aun (adv) *even*

aún (adv) *still*

aunque *although*

auriculares (nmpl) *headphones*

australiano (nm, adj) *Australian*

autobús (nm) *bus*

autocar (nm) *coach*

autoescuela (nf) *driving school*

autónomo (adj) *self-employed*

autopista (nf) *motorway*

autoridades (nfpl) *authorities*

avergonzado (adj) *ashamed*

avería (nf) *breakdown*

averiado (adj) *broken down*

averiarse (v) *to break down*

avión (nm) *plane*

avisar (v) *to inform*

aviso (nm) *warning; notice*

¡Ay! *Oh dear!*

ayer (adv) *yesterday*

ayuda (nf) *help*

ayudar (v) *to help*

ayuntamiento (nm) *town hall; town/city council*

azafata (nf) *air hostess/stewardess*

azúcar (nm) *sugar*

azucarado (adj) *sugary, sweet*

azul (adj) *blue*

b

bachillerato (nm) *certificate of secondary education (taken at age 17)*

bacon (nm) *bacon*

bádminton (nm) *badminton*

bailar (v) *to dance*

baile de disfraces (nm) *fancy dress ball*

bajar (v) *to go down (bajar una cuesta = to go downhill)*

bajista (nm) *bass guitarist*

bajo (adj) *low*

baloncesto (nm) *basketball*

balonmano (nm) *handball*

banco (nm) *bank*

banda (nf) *band (fabric, music)*

bañador (nm) *swimsuit*

bañarse (v) *to have a bath; to go swimming*

baño (nm) *bath (ir al baño = to go to the toilet)*

bar (nm) *bar*

barato (adj) *cheap*

barba (nf) *beard*

barbaridad (nf) *shocking act, atrocity*

barco (nm) *boat*

barra de labios (nf) *lipstick*

barranco (nm) *precipice; ravine*

barrio (nm) *district*

base (nf) *basis (de base = basic)*

¡basta! *that's enough!*

bastante (adv) *quite, rather*

basura (nf) *rubbish*

batería (nf) *drum kit; battery (in car, etc.)*

batería (nm/nf) *drummer*

batido (nm) *milkshake*

bautizo (nm) *christening*

beber (v) *to drink*

bebida (nf) *drink*

beca (nf) *grant (for studies)*

belleza (nf) *beauty*

bello (adj) *beautiful*

beneficio (nm) *benefit*

berza (nf) *cabbage*

besar (v) *to kiss*

biblioteca (nf) *library*

bici (= bicicleta) *bike*

bicicleta (nf) *bicycle*
(*bicicleta de montaña = mountain bike*)

bien (adv) *well*; (nm) *good; benefit*

bienestar (nm) *welfare*

bienvenido (adj) *welcome*

billete (nm) *ticket*

biología (nf) *biology*

biológico (adj) *biological, organic*

bisabuelo (nm) *great-grandfather*

bisnieto (nm) *great-grandson*

bisonte (nm) *bison*

blanco (adj) *white*

blusa (nf) *blouse*

bobo (adj) *stupid*

boca (nf) *mouth*

bocadillo (nm) *sandwich*

boda (nf) *wedding*

bodega (nf) *wine cellar*

bolera (nf) *bowling alley*

boletín meteorológico (nm) *weather report*

boliviano (nm) *boliviano (Bolivian currency)*

bollería (nf) *bakery*

bollo (nm) *pastry*

bolsillo (nm) *pocket*

bolsa (nf) *bag*

bolso (nm) *(hand)bag*

bomba (nf) *pump (for bicycle etc)*

bomba (adv): pasarlo bomba
to have a great time

bombero (nm) *fireman*

bonificación (nf) *discount*

bonito (adj) *pretty*; (nm) *bonito, tuna fish*

bono (nm) *voucher*

boquerón (nm) *fresh anchovy*

bordado (nm) *embroidery*

borracho (adj) *drunk*

bosque (nm) *wood(s), forest*

botella (nf) *bottle*

brazo (nm) *arm*

breve (adj) *short*

brillante (adj) *brilliant, shining*

brindar (v) *to offer*

bucear (v) *to snorkel*

bueno (adj) *good (lo bueno = the good thing)*

buscar (v) *to look for*

C

caballo (nm) *horse*

caber (v) *to fit*

cabeza (nf) *head*

cabezudo (adj) *pig-headed*

cabo (nm) *end*

cada (adj) *each*

cadáver (nm) *body, corpse*

cadena de televisión (nf) *TV company*

caerse (v) *to fall*

café (nm) *coffee; café, coffee shop*

cafetería (nf) *coffee shop*

caja (nf) *box*

caja de ahorros (nf) *savings bank*

caja de cambios (nf) *gearbox*

caja fuerte (nf) *safe*

calamares (nmpl) a la romana
squid fried in batter

calcetín (nm) *sock*

calculadora (nf) *calculator*

calcular (v) *to calculate*

caliente (adj) *hot*

calificación (nf) *qualification*

callar (v) *to be silent/quiet*

callarse (v) *to be quiet, shut up*

calle (nf) *street*

calmante (nm) *painkiller*

calor (nm) *heat (tengo calor = I'm hot)*

calvo (adj) *bald*

cama (nf) *bed*

cámara (nf) *camera; chamber*
(*cámara de aire = air chamber*)

cámara vídeo (nf) *video camera*

camarera (nf) *maid (in hotel); waitress*

camarero (nm) *waiter*

cambiar (v) *to change*

cambio (nm) *change*

camino (nm) *path, track; way (en el camino = on the way; en camino = starting out on a journey)*

camión (nm) *lorry, truck*

camioneta (nf) *van*
(*camioneta de reparto = delivery van*)

camiseta (nf) *T-shirt*

camisón de noche (nm) *nightdress*

campamento (nm) *camp*

campaña (nf) *campaign*

campeón (nm) *champion*

camping (nm) *campsite; camping*

campista (nm/nf) *camper*

campo (nm) *field; country(side); area*
(*campo de golf = golf course*)

caña de cerveza (nf) *glass of beer*

cancelar (v) *to cancel*

cáncer (nm) *cancer*

canción (nf) *song*

candidato (nm) *candidate*

canela (nf) *cinnamon*

canguro (nm) *babysitting*

cannabis (nm) *cannabis*

cansadísimo (adj) *very tired*

cansado (adj) *tired*

cansancio (nm) *tiredness*

Cantabria (nf) *Cantabria*

cantar (v) *to sing*

cantautor/ora (nm/nf) *singer-songwriter*

cantera (nf) *quarry*

cantero (nm) *quarryman*

cantidad (nf) *quantity*

cantimplora (nf) *water bottle, canteen*

caos (nm) *chaos*

caótico (adj) *chaotic*

capacidad (nf) *capacity*

capaz (adj) *capable*

cara (nf) *face*

caracol (nm) *snail*

carácter (nm) *character*

característica (nf) *characteristic*

caramelo (nm) *sweet*

caravana (nf) *caravan*

carbono (nm) *carbon*

cárcel (nf) *prison*

cargar (v) *to load*

cariado (adj) *decayed*

Caribe (nm) *Caribbean*

cariño (nm) *dear, darling*

cariñoso (adj) *affectionate*

carne (nf) *meat*

carnet de conducir (nm) *driving licence*

carnicería (nf) *butcher's shop*

caro (adj) *expensive*

carpeta (nf) *wallet file, document wallet*

carrera (nf) *race; career*

carretera (nf) *road*

carril de bici (nm) *cycle track (alongside a road)*

carta (nf) *letter*

carta (nf): a la carta *à la carte*

cartera (nf) *schoolbag; wallet*

cartón (nm) *cardboard*

casa (nf) *house (en casa = at home)*

casado (adj) *married*

cascabel (nm) *little bell*

casco (nm) *helmet*

casete (nm) *cassette*

casi (adv) *almost*

casilla (nf) *box (on form)*

caso (nm) *case*

caso: hacer caso a *to listen to*

castellano (nm, adj) *Castilian*

catálogo (nm) *catalogue*

catastrófico (adj) *catastrophic*

catedral (nf) *cathedral*

católico (adj) *Catholic*

catorce *fourteen*

catarro (nm) *cold*

causa (nf) *cause*

cazador/ora (nm/nf) *hunter*

CD (nm) *compact disc, CD*

cebolla (nf) *onion*

celebración (nf) *celebration*

celebrar (v) *to celebrate*

celebrarse (v) *to be celebrated*

celoso (adj) *jealous*

cena (nf) *evening meal*

cenar (v) *to have the evening meal*

central (adj) *central*

centro (nm) *centre*

cerámica (nf) *pottery, ceramics*

cerca (adv) *near (cerca de = near to)*

cercano (adj) *close, near*

cerdo (nm) *pig*

cereales (nmpl) *cereal(s)*

cerilla (nf) *match (for lighting fire)*

cero *zero*

cerrado (adj) *closed*

cerrajero/a (nm/nf) *locksmith*

cerrar (ie) (v) *to close*

certificado (nm) *certificate*

cerveza (nf) *beer*

champiñón (nm) *mushroom*

champú (nm) *shampoo*

chándal (nm) *tracksuit*

chaqueta (nf) *jacket*

charcutería (nf) *delicatessen (selling cooked meats)*

charlar (v) *to chat*

cheque (nm) *cheque (cheque de viajero = traveller's cheque)*

chequeo (nm) *check-up*

chica (nf) *girl*

chico (nm) *boy*

chillar (v) *to scream*

chino (nm, adj) *Chinese*

chocar (v) *to crash (chocar con = to crash into)*

chocolate (nm) *chocolate*

chorizo (nm) *highly spiced pork sausage*

chorlito (nm) *plover (bird)*

chubasco (nm) *shower (of rain)*

chulo (adj) *cocky*

ciclismo (nm) *cycling*

ciclista (nm/nf) *cyclist*

ciclomotor (nm) *moped*

ciego (adj) *blind*

ciego/a (nm/nf) *blind man/woman*

cielo (nm) *sky*

cien (see ciento)

ciencia, ciencias (nf, nfpl) *science*

ciencia-ficción (nf) *science fiction*

científico/a (nm/nf) *scientist*

ciento *(one) hundred (see Grammar information)*

cierto (adj) *certain*

cigarrillo (nm) *cigarette*

cinco *five*

cincuenta *fifty*

cine (nm) *cinema*

cinta (nf) *tape*

cinturón (nm) *belt*

cinturón de seguridad (nm) *seatbelt*

circuito de ciclismo (nm) *cycle track*

circulación (nf) *traffic*

circular (v) *to drive (on the right/left); to run; to move; to walk*

circunspecto (adj) *reserved*

circunstancias (nfpl) *circumstances*

cita (nf) *appointment*

ciudad (nf) *city*

ciudadano/a (nm/nf) *citizen*

civil (adj) *civil*

claro (adj) *clear, obvious*

¡claro! *of course!*

clase (nf) *class, lesson; kind, sort*

clásico (adj) *classic*

clasificación (nf) *sorting, classification*

clasificar (v) *to sort, classify*

clavel (nm) *carnation*

cliente (nm/nf) *customer*

clima (nm) *climate*

cobro revertido (nm) *reverse charge call (a cobro revertido = reverse-charge)*

cocaína (nf) *cocaine*

coche (nm) *car*

cocina (nf) *kitchen; cuisine (style of cooking)*

cocinar (v) *to cook*

código (nm) *code*

coger (v) *to catch; to take*

coincidencia (nf) *coincidence*

coincidir (v) *to coincide*

cola (nf) *queue*

colchón neumático (nm) *air mattress*

cole (= colegio) *school*

coleccionar (v) *to collect (as a hobby)*

colegiado (adj) *registered*

colegio (nm) *school*

colegio mayor (nm) *hall of residence*

colgar (ue) (v) *to hang (up) (¡no cuelgue! = hold the line!)*

colisionar (v) *to crash, collide*

Colombia (nf) *Colombia*

colombiano (nm, adj) *Colombian*

colonia (nf) *cologne, toilet water*

color (nm) *colour*

colorado (adj) *red*

columna (nf) *column*

coma (nf) *comma; point (uno coma cinco = one point five)*

comarca (nf) *area*

combinar (v) *to combine*

comedor (nm) *dining room*

comentar (v) *to comment on*

comentario (nm) *commentary*

comenzar (v) *to begin*

comer (v) *to eat*

comercial (adj) *commercial*

comestibles (nmpl) *food*

cometer (v) *to commit; to make (a mistake)*

comida (nf) *food, meal*

comisaría (nf) *police station*

comisión (nf) *commission*

¿cómo? (adv) *how?*

como *how; as*

compañero/a (nm/nf) *friend*

compañero/a de clase (nm/nf) *classmate*

compañía (nf) *company*

comparar (v) *to compare*

compartir (v) *to share*

compasivo (adj) *compassionate*

compatriota (nm/nf) *countryman/woman*

competitivo (adj) *competitive*

complejo (adj) *complex*

complementario (adj) *complementary*

completamente (adv) *completely*

completar (v) *to complete*

completo (adj) *complete (por completo = completely)*

complicarse (v) *to be involved (different factors)*

comportarse (v) *to behave*

compositor/ora (nm/nf) *composer*

compra (nf) *purchase*

comprar (v) *to buy*

compras (nfpl) *shopping*

comprender (v) *to understand*

comprobar (ue) (v) *to check*

comprometer (v) *to jeopardize (health)*

compromiso (nm) *obligation, commitment*

comunicar (v): está comunicando *it's engaged (phone)*

comunidad (nf) *community*

con (prep) *with*

concejal/ala (nm/nf) *town councillor*

concentrado (adj) *concentrated*

concentrar (v) *to concentrate*

concentrarse (v) *to be concentrated*

concertar (ie) (v) *to arrange (meeting)*

concha (nf) *shell*

concierto (nm) *concert*

concreto (adj) *concrete*

concurso (nm) *competition*

condición (nf) *condition*

condicional (nm) *conditional*

condiciones (nfpl) *terms (of job)*

conducir (v) *to drive*

conductor (nm) *driver*

conejo (nm) *rabbit*

confeccionar (v) *to make (dresses)*

confesar (ie) (v) *to confess*

confianza (nf) *confidence*

confianza en sí mismo (nf) *self-confidence*

confidencialidad (nf) *confidentiality*

conflicto (nm) *conflict*

confuso (adj) *confused*

congestión (nf) *congestion*

congestionado (adj) *congested*

congregar (v) *to bring together*

conmigo *with me*

conocer (v) *to know; to meet*

conocerse (v) *to meet*

conocido (adj) *well-known*

conocimiento (nm) *knowledge*

consciente (adj) de *aware of*

consecuencia (nf) *consequence*

conseguir (i) (v) *to achieve, get*

consejero/a (nm/nf) *adviser*

consejo, consejos (nm, nmpl) *advice*

conservación (nf) *preservation, protection*

conservar (v) *to keep*

considerar (v) *to consider*

consigna de equipajes (nf) *left-luggage office*

consistir (v) en *to consist of*

consolidar (v) *to strengthen*

consolidarse (v) como *to become confirmed as*

constituir (v) *to constitute*

consulta (nf) *(doctor's) surgery*

consultar (v) *to consult*

consumidor/ora (nm/nf) *consumer*

consumir (v) *to consume*

consumo (nm) *consumption*

contabilidad (nf) *accountancy*

contable (nm/nf) *accountant*

contactar (v) *to make contact*

contacto (nm) *contact*

contaminación (nf) *pollution*

contaminar (v) *to pollute*

contar (ue) (v) *to tell (about)*

contar (ue) (v) con *to rely on; to have, contain*

contenedor (nm) *container*

contenido (nm) *content(s)*

contento (adj) *happy*

contestador automático (nm) *answering machine*

contestar (v) *to answer*

contigo *with you*

continente (nm) *continent*

continuar (v) *to continue*

continuo (adj) *continuous*

contra (prep) *against* (en contra de = opposed to)

contratar (v) *to take on, employ*

contrato (nm) *contract*

controlar (v) *to inspect, check*

controles (nmpl) *controls, checks*

convencer (v) *to convince*

convenir (ie) (v) *to be suited to, be suitable (for)*

conversación (nf) *conversation*

coñac (nm) *brandy, cognac*

copa (nf) *glass, drink*

copiar (v) *to copy*

corazón (nm) *heart*

corbata (nf) *tie (necktie)*

cordero (nm) *lamb*

correcto (adj) *correct*

corregir (i) (v) *to correct*

Correos *Post Office*

correr (v) *to run*

corresponder (v) *to correspond*

correspondiente (adj) *corresponding*

corresponsal (nm/nf) *penpal*

corrida (de toros) (nf) *bullfight*

cortar (v) *to cut*

cortesía (nf) *politeness*

corto (adj) *short*

cosa (nf) *thing*

cosmética (nf) *cosmetics*

cosmético (nm) *cosmetic*

costa (nf) *coast*

costar (ue) (v) *to cost (me cuesta = I find it difficult); (cuesta tiempo = it takes time)*

coste (nm) *cost*

cota (nf) *height above sea level*

creación (nf) *creation*

crear (v) *to create*

creer (v) *to believe; to think*

crimen (nm) *crime*

crisis (nf) *crisis*

cristal (nm) *glass*

crítico/a (nm/nf) *critic*

croqueta (nf) *croquette*

cruce (nm) *crossroads, junction*

cruzar (v) *to cross*

cruel (adj) *cruel*

crueldad (nf) *cruelty*

cuaderno (nm) *exercise book*

cuadro (nm) *picture (painting)*

cual (adj) *which*

¿cuál? (adj) *which?*

cualidad (nf) *quality*

cualquier (adj) *any*

cuando *when*

¿cuándo? *when?*

cuanto *how much*

cuanto: en cuanto a *as regards*

¿cuánto? *how much?*

cuantos *how many*

¿cuántos? *how many?*

cuarenta *forty*

cuarteto (nm) *quartet*

cuarto (nm) *room; quarter;* (adj) *fourth*

cuatro *four*

cuatrocientos *four hundred*

cubrir (v) *to cover; to fill (post)*

cucharada (nf) *spoonful*

cucharadita (nf) *teaspoonful*

cuchillo (nm) *knife*

cuenta (nf): darse cuenta de *to realise;* tener en cuenta *to bear in mind*

cuento (nm) *story, tale*

cuerda (nf) *string*

cuero (nm) *leather*

cuerpo (nm) *body*

cuesta (nf) *slope*

cuestión (nf) *question; matter* (es cuestión de = you have to do)

cuestionario (nm) *questionnaire*

cueva (nf) *cave*

cuidado (nm) *care* (tener cuidado = to be careful)

¡cuidado! *be careful!, watch out!*

cuidar (v) de *to look after, care for*

cuidarse (v) *to take care (of oneself)*

culpa (nf) *blame, fault*

cultura (nf) *culture*

cultural (adj) *cultural*

cumpleaños (nm) *birthday*

cumplir (v) *to fulfil, carry out*

curado (adj) *mature (cheese)*

curar (v) *to cure, treat*

curioso (adj) *curious*

currículum (vitae) (nm) *curriculum vitae, CV*

curso (nm) *course* (curso de empresariales = business studies course)

curva (nf) *bend (in road)*

d

dañar (v) *to harm*

dañino (adj) *harmful*

daño (nm) *harm* (hacerse daño = to hurt yourself)

dar (v) *to give; to go for (walk, ride)* (dar de comer a = to feed)

darse (v): se me da bien/mal *I'm good/bad at*

datos (nmpl) *data*

de (prep) *of; from*

debajo (adv) *below* (debajo de = under, below)

debate (nm) *debate*

deber (v) *to have to; to owe*

deberes (nmpl) *homework*

debido a (prep) *because of*

decalaje (nm) *time lag, interval*

decepcionado (adj) *disappointed*

decidir (v) *to decide*

decidirse (v) *to make up one's own mind*

décimo (adj) *tenth*

decir (i) (v) *to say* (es decir = that is)

decirse (i) (v): ¿cómo se dice...? *how do you say...?*

decisión (nf) *decision*

declaración (nf) *declaration; statement*

declarar (v) *to declare*

decrecer (v) *to decrease*

decreto (nm) *decree*

dedicación exclusiva (nf) *full-time commitment*

dedicarse (v) *to devote yourself*

dedo (nm) *finger* (dedos del pie = toes)

defender (ie) (v) *to defend*

defensa (nf) *defence*

definición (nf) *definition*

definir (v) *to define*

degeneración (nf) *degeneration*

dejar (v) *to leave; to let; to stop doing something*

dejarse llevar (v) *to drift*

del (= de + el) *of the; from the (see Grammar information)*

delante (adv) *in front, in the front* (delante de = in front of)

delantero/a (nm/nf) *forward*

delicado (adj) *delicate*

delicioso (adj) *delicious*

delineante (nm/nf) *draughtsman/woman*

delito (nm) *crime*

demanda (nf) *demand*

demás (adj) *rest of (lo demás = the rest*

demasiado (adv) *too; too much*

demencia (nf) *dementia*

¡Demonios! *Good heavens!*

demostrar (ue) (v) *to demonstrate, show*

denso (adj) *heavy (text)*

dentadura postiza (nf) *false teeth*

dentista (nm/nf) *dentist*

dentro (adv) *inside (dentro de = inside;*

dentro de veinte minutos = in twenty minutes)

denunciar (v) *to denounce*

departamento (nm) *department*

depender (v) de *to depend on*

dependiente (nm) *shop assistant*

dependienta (nf) *shop assistant*

deporte (nm) *sport*

deportivo (adj) *sporty*

depósito (nm) *warehouse; (petrol) tank*

deprimido (adj) *depressed*

derecha (nf) *right (a la derecha = on/to the right)*

derecho (adj) *right; (nm) law; right*

derecho laboral (nm) *labour law*

derramar (v) *to spill*

desafortunadamente (adv) *unfortunately*

desagradable (adj) *unpleasant*

desaparecer (v) *to disappear*

desarrollar (v) *to develop*

desastre (nm) *disaster*

desastroso (adj) *disastrous*

desayunar (v) *to have breakfast*

desayuno (nm) *breakfast*

descansar (v) *to rest*

describir (v) *to describe*

descripción (nf) *description*

descubrir (v) *to discover*

descuento (nm) *discount*

descender (ie) (v) *to go down*

desde (prep) *since; from*

desear (v) *to wish; to want*

desenfrenado (adj) *uncontrolled*

desfavorable (adj) *unfavourable*

desfilar (v) *to parade, march*

desfile de moda (nm) *fashion parade*

desgarrado (adj) *torn*

desgracia: por desgracia (adv) *regrettably*

desgraciadamente (adv) *regrettably*

desierto (nm) *desert*

designar (v) *to designate*

desilusionado (adj) *disappointed, disillusioned*

desodorante (nm) *deodorant*

desorden (nm) *disorder, mess*

despacho (nm) *office, study*

despedida (nf) *goodbye*

despedirse (i) (v) de *to say goodbye to*

despejado (adj) *clear (skies)*

despertarse (ie) (v) *to wake up*

despreocupado (adj) *happy-go-lucky*

después (adv) *after (después de = after)*

destino (nm) *destination*

destreza (nf) *skill*

destruir (v) *to destroy*

desventaja (nf) *disadvantage*

desviarse (v) *to take a detour*

detalle (nm) *detail*

detective (nm/nf) *detective*

detener (ie) (v) *to arrest*

detenerse (ie) (v) *to stop*

detonador (nm) *detonator*

detrás (adv) *behind (detrás de = behind)*

deuda (nf) *debt*

deudor/ora (nm/nf) *debtor*

devolver (ue) (v) *to return, give back; to refund (money)*

día (nm) *day (buenos días = good morning, hello)*

diablo (nm) *devil*

diálogo (nm) *dialogue*

diamante (nm) *diamond*

diario (adj) *daily; (nm) diary*

dibujar (v) *to draw*

dibujo (nm) *drawing*

diccionario (nm) *dictionary*

dicho (adj) *said*

diciembre (nm) *December*

dictador (nm) *dictator*

dieta (nf) *diet*

diez *ten*

diecinueve *nineteen*

dieciocho *eighteen*

dieciséis *sixteen*

diecisiete *seventeen*

diferencia (nf) *difference*

diferente (adj) *different*

difícil (adj) *difficult*

dificuldad (nf) *difficulty*

dificultar (v) *to make difficult*

dígame *hello (on phone)*

digestivo (adj) *digestive*

dinero (nm) *money*

Dios (nm) *God*

diputado/a (nm/nf) *MP*

dirección (nf) *direction; address; management*

directamente (adv) *directly*

directo (adj) *direct*

director/ora (nm/nf) *headmaster/headmistress*

dirigirse (v) a *to write/apply to (eg, for job)*

disc-jockey (nm) *disc jockey*

disco (nm) *(music) disc, album*

discoteca (nf) *discothèque*

discreción (nf) *discretion*

disculpa (nf) *excuse, apology*

disculparse (v) con *to apologise to*

discusión (nf) *discussion*

diseñador/ora (nm/nf) *designer*

diseñar (v) *to design*

diseño (v) *design*

disponer (v) de *to have*

disponibilidad (nf) *availability*

disposición (nf) *ability; willingness*

distancia (nf) *distance*

distintivo (adj) *distinctive*

distinto (adj) *different; various*

distribución (nf) *distribution*

distribuidor *distributor; vending machine*

distribuir (v) *to distribute, hand out*

divertido (adj) *funny (amusing)*

divertirse (ie) (v) *to enjoy yourself*

dividir(se) (v) *to divide*

doble (adj) *double*

doce *twelve*

doctorado (nm) *doctorate*

documentación (nf) *documentation*

documento (nm) *document*

dólar (nm) *dollar*

doler (ue) (v) *to hurt*

dolor (nm) *pain, ache*

dolor de cabeza (nm) *headache*

doloroso (adj) *painful*

domicilio (nm) *address*

dominación (nf) *domination*

dominar (v) *to dominate*

domingo (nm) *Sunday*

don (nm) *Mr*

donde *where*

¿dónde? *where?*

doña (nf) *Mrs*

dorado (adj) *golden, gold*

dormilón (adj) *sleepy*

dormilón/ona (nm/nf) *sleepyhead*

dormir (ue) (v) *to sleep*

dormirse (ue) (v) *to fall asleep*

dormitorio (nm) *bedroom*

dos *two*

doscientos *two hundred*

dotes (nfpl) *talent*

droga (nf) *drug*

drogadicción (nf) *drug addiction*

drogadicto/a (nm/nf) *drug addict*

ducha (nf) *shower*

ducharse (v) *to take a shower*

duda (nf) *doubt*

dudar (v) *to doubt*

dulce (adj) *sweet; soft*

duración (nf) *duration*

durante *during*

durar (v) *to last*

duro (adj) *hard*

e

e *and*
echar (v) *to put in (petrol)*
echar (v) de menos a *to miss*
económico (adj) *economic; economical*
edad (nf) *age*
edema (nm) *oedema*
edición (nf) *edition*
edificio (nm) *building*
educación (nf) *education*
EE.UU (= Estados Unidos) *USA*
efectivamente (adv) *indeed*
efecto (nm) *effect*
egoísta (adj) *selfish*
ejemplo (nm) *example*
ejercer (v) *to exercise*
ejercicio (nm) *exercise*
el *the (see Grammar information)*
él *he (see Grammar information)*
elaborar (v) *to make (up)*
electrónico (adj) *electronic*
elegante (adj) *elegant*
elegir (i) (v) *to choose*
elemento (nm) *element*
eliminar (v) *to eliminate*
ella *she (see Grammar information)*
embellecimientos (nmpl) *embellishments*
embrague (nm) *clutch*
emisora (nf) *radio/television station*
emitir (v) *to broadcast (programme)*
emoción (nf) *emotion*
emocionante (adj) *exciting*
emparejar (v) *to pair up, match up*
empaste (nm) *filling*
empeñar (v) *to pawn*
empezar (ie) (v) *to begin*
emplazamiento (nm) *site*
empleado/a (nm/nf) *employee*
empleo (nm) *job; use*
empresa (nf) *company*
empresarial (adj) *business (estudios empresariales = business studies)*
en (prep) *in*
enamorarse (v) de *to fall in love with*

encantador (adj) *delightful*
encantar (v) *to delight (me encanta = I love, I like very much)*
encarcelado (adj) *imprisoned*
encargado (adj) de *responsible for*
encargado/a (nm/nf) *person responsible; manager (of branch)*
encargar (v) *to order*
encargo (nm) *order*
encender (ie) (v) *to switch on*
encerrar (ie) (v) *to shut up, lock up*
encima (adv) *on top of; above (encima de = above)*
encogerse (v) *to shrink*
encontrar (ue) (v) *to find*
encontrarse (ue) (v) *to meet*
encuesta (nf) *survey*
endurecerse (v) *to harden*
energía (nf) *energy*
enero (nm) *January*
enfadado (adj) *angry, annoyed*
enfadarse (v) *to become angry*
énfasis (nm) *emphasis*
enfermedad (nf) *illness, disease*
enfermero/a (nm/nf) *nurse*
enfermo (adj) *ill, sick*
enfermos (nmpl) *sick people*
enfocar (v) *to focus*
enfrentarse (v) *to confront*
enfrente (adv) *opposite (enfrente de = opposite)*
engañar (v) *to deceive*
engordar (v) *to put on weight*
enorme (adj) *huge*
ensalada (nf) *salad*
ensayo (nm) *rehearsal, trial*
enseñanza (nf) *education*
entender (ie) (v) *to understand*
entenderse (ie) (v) con *to get on with*
enterarse (v) *to find out*
entidad (nf) *firm, company*
entidad bancaria (nf) *bank*
entonces (adv) *then, so*
entorno (nm) *surroundings*
entrada (nf) *entrance*

entre (prep) *between*
entrega (nf) *delivery*
entregar (v) *to deliver*
entrenamiento (nm) *training*
entrenarse (v) *to train*
entrevista (nf) *interview*
entrevistar (v) *to interview*
entusiasmado (adj) *enthusiastic*
entusiasmar (v) *to fill with enthusiasm*
enviar (v) *to send*
época (nf) *period*
equilibrio (nm) *balance*
equipaje (nm) *luggage*
equiparse (v) *to equip yourself*
equipo (nm) *team*
equivalente (adj) *equivalent*
equivocado (ad) *wrong*
equivocarse (v) de *to make a mistake about*
error (nm) *mistake, error*
escalera (nf) *stairs, staircase*
escapar(se) (v) *to escape, run away*
Escocia (nf) *Scotland*
escoger (v) *to choose*
escolar (adj) *school; (nm/nf) pupil, student*
escribir (v) *to write*
escritorio (nm) *desk*
escrito (adj) *written*
escuchar (v) *to listen (to)*
escuela (nf) *school*
escuela primaria (nf) *primary school*
ése *that one (see Grammar information)*
esencial (adj) *essential*
esférico (adj) *spherical*
esfuerzo (nm) *effort*
eslogan (nm) *slogan*
eso (adj) *that (see Grammar information)*
espacio (nm) *gap, space*
espaguetis (nmpl) *spaghetti*
España (nf) *Spain*
español (nm, adj) *Spaniard, Spanish*
especial (adj) *special*
especialidad (nf) *speciality*
especialista (nm/nf) *specialist*
especializado (adj) *specialised*
especie (nf) *species*
esperanza (nf) *hope*

esperar (v) *to wait, wait for; to hope*
espléndido (adj) *splendid*
esposa (nf) *wife*
esquina (nf) *corner*
esta (adj) *this (see Grammar information)*
ésta *this one (see Grammar information)*
establecer (v) *to establish*
estación (nf) *station; season*
estación de servicio (nf) *service station*
estadio (nm) *stadium*
estadística (nf) *statistic; statistics*
estado civil (nm) *marital status*
Estados Unidos (nmpl) *United States*
estante (nm) *shelf*
estar (v) *to be (see Grammar information)*
estatua (nf) *statue*
estatura (nf) *height*
este (adj) *this (see Grammar information)*
este (nm) *east*
éste *this one (see Grammar information)*
estereotipo (nm) *stereotype*
estilo (nm) *style*
Estimado (adj) *Dear… (in semi-formal letters)*
esto *this (see Grammar information)*
estómago (nm) *stomach*
estorbos (nmpl): sin estorbos *without being disturbed*
estrategia (nf) *strategy*
estrecho (adj) *narrow; tight*
estresado (adj) *stressed out*
estribillo (nm) *chorus*
estricto (adj) *strict*
estropear (v) *to ruin; to damage*
estruendo (nm) *din, racket*
estuche (nm) *pencil case*
estudiante (nm/nf) *student*
estudiar (v) *to study*
estudio (nm) *study*
estupendo (adj) *superb, great*
eterno (adj) *eternal*
etiqueta (nf) *price tag; label*
Europa (nf) *Europe*

europeo (nm, adj) *European*
evitar (v) *to avoid*
exactamente (adv) *exactly*
examen (nm) *examination*
excelencia (nf) *excellence*
excelente (adj) *excellent*
exceso (nm) *excess*
excluir (v) *to exclude*
excursión (nf) *trip*
excusa (nf) *excuse*
exigir (v) *to demand*
existencia (nf) *existence*
éxito (nm) *success (tener éxito = to be successful)*
experiencia (nf) *experience*
experimentación (nf) *experimentation*
experimental (adj) *experimental*
experimentar (v) *to experiment*
experimento (nm) *experiment*
experto/a (nm/nf) *expert*
explicación (nf) *explanation*
explicar (v) *to explain*
explotación (nf) *exploitation*
explotar (v) *to exploit*
exposición (nf) *exhibition; presentation*
expresar (v) *to express*
expresión (nf) *expression*
extenderse (ie) (v) *to stretch (out)*
extinción (nf) *extinction*
extra (adj) *extra*
extranjero (adj) *foreign; (nm) abroad (en el extranjero = abroad)*
extranjero/a (nm/nf) *foreigner*
extraordinario (adj) *extraordinary*
extravagante (adj) *extravagant*

f

fabada (nf) *stew made of beans and pork*
fábrica (nf) *factory*
fabricación (nf) *manufacturing*
fachada (nf) *façade*
fácil (adj) *easy*

facilitar (v) *to make easier, facilitate*
fácilmente (adv) *easily*
factor (nm) *factor*
factura (nf) *bill, invoice*
Facultad (nf) *Faculty*
falda (nf) *skirt*
falso (adj) *false*
falta (nf) *lack (por falta de = through lack of)*
falta: hace falta *it is necessary*
faltar (v) *to lack, be missing*
familia (nf) *family*
familiar (nm/nf) *relation, family member*
famoso (adj) *famous*
fantástico (adj) *fantastic*
farmacéutico (adj) *pharmaceutical*
farmacia (nf) *chemist's*
faro (nm) *headlight (on car etc); lighthouse*
farola (nf) *lamppost*
fascinante (adj) *fascinating*
fastidiar (v) *to bother, pester*
fatal (adj) *awful*
fauna (nf) *fauna*
favor (nm) *favour (a favor de = in favour of)*
favorecedor (adj) *favourable*
favorito (adj) *favourite*
febrero (nm) *February*
fecha (nf) *date*
fecha tope (nf) *deadline*
felicidad (nf) *happiness*
fenomenal (adj) *terrific*
feo (adj) *ugly*
ferrocarril (nm) *railway*
fiable (adj) *reliable*
ficha (nf) *(index) card; slip*
fiebre (nf) *fever, temperature*
fiesta (nf) *party; festival*
figura (nf) *figure*
fijarse (v) *to notice*
¡fíjate! *just imagine!*
fijo (adj) *fixed*
filete (nm) *steak*
filial (adj) *subsidiary*
fin (nm) *end (por fin = finally) (al fin y al cabo = at the end of the day)*
final (adj) *final; (nm) end*
finalizar (v) *to finish*
fin de semana (nm) *weekend*
fino (adj) *fine*

firma (nf) *signature*
física (nf) *physics*
físico (adj) *physical*
físicamente (adv) *physically*
flamenco (nm) *flamenco (dancing)*
flan (nm) *crème caramel*
flor (nf) *flower*
flora (nf) *flora*
fluido (adj) *fluent (language)*
folleto (nm) *leaflet*
forma (nf) *form; shape (en forma = fit, in good shape) (de todas formas = in any case)*
formación (nf) *education; training*
formación profesional (nf) *vocational training*
forma física (nf) *fitness*
formal (adj) *formal*
formar (v) *to form; to shape; to train*
formarse (v) *to be educated*
fórmula (nf) *formula*
formular (v) *to make (a complaint)*
formulario (nm) *form (to complete)*
foto(grafía) (nf) *photo(graph)*
fotógrafo (nm) *photographer*
fragancia (nf) *fragrance*
francés (nm, adj) *French*
frase (nf) *sentence, phrase*
frecuencia (nf) *frequency*
freír (i) (v) *to fry*
frenar (v) *to brake*
frente a *opposite*
fresa (nf) *strawberry*
fresco (adj) *cool*
fresón (nm) *large strawberry*
frío (adj) *cold (tengo frío = I'm cold)*
frito (adj) *fried*
frondoso (adj) *leafy*
frontera (nf) *border*
frustrado (adj) *frustrated*
fruta (nf) *fruit*
fuego (nm) *fire*
fuente (nf) *fountain*
fuera (adv) *outside (fuera de = outside)*
fuerte (adj) *strong; loud (sound) (fuerte en = good at)*

fumador (adj) *smoking (seat, compartment etc)*
fumador/ora (nm/nf) *smoker*
fumar (v) *to smoke*
función (nf): en función de *in keeping with*
funcionar (v) *to work (of machine etc)*
fundirse (v) *to melt, merge*
furiosamente (adv) *angrily*
furioso (adj) *angry*
fútbol (nm) *football*
futbolista (nm/nf) *football player*
futuro (nm) *future*

g

gafas (nfpl) *glasses, spectacles*
gafas de sol (nfpl) *sunglasses*
galés (nm, adj) *Welsh*
gallego (nm, adj) *Galician*
galleta (nf) *biscuit*
gama (nf) *range*
gamberro (nm) *lout, hooligan*
ganadería (nf) *livestock farming*
ganar (v) *to win; to earn (money)*
ganas (nfpl): tener ganas de *to feel like doing*
garaje (nm) *garage*
garantizar (v) *to guarantee*
garganta (nf) *throat*
gas (nm) *gas (agua con gas = carbonated water)*
gasolina (nf) *petrol*
gasolinera (nf) *petrol station*
gastar (v) *to spend; to waste*
gasto (nm) *expense, cost*
gastronomía (nf) *gastronomy*
gato (nm) *cat*
gazpacho (nm) *chilled vegetable soup*
gel de baño (nm) *bubble bath; shower gel*
generación (nf) *generation*
general (nm, adj) *general (en general = in general)*
generoso (adj) *generous*
genético (adj) *genetic*
gente (nf) *people*
geografía (nf) *geography*
geográfico (adj) *geographical*
gerente (nm/nf) *manager*

gimnasia (nf) *gymnastics, exercises*

gimnasio (nm) *gym, gymnasium*

girar (v) *to turn*

giro (nm) *turn*

gobernar (ie) (v) *to govern*

gol (nm) *goal (in football)*

golf (nm) *golf*

golpe (nm) *blow*

gordo (adj) *fat*

gota (nf) *drop*

grabar (v) *to record*

gracias *thank you*

gracioso (adj) *funny, amusing*

gráfico (adj) *graphic*

gramática (nf) *grammar*

gramo (nm) *gram, gramme*

gran (adj) *big*

Gran Bretaña (nf) *Great Britain*

grande (adj) *big; great*

grandeza (nf) *grandeur*

granjero/a (nm/nf) *farmer*

grasa (nf) *fat, grease*

gratificación (nf) *reward*

gratis (adj, adv) *free (of charge)*

gratuitamente (adv) *free (of charge)*

grave (adj) *serious*

gris (adj) *grey*

gritar (v) *to shout*

grosero (adj) *rude*

grupo (nm) *group*

grupo de música (nm) *band*

guapo (adj) *good-looking*

guardar (v) *to keep* (*guardar cama = to stay in bed*)

guardia del tráfico (nm/nf) *traffic warden*

guerra (nf) *war* (*dar guerra = to give problems*)

guía (nm/nf) *guide*

guía (nf) *guide(book); guidance*

guión (nm) *outline; script*

guisantes (nmpl) *peas*

guiso (nm) *stew*

guitarra (nf) *guitar*

guitarrista (nm/nf) *guitarist*

gustar (v) *to please* (*me gusta = I like*) (see Grammar information)

h

haber (v) *to have (see Grammar information)*

había *there was, there were*

habitación (nf) *room*

hábitat (nm) *habitat*

hábito (nm) *habit*

hablar (v) *to speak*

hace *ago (hace dos meses = two months ago)*

hacer (v) *to do; to make (see Grammar information);* *to be (of weather, eg hace frío/calor = it's cold/hot)*

hacerse (v) *to become*

hacia (prep) *towards (hacia atrás= back)*

hada (nf) *fairy*

hambre (nf) *hunger (tengo hambre = I'm hungry)*

hambriento (adj) *hungry*

Hamburgo (nm) *Hamburg*

hamburguesa (nf) *hamburger*

harina (nf) *flour*

harto (adj) *fed up*

hasta (prep) *until;* (adv) *even*

¡Hasta luego! *goodbye!, see you later!*

hay *there is, there are; (hay que = have to)*

hecho (adj) *done, made*

helado (nm) *ice cream*

helicóptero (nm) *helicopter*

heredero/a (nm/nf) *heir*

herida (nf) *injury, wound*

hermana (nf) *sister*

hermano (nm) *brother*

hermoso (adj) *beautiful*

héroe (nm) *hero*

heroína (nf) *heroin (drug)*

hierba (nf) *grass (see* mala)

higiene (nf) *hygiene*

hija (nf) *daughter*

hijo (nm) *son*

hipócrita (adj) *hypocritical*

historia (nf) *history; story*

historial (nm) *CV*

histórico (adj) *historical*

hogar (nm) *home (sin hogar = homeless)*

hoja (nf) *leaf; page, sheet of paper*

hoja de solicitud (nf) *application form*

¡Hola! *Hi!*

hombre (nm) *man*

honrado (adj) *honest*

hora (nf) *hour; time* (*hora punta = rush hour*)

horario (nm) *timetable*

horarios (nmpl) *times*

horizonte (nm) *horizon*

horrible (adj) *dreadful*

hospital (nm) *hospital*

hospitalario (adj) *hospitable*

hotel (nm) *hotel*

hoy (adv) *today (hoy en día = nowadays)*

huevo (nm) *egg*

humanidad (nf) *humanity*

humanidades (nfpl) *humanities*

humano (adj) *human;* (nm) *human being*

humedad (nf) *humidity*

humo (nm) *smoke; fumes*

humor (nm) *humour*

¡Huy! *Wow!; Ouch!*

i

ida y vuelta *return (ticket)*

idea (nf) *idea*

ideal (adj) *ideal*

identificar (v) *to identify*

idioma (nm) *language*

idiota (nm/nf) *idiot*

iglesia (nf) *church*

igual (adj) *equal (igual que = just like)*

igualmente (adv) *equally, also*

ilegal (adj) *illegal*

iluminar (v) *to light up*

ilusión (nf) *hope; illusion; wishful thinking; excitement (me hace mucha ilusión = I'm really glad)*

ilusionar (v) *to excite*

ilustración (nf) *picture*

imagen (nf) *picture*

imaginar(se) (v) *to imagine*

imbécil (adj) *stupid*

impaciente (adj) *impatient*

impedir (i) (v) *to prevent*

imperfecto (nm) *imperfect*

impermeable (nm) *raincoat;* (adj) *waterproof*

importancia (nf) *importance*

importante (adj) *important; considerable*

importar (v) *to matter, be important; to import (goods)*

imposible (adj) *impossible*

imprescindible (adj) *indispensable*

impresión (nf) *impression; printing*

impresionante (adj) *impressive*

impresora (nf) *printer*

impuesto (nm) *tax (tienda libre de impuestos = duty-free shop)*

inca (adj, nm/nf) *Inca*

incapaz (adj) *incapable, unable*

incidente (nm) *incident*

incluir (v) *to include*

incluso (adv) *even*

inconveniente (nm) *disadvantage*

incorporar (v) *to add, incorporate*

incorrecto (adj) *incorrect*

increíble (adj) *incredible*

indefinido (adj) *permanent (contract)*

independencia (nf) *independence*

independiente (adj) *independent*

indicación (nf) *signal*

indicación de giro (nf) *turning signal*

indicar (v) *to indicate, show*

indio (nm, adj) *Indian*

individual (adj) *individual*

industrial (adj) *industrial*

inestabilidad (nf) *instability*

infeliz (adj) *unhappy*

inferior (adj) *lower*

infinitivo (nm) *infinitive*

información (nf) *information*

informar (v) *to inform*

informarse (v) *to get information, find out*

informática (nf) *computer science*

informático (adj) *computer*

informativo (adj) *news (service)*

ingeniería (nf) *engineering*

ingeniero/a (nm/nf) *engineer*

Inglaterra (nf) *England*

inglés (nm, adj) *English*

ingrato (adj) *ungrateful*

ingrediente (nm) *ingredient*

inicio (nm) *beginning*

inmediatamente (adv) *immediately*

inmenso (adj) *immense*

inmoral (adj) *immoral*

inmóvil (adj) *still, immobile*

innovación (nf) *innovation*

inoxidable (adj): acero inoxidable *stainless steel*

inquieto (adj) *restless*

inscripción (nf) *enrolment*

insistir (v) *to insist*

instalaciones (nfpl) *facilities*

insti (= instituto)

institución (nf) *institution*

instituto (nm) *secondary school*

instrucciones (nfpl) *instructions*

integración (nf) *integration*

intelectual (adj) *intellectual*

inteligencia (nf) *intelligence*

inteligente (adj) *intelligent*

intensamente (adv) *intensely*

intensivo (adj) *intensive*

intentar (v) *to try*

intercambio (nm) *exchange*

interés (nm) *interest*

interesados (nmpl) *interested parties*

interesante (adj) *interesting; attractive (salary)*

interesar (v) *to interest*

intermitente (nm) *indicator (on car etc)*

internacional (adj) *international*

interurbano (adj) *intercity*

introducción (nf) *introduction*

introvertido (adj) *introverted*

inundación (nf) *flood*

inútil (adj) *useless*

invernadero (nm) *greenhouse*

invertir (ie) (v) *to invest*

investigación (nf) *(scientific) research*

invierno (nm) *winter*

invitar (v) *to invite*

involucrarse (v) en *to get involved in*

inyección (nf) *injection*

inyectar (v) *to inject*

ir (v) *to go, to be going to (see Grammar information)*

irse (v) *to leave, go away*

irónico (adj) *ironic*

italiano (nm, adj) *Italian*

itinerario (nm) *itinerary*

IVA (nm) (= impuesto sobre el valor añadido) *VAT*

izquierda (nf) *left (a la izquierda = on/to the left)*

izquierdo (adj) *left*

j

jabón (nm) *soap*

jabón (nm) en polvo *soap powder*

jamás (adv) *never (see Grammar information)*

jamón (nm) *ham*

jamón serrano (nm) *cured ham*

jardín (nm) *garden*

jaula (nf) *cage*

jefe (nm) *boss*

jerez (nm) *sherry*

jersey (nm) *sweater*

jogging (nm) *jogging*

joven (adj) *young*; (nm/nf) *young man/woman*

jóvenes (nmpl) *young people*

jubilación (nf) *retirement*

jubilado (adj) *retired*

jubilado/a (nm/nf) *retired person, pensioner*

judo (nm) *judo*

jueves (nm) *Thursday*

jugar (ue) (v) *to play*

julio (nm) *July*

junio (nm) *June*

junta directiva (nf) *board of directors*

juntos (adj) *together*

jurar (v) *to swear*

jurídico (adj) *legal*

juvenil (adj) *youthful, young; of young people (revista juvenil = young people's magazine)*

juventud (nf) *youth*

k

kilo (nm) *kilo*

kilómetro (nm) *kilometre*

l

la *the (see Grammar information)*

laboratorio (nm) *laboratory*

laca (nf) *lacquer*

lácteo (adj) *dairy (product)*

lado (nm) *side (al lado de = next to, beside)*

lago (nm) *lake*

lágrima (nf) *tear*

lamentar (v) *to regret (lo lamento = I'm sorry)*

lámpara (nf) *lamp*

lápiz (nm) *pencil*

lápiz de ojos (nm) *eyeliner*

largo (adj) *long*

lástima (nf) *pity*

lata (nf) *tin*

lavadero (nm) *laundry room*

lavar(se) (v) *to wash (yourself)*

leal (adj) *loyal*

lección (nf) *lesson*

leche (nf) *milk*

leer (v) *to read*

legal (adj) *legal*

legislación (nf) *legislation*

lejos (adv) *far*

lengua (nf) *language*

lenguaje (nm) *language*

lentamente (adv) *slowly*

lentejas (nfpl) *lentils*

lento (adj, adv) *slow; slowly*

letra (nf) *letter; words (of song)*

letrado/a (nm/nf) *lawyer*

levantarse (v) *to get up*

ley (nf) *law*

leyenda (nf) *legend*

libertad (nf) *freedom*

libre (adj) *free*

libro (nm) *book*

licenciado/a (nm/nf) *graduate (ser licenciado en = to have a degree in)*

líder (adj) *leading (company)*

ligar (v) con *to chat up*

ligero (adj) *light*

limpiaparabrisas (nm) *windscreen wiper*

limpiar (v) *to clean*

limpiar (v) en seco *to dry-clean*

limpieza (nf) *cleaning (eg, in house, of teeth)*

limpio (adj) *clean*

línea (nf) *line*

lingüística (nf) *linguistics*

linterna (nf) *torch, flashlight*

lista (nf) *list*

listo (adj) *ready*

literatura (nf) *literature*

litro (nm) *litre*

llamada (nf) *(telephone) call*

llamar (v) *to call*

llamarse (v) *to be called*

llanta (nf) *tyre*

llave (nf) *key*

llave inglesa (nf) *adjustable spanner*

llegada (nf) *arrival*

llegar (v) *to arrive*

llenar (v) *to fill*

lleno (adj) *full*

llevar (v) *to carry; to wear*

llevarse bien (v) *to get on well*

llorar (v) *to cry*

lloroso (adj) *tearful*

llover (ue) (v) *to rain (llover a cántaros = to be raining cats and dogs)*

lluvia (nf) *rain*

lo *it (see Grammar information)*

locamente (adv) *madly*

loción (nf) *lotion*

loco (adj) *mad*

locura (nf) *madness*

lograr (v) *to manage to do, succeed in doing*

lomo (nm) *loin (cut of meat)*

longevo (adj) *long-lived*

luchar (v) *to struggle, fight*

luego (adv) *next, later*

lugar (nm) *place (en lugar de = instead of)*

lujo (nm) *luxury (de lujo = luxury)*

luminoso (adj) *brightly lit*

luna (nf) *moon*

luna de miel (nf) *honeymoon*

lunes (nm) *Monday*

luz (nf) *light (dar a luz = to give birth to)*

m

madera (nf) *wood*

madrastra (nf) *stepmother*

madre (nf) *mother*

madrileño (nm, adj) *(person) from Madrid*

madrugada (nf) *early hours of the morning*

madurez (nf) *maturity*

maestro/maestra (nm/nf) *primary schoolteacher*

magnífico (adj) *magnificent*

mal (adv) *badly*

mala hierba (nf) *weed*

mala suerte (nf) *bad luck*

maleta (nf) *suitcase*

maletero (nm) *boot (of car)*

malicioso (adj) *malicious*

malo (adj) *bad (lo malo = the bad thing)*

malsano (adj) *unhealthy*

maltrato (nm) *ill treatment*

mamá (nf) *mum*

mancha (nf) *stain*

manchego (nm, adj) *(person) from La Mancha*

mandar (v) *to send*

mandón (adj) *bossy*

manejo (nm) *use, control, handling*

manera (nf) *way, manner (de manera que = in a way that)*

manga (nf) *sleeve*

manifestación (nf) *demonstration (political); manifestation, evidence*

manifestante (nm/nf) *demonstrator;* (adj) *demonstrating*

manifestarse (v) *to become apparent (illness)*

manillar (nm) *handlebars*

mano (nf) *hand*

mantener (ie) (v) *to keep, maintain*

mantenerse (ie) (v) *to keep, maintain yourself*

mantequilla (nf) *butter*

manutención (nf) *maintenance*

manzana (nf) *apple*

mañana (nf) *morning;* (adv) *tomorrow*

mapa (nm) *map*

mapa de carreteras (nm) *road map*

maquillaje (nm) *make-up*

máquina (nf) *machine*

máquina de escribir (nf) *typewriter*

mar (nm) *sea*

maravilla (nf) *marvel*

marca (nf) *make, brand*

marcar (v) *to mark; to show; to score (goal); to dial (number)*

marcha (nf) *gear (in car)*

marcha: en marcha (adv) *on the move; up and running (poner en marcha = to set up (plan))*

marco (nm) *setting*

mareo (nm) *(travel) sickness*

marido (nm) *husband*

marinero (nm) *sailor;* (adj) *marine, of the sea*

marisco(s) (nm(pl)) *shellfish*

marginado (adj) *marginalised, on the fringes of society*

márketing (nm) *marketing*

marrón (adj) *brown*

martes (nm) *Tuesday*

marzo (nm) *March*

más (adv) *more; most (see Grammar information)*

más bien *rather*

matadero (nm) *slaughterhouse*

matar (v) *to kill*

matar a tiros (v) *to shoot (dead)*

matemáticas (nfpl) *maths*

materia (nf) *matter, material; subject*

matrícula (nf) *registration number*

máximo (nm, adj) *maximum*

mayo (nm) *May*

mayor (adj) *older; bigger; greater;* (nm/nf) *adult*

mayoría (nf) *majority*

me *me, to me (see Grammar information)*

mecánica (nf) *automotriz motor mechanics*

mecánico (nm) *mechanic;* (adj) *mechanical*

media (nf) *half (las cinco y media = half-past five)*

media luna (nf) *crescent*

mediante (prep) *by means of*

medianoche (nf) *midnight*

medicamento (nm) *medicine (to be taken)*

medicina (nf) *medicine (subject of study)*

médico (nm) *doctor;* (adj) *medical*

médico-legal (adj) *forensic*

medida (nf) *measure*

medida (nf): a la medida de *suitable for (a tu propria medida = to suit you)*

medio (adj) *half; average*

medio ambiente (nm) *environment*

mediocre (adj) *mediocre*

mediodía (nm) *midday*

medios (nmpl) *means*

meditación (nf) *meditation*

megaciudad (nf) *mega-city*

mejicano (nm, adj) *Mexican*

Méjico (nm) *Mexico*

mejillón (nm) *mussel*

mejor (adj, adv, nm/nf) *better; best (see Grammar information) (lo mejor = the best thing)*

mejorar (v) *to improve*

melocotón (nm) *peach*

melodioso (adj) *melodious*

memoria (nf) *memory*

mencionar (v) *to mention*

menor (adj) *younger*

menos (adv) *less (see Grammar information) (al menos = at least)*

menos mal que *it's just as well that*

mensaje (nm) *message*

mentira (nf) *lie (parece mentira = it seems incredible)*

mentiroso (adj) *untruthful*

menú (nm) *menu*

menudo (adj) *small; not much of (eg, menuda alternativa = not much of an alternative)*

menudo: a menudo (adv) *often*

mercado (nm) *market*

mercantil (adj) *commercial*

merecer (v) *to deserve*

merengue (nm) *meringue*

mermelada (nf) *jam*

mes (nm) *month*

mesa (nf) *table*

metálico (adj) *metal*

meteorológico (adj) *weather (conditions)*

meter (v) *to put (in)*

metro (nm) *underground; tube*

mezcla (nf) *mixture*

mezclado (adj) *mixed; mixed up*

mezclar (v) *to mix*

mi *my (see Grammar information)*

microbús (nm) *minibus*

micrófono (nm) *microphone*

miedo (nm) *fear (tengo miedo = I'm afraid/frightened)*

miembro (nm) *member*

mientras *while (mientras que = whereas)*

mientras tanto (adv) *meanwhile*

miércoles (nm) *Wednesday*

mil *(one) thousand*

militar (adj) *military*

millares (nmpl) *thousands*

millón *(one) million*

mina (nf) *mine; landmine*

mineral (nm, adj) *mineral*

mínimo (nm, adj) *minimum*

minuto (nm) *minute*

mío *mine; of mine (see Grammar information)*

mirar (v) *to look at, watch; to look*

miserable (adj) *miserable*

mismo (adj) *same (lo mismo = the same thing)*

misterio (nm) *mystery*

mixto (adj) *mixed*

mochila (nf) *rucksack*

mocita (nf) *young woman*

moda (nf) *fashion*

moderno (adj) *modern*

modista (nf) *fashion designer*

modo (nm) *way (de todos modos = anyway) (de modo que = in such a way that)*

módulo (nm) *module*

mojado (adj) *wet*

molecular (adj) *molecular*

molestar (v) *to annoy, bother*

molestia (nf) *nuisance*

momento (nm) *moment*

monarquía (nf) *monarchy*

moneda (nf) *coin*

monedero (nm) *purse*

mono (adj) *pretty; lovely*

monstruo (nm) *monster*

montador (nm) *fitter*

montaña (nf) *mountain*

montar (v) en *to get on, ride (bike etc)*

monte de piedad (nm) *pawnbroker's*

monumental (adj) *monumental, connected with monuments*

morir (ue) (v) *to die*

mortal (adj) *fatal*

mortalidad (nf) *mortality*

mosca (nf) *fly*

mosquito (nm) *mosquito*

mostrar (ue) (v) *to show*

moto (nf) *motorbike*

motocicleta (nf) *motorcycle*

moverse (ue) (v) *to move*

móvil (adj) *mobile*

muchedumbre (nf) *crowd*

muchísimo (adv) *a great deal;*

(adj) *very much; very many*

mucho (adj, adv) *a lot of; a lot; many; very*

mueble (nm) *furniture*

muela (nf) *back tooth, molar*

(dolor de muelas = toothache)

muerte (nf) *death*

muerto (adj) *dead*

mujer (nf) *woman*

mundial (adj) *world*

mundo (nm) *world*

muralla (nf) *(city) wall*

muro (nm) *wall*

museo (nm) *museum*

música (nf) *music*

músico/a (nm/nf) *musician*

muy (adv) *very*

Muy señor mío *Dear Sir (in formal letters)*

Muy señora mía *Dear Madam (in formal letters)*

n

nacer (v) *to be born*

nacimiento (nm) *birth*

nacional (adj) *national*

nada *nothing (see Grammar information)*

(de nada = don't mention it)

nadar (v) *to swim*

nadie *nobody (see Grammar information)*

naranja (nf) *orange*

naranjo (nm) *orange tree*

nariz (nf) *nose*

narrador/ora (nm/nf) *narrator*

nata (nf) *cream*

natación (nf) *swimming*

naturalmente (adv) *naturally, of course*

naturaleza (nf) *nature*

náuseas (nfpl) *nausea (tener náuseas = to feel sick)*

navaja (nf) *knife; penknife*

naval (adj) *naval*

Navidad (nf) *Christmas*

necesario (adj) *necessary*

necesidad (nf) *necessity, need*

necesitar (v) *to need*

negativo (adj) *negative*

negociar (v) *to negotiate*

negocio (nm) *business (shop etc)*

negocios (nmpl) *business (hombre/mujer de negocios = businessman/woman)*

negro (adj) *black*

nerviosamente (adv) *nervously*

nervioso (adj) *nervous*

neumático (nm) *tyre*

neumático de repuesto (nm) *spare tyre*

nevado (adj) *snow-covered*

nevar (ie) (v) *to snow*

nevera (nf) *refrigerator*

ni *not (even); neither, nor (see Grammar information)*

niebla (nf) *mist, fog*

nieto (nm) *grandson*

ningún (= ninguno)

ninguno *none; no (see Grammar information)*

niña (nf) *child (female)*

niñez (nf) *childhood*

niño (nm) *child (male)*

nivel (nm) *level*

no *no, not (see Grammar information)*

noble (adj) *noble*

noche (nf) *night* (buenas noches = good evening/night, hello)

nocivo (adj) *harmful*

nocturno (adj) *night* (vida nocturna = night life)

nombrado (adj) *appointed*

nombre (nm) *name*

norma (nf) *regulation*

normal (adj) *normal*

normalmente (adv) *normally*

norte (nm) *north*

nosotros *we (see Grammar information)*

nota (nf) *mark (for schoolwork, test); note*

noticia (nf) *(piece of) news*

noticias (nfpl) *news*

novecientos *nine hundred*

novela (nf) *novel*

noveno (adj) *ninth*

noventa *ninety*

novia (nf) *girlfriend*

noviembre (nm) *November*

novillo (nm): hacer novillos *to play truant*

novio (nm) *boyfriend*

nublado (adj) *cloudy*

núcleo (nm) *nucleus; centre; hub*

nuestro *our; ours (see Grammar information)*

Nueva York (nf) *New York*

nueve *nine*

nuevo (adj) *new*

nuevo: de nuevo (adv) *again*

número (nm) *number*

nunca (adv) *never (see Grammar information)*

o

obedecer (v) *to obey*

objetivo (nm) *objective, aim*

objeto (nm) *object*

obligatorio (adj) *compulsory*

obra (nf) *work (obras en la carretera = roadworks)*

observar (v) *to observe*

obsesionarse (v) *to become obsessed*

obtener (ie) (v) *to obtain*

ochenta *eighty*

ocho *eight*

ochocientos *eight hundred*

occidental (adj) *western*

octavo (adj) *eighth*

octubre (nm) *October*

ocupado (adj) *busy; engaged*

ocupar (v) *to occupy*

ocuparse (v) de *to be busy with, take care of*

ocurrir (v) *to happen, occur*

oeste (nm) *west*

ofendido (adj) *offended*

oferta (nf) *offer; activities*

ofertas de trabajo (nfpl) *job offers, situations vacant*

oficial (adj) *official;* (nm) *officer (in army)*

oficina (nf) *office*

Oficina de Turismo (nf) *Tourist Office*

ofrecer (v) *to offer*

ofrecerse (v) para *to offer to do*

oído (nm) *hearing; ear*

oír (v) *to hear*

ojalá *if only; let's hope so*

ojo (nm) *eye*

ojo con *be careful with*

oler (ue) (v) *to smell*

olla (nf) *cooking pot*

olvidar (v) *to forget*

ondas (nfpl) *airwaves*

opción (nf) *option*

operativo (adj) *operating (system)*

opinar (v) *to think*

opinión (nf) *opinion*

oponerse (v) a *to be against*

optar (v) *to opt*

optimista (adj) *optimistic*

opuesto (adj) *opposite*

orden (nm) *order*

ordenador (nm) *computer*

organismo (nm) *body, organism*

organización (nf) *organisation*

organizar (v) *to organise*

organizativo (adj) *organisational*

orgulloso (adj) *proud*

orientación (nf) *guidance, counselling*

oriental (adj) *eastern*
original (adj) *original*
origen (nm) *origin*
oro (nm) *gold*
orquesta (nf) *orchestra*
oscuro (adj) *dark*
osito (nm) *teddy bear*
otoño (nm) *autumn*
otro (adj) *other; another* (a otra parte = *somewhere else*)
oveja (nf) *sheep*
¡Oye! *Hey!*
oyente (nm/nf) *listener*
oxígeno (nm) *oxygen*
ozono (nm) *ozone*

p

paciente (nm/nf) *patient*
padrastro (nm) *stepfather*
padre (nm) *father*
padres (nmpl) *parents*
paella (nf) *paella*
pagar (v) *to pay for; to pay*
página (nf) *page*
país (nm) *country*
paisaje (nm) *landscape, countryside*
pájaro (nm) *bird*
palabra (nf) *word*
pálido (adj) *pale*
pamplonés (nm, adj) *(person) from Pamplona*
pan (nm) *bread*
panadería (nf) *bakery*
panadero/a (nm/nf) *baker*
pandilla (nf) *group, gang*
panecillo (nm) *bread roll*
pantalón (nm), pantalones (nmpl) *trousers*
papá (nm) *dad*
papanatas (nm) *idiot*
papel (nm) *paper; role, part*
papelero (adj) *paper (industry)*
papel higiénico (nm) *toilet paper*
paquete (nm) *packet; package; parcel*
para (prep) *for*
parabrisas (nm) *windscreen*
paracetamol (nm) *paracetamol*
parcial: a tiempo parcial *part-time*

parado (adj) *unemployed; stopped*
paraguas (nm) *umbrella*
paraíso (nm) *paradise*
paralizar (v) *to paralyse*
parar (v) *to stop; to stop someone/something*
pararse (v) *to stop, come to a stop*
parece: ¿qué te parece? *what do you think?*
parecer (v) *to seem (al parecer = apparently)*
parecido (adj) *similar*
pared (nf) *wall*
pareja (nf) *partner*
paro (nm) *unemployment (en paro = unemployed)*
parque (nm) *park*
parque de atracciones (nm) *amusement park*
párrafo (nm) *paragraph*
parte (nf) *part* (de parte de = *on behalf of; calling (on phone)*)
participación (nf) *participation*
participar (v) *to participate*
participio (nm) *participle*
participio pasado (nm) *past participle*
particular (adj) *private (lesson)*
partida (nf) *departure (see punto)*
partido (nm) *match; game; (political) party*
partir (v) *to set off (a partir de = from)*
pasado (adj, nm) *past*
pasaporte (nm) *passport*
pasar (v) *to spend (time); to take (exam); to pass; to happen; to go, go by*
pasatiempo (nm) *hobby*
pasear (v) *to go for a walk/stroll; to go for a ride*
pasearse (v) *to walk around, stroll*
paseo (nm) *walk, stroll; ride (on bicycle)*
paso (nm) *step; passing*
paso subterráneo (nm) *subway; underpass*
pasta de dientes (nf) *toothpaste*

pastel (nm) *cake*
pastilla (nf) *tablet*
patata (nf) *potato*
patatas bravas (nfpl) *potatoes in spicy sauce*
patatas fritas (nfpl) *chips; crisps*
patio (nm) *playground (of school)*
patrimonio (nm) *heritage*
paz (nf) *peace (dejar en paz = to leave alone)*
PC (nm) *PC (Personal Computer)*
peatón (nm) *pedestrian*
pedido (nm) *order*
pedir (i) (v) *to ask for (pedir hora = to ask for an appointment)*
pegadizo (adj) *catchy*
pegar (v) *to stick, put up; to hit*
peinarse (v) *to comb your hair*
pelea (nf) *fight*
pelear(se) (v) *to fight; to argue*
película (nf) *film*
peligro (nm) *danger*
peligroso (adj) *dangerous*
pelirrojo (adj) *red-haired*
pelo (nm) *hair*
pena (nf) *shame (see valer)*
penal (adj) *criminal*
pendiente (nm) *earring*
penoso (adj) *awful, difficult; distressing, pitiful*
pensar (ie) (v) *to think*
pensión (nf) *guesthouse*
peor (adj, adv, nm/nf) *worse; worst (see Grammar information)*
pepinillo (nm) *gherkin*
pepino (nm) *cucumber*
pequeño (adj) *small*
perder (ie) (v) *to lose; to miss (train)*
perdón (nm) *pardon (pedir perdón = to apologise)*
perdonar (v) *to forgive*
perezoso (adj) *lazy*
perfecto (adj) *perfect; (nm) perfect (tense)*
perfil (nm) *profile*
perfume (nm) *perfume*

periódico (nm) *newspaper*
periodista (nm/nf) *journalist*
período (nm) *period*
permanente (adj) *permanent*
permitir (v) *to allow, permit*
permitirse (v): me permito... *may I...*
permiso (nm) *permission (permiso de conducir = driving licence)*
pero *but*
perro (nm) *dog*
persona (nf) *person*
personaje (nm) *personality, important person; character*
personal (adj) *personal; (nm) staff*
persuadir (v) *to persuade*
perturbado (adj) *worried, upset*
Perú (nm) *Peru*
pesado (adj) *heavy; boring; annoying*
pesar: a pesar de *in spite of*
pescado (nm) *fish*
pescar (v) *to fish*
peseta (nf) *peseta (Spanish currency)*
peso (nm) *weight*
pez (nm) *fish*
pez (nm) de colores *goldfish*
picapedrero (nm) *quarryman*
picar (v) *to nibble, eat*
pico (nm) *(mountain) peak*
pie (nm) *foot*
piedra (nf) *stone*
piel (nf) *skin*
pierna (nf) *leg*
pieza (nf) *part (of car) (pieza de recambio = spare part)*
pilotar (v) *to pilot (plane)*
piloto (nm) *driver (of racing cars)*
pimienta (nf) *pepper (spice)*
pimiento (nm) *pepper (vegetable)*
pinacoteca (nf) *art gallery*
pinchazo (nm) *puncture*
pintadas (nfpl) *graffiti*
pintar (v) *to paint*
pintor/ora (nm/nf) *painter*
pintura (nf) *painting*
piscina (nf) *swimming pool*
pisco sour (nm) *white brandy cocktail*

piso (nm) *flat, apartment; floor, storey*
pista (nf) *track*
pista (de tenis) (nf) *tennis court*
pístola (nf) *pistol*
placer (nm) *pleasure*
plan (nm) *plan*
plancha (nf) *griddle (a la plancha = cooked on a griddle)*
planear (v) *to plan*
planeta (nm) *planet*
planificar (v) *to plan*
plano (nm) *plan*
plástico (adj) *plastic*
plata (nf) *silver*
platero (nm) *silversmith*
plato (nm) *dish, plate*
playa (nf) *beach*
plaza (nf) *square; place (on course); (parking) space*
plaza mayor (nf) *main square*
plomo (nm) *lead (sin plomo = unleaded)*
pluma (nf) *fountain pen*
pluscuamperfecto (nm) *pluperfect*
pobre (adj) *poor*
pobrecito (nm) *poor little thing*
poco (adj, adv) *little, not much (un poco = a little)*
poder (ue) (v) *to be able*
poderoso (adj) *powerful*
poesía (nf) *poetry*
poeta (nm/nf) *poet*
policía (nm/nf) *police officer; (nf) police*
polideportivo (nm) *sports centre*
pollo (nm) *chicken*
polución (nf) *pollution*
polvo (nm) *dust; powder*
poncho (nm) *poncho*
poner (v) *to put (¡póngame! = put me through! (on phone))*
ponerse (v) *to become (ponerse en contacto = to get in touch)*
pop (adj) *pop*
popular (adj) *popular*
poquito (nm) *little bit*
por (prep) *by; for; through*

porcentaje (nm) *percentage*
por ciento (adv) *per cent*
por ejemplo (adv) *for example*
por eso *for this reason*
por favor (adv) *please*
¿por qué? *why?*
porque *because*
por si acaso *in case*
por supuesto (adv) *of course*
portada (nf) *cover (of CD, etc)*
portero/a (nm/nf) *goalkeeper*
por todas partes (adv) *everywhere*
por último (adv) *finally*
poseer (v) *to possess*
posibilidad (nf) *possibility*
posible (adj) *possible (hacer todo lo posible = to do all you can)*
posición (nf) *position*
positivo (adj) *positive*
postal (nf) *postcard*
poste (nm) *post (pole)*
póster (nm) *poster*
postes indicadores (nmpl) *signposts*
postizo (adj) *false*
práctica (nf) *practice*
practicar (v) *to carry out, do (activity); to practise (language); to play (sport)*
prácticas laborales (nfpl) *work experience*
práctico (adj) *practical*
pradera (nf) *grassland*
precio (nm) *price*
precioso (adj) *beautiful*
precisar (v) *to need, require*
preciso (adj) *necessary*
preferencia (nf) *preference*
preferiblemente (adv) *preferably*
preferido (adj) *favourite*
preferir (ie) (v) *to prefer*
pregunta (nf) *question*
preguntita (nf) *little question*
preguntar (v) *to ask*
preguntarse (v) *to wonder*
prehistórico (adj) *prehistoric*
preocupación (nf) *worry*
preocupado (adj) *worried*
preocupar (v) *to worry*
preocuparse (v) *to worry*
preparar (v) *to prepare*

prepararse (v) *to get ready, prepare yourself*
presentación (nf) *presentation*
presentar (v) *to present; to introduce*
presentarse (v) *to arise (of problem); to turn up, arrive*
preservar (v) *to preserve, protect*
presidir (v) *to preside over*
presión (nf) *pressure*
préstamo (nm) *loan*
prestar (v) *to lend (prestar atención = to pay attention)*
prestigiado (adj) *prestigious*
pretérito (nm) *preterite*
prevalencia (nf) *prevalence*
previo (adj) *previous*
primavera (nf) *spring*
primer, primero (adj) *first (see Grammar information)*
primo/a (nm/nf) *cousin*
principal (adj) *main (lo principal = the main thing)*
príncipe (nm) *prince*
principio (nm) *beginning (al principio = at first)*
principios (nmpl) *principles; causes*
prisa (nf) *speed (darse prisa = to hurry); (tener prisa = to be in a hurry)*
privado (adj) *private*
probabilidad (nf) *probability*
probable (adj) *probable*
probablemente (adv) *probably*
probar (ue) (v) *to try*
problema (nm) *problem*
procedente (adj) *(coming) from*
proceso (nm) *process*
producción (nf) *production*
producir (v) *to produce*
producirse (v) *to take place*
producto (nm) *product*
profesión (nf) *profession*
profesional (adj) *professional*
profesor/ora (nm/nf) *teacher*
profundo (adj) *deep*
programa (nm) *programme*
programador/dora (nm/nf) *programmer*
progreso (nm) *progress*

prohibiciones (nfpl) *prohibitions, things you can't do*
prohibido (adj) *forbidden*
prometer (v) *to promise*
promocionar (v) *to promote*
pronombre (nm) *pronoun (see Grammar information)*
pronto (adv) *soon*
propiedad (nf) *property*
propio (adj) *own*
proponer (v) *to suggest, propose*
proprietario/a (nm/nf) *owner*
proteger (v) *to protect*
protestar (v) *to protest*
provincia (nf) *province*
provincial (adj) *provincial*
provocar (v) *to cause*
proximidades (nfpl) *vicinity*
próximo (adj) *next*
proyecto (nm) *project*
prueba (nf) *proof; test; exam*
prueba de acceso (nf) *entry test*
prueba de madurez (nf) *end of course test*
publicar (v) *to publish*
publicidad (nf) *publicity*
publicitario (adj) *advertising (campaign)*
público (adj, nm) *public*
pueblo (nm) *town*
puente (nm) *bridge*
puerta (nf) *door; gate (at airport)*
pues (adv) *well …*
puesta del sol (nf) *sunset*
puesto (nm) *job, position*
puesto (adj) *on, wearing (clothes)*
pulmón (nm) *lung*
pulmonar (adj) *pulmonary*
pulpo (nm) *octopus*
pulsera (nf) *(watch) strap; bracelet*
puntero (adj) *leading*
punto (nm) *point*
punto: a punto de *about to*
punto de partida (nm) *starting point*
punto de vista (nm) *point of view*
puro (adj) *pure*

q

que *what, which (see Grammar information)*
que (adv) *that (see Grammar information)*
¿qué? *what?*
¡qué …! *what a …. ! (see Grammar information)*
quechua (nm, adj) *Quechuan, the language of the Incas*
quedar (v) *to stay, remain; to arrange to meet*
quedarse (v) *to stay, remain*
quehacer (nm) *chore*
queja (nf) *complaint*
quejarse (v) de *to complain about*
quemar (v) *to burn*
querer (ie) (v) *to want; to love (see Grammar information)*
querer (nm) *love*
querido (adj) *dear… (in informal letters)*
queso (nm) *cheese*
quien *who*
¿quién? *who?*
química (nf) *chemistry*
quince *fifteen*
quinientos *five hundred*
quinto (adj) *fifth*
quiosco (nm) *news stand*
quizás (adv) *perhaps*

r

ración (nf) *portion*
radiador (nm) *radiator*
radio (nm) *radio*
radiofónico (adj) *radio*
rana (nf) *frog*
rápidamente (adv) *quickly*
rápido (adj) *quick, rapid; (adv) fast*
raqueta (nf) *racket*
raramente (adv) *rarely*
rara vez (adv) *rarely*
raro (adj) *strange*
rata (nf) *rat*
ratito (nm) *short while*
rato (nm) *while*
razón (nf) *reason (tener razón= to be right)*
razonable (adj) *reasonable*
reaccionar (v) *to react*

real (adj) *royal*
realidad (nf) *reality (en realidad = in fact)*
realizar (v) *to carry out*
realizarse (v) *to be carried out*
realmente (adv) *really*
reaparecer (v) *to reappear*
recado (nm) *message*
recepcionista (nm/nf) *receptionist*
receta (nf) *prescription*
recibir (v) *to receive*
reciente (adj) *recent*
recientemente (adv) *recently*
recinto (nm) *precinct, area*
recoger (v) *to pick up*
recomendación (nf) *recommendation*
recomendar (ie) (v) *to recommend*
recompensa (nf) *reward*
reconciliar (v) *to reconcile*
reconocer (v) *to recognise*
reconocimiento (nm) *recognition; medical (examination)*
recordar (ue) (v) *to remember*
recortar (v) *to cut out*
recto (adv) *straight (todo recto = straight ahead)*
recuerdo (nm) *souvenir*
recursos (nmpl) *resources*
red (nf) *net; network*
redondo (adj) *round*
reducir (v) *to reduce*
reemplazar (v) *to replace*
referencias (nfpl) *references*
reflexionar (v) *to reflect, think (about)*
regalar (v) *to give*
regalo (nm) *gift*
regatear (v) *to haggle, bargain*
región (nf) *region*
regional (adj) *regional*
registro (nm) *register*
regla (nf) *ruler; rule, regulation*
regresar (v) *to return*
reina (nf) *queen*
reinar (v) *to reign*
reino (nm) *kingdom*
Reino Unido (nm) *United Kingdom*
reír (i) (v) *to laugh*

relación (nf) *connection; relation; relationship*
relacionado (adj) *connected, related*
relaciones (nfpl) *relations; relationship*
relajar(se) (v) *to relax*
relámpago (nm) *flash of lightning*
relato (nm) *account*
religioso (adj) *religious*
rellenar (v) *to fill in*
reloj (nm) *watch; clock*
remitir (v) *to send*
remolque (nm) *trailer*
remuneración (nf) *pay, salary*
rendirse (i) (v) *to surrender*
renunciar (v) *to resign, give up*
reparación (nf) *repair*
reparar (v) *to repair, fix*
repartir (v) *to share out*
reparto (nm) *delivery*
repaso (nm) *revision*
repente: de repente (adv) *suddenly*
repetidamente (adv) *repeatedly*
repetir (i) (v) *to repeat*
reportaje (nm) *report (on radio/TV)*
reportero/a (nm/nf) *reporter*
representar (v) *to represent*
repuesto (nm) *spare (part) (de repuesto = spare tyre, etc)*
requerir (ie) (v) *to require*
requisito (nm) *requirement*
rescatar (v) *to rescue*
rescindir (v) *to cancel*
reseña (nf) *review*
reserva (nf) *reservation*
reservar (v) *to reserve*
resfriado (nm) *cold*
residencial (adj) *residential*
respetar (v) *to respect*
respirar (v) *to breathe*
respiratorio (adj): dificultad respiratoria *breathing difficulty*
responsabilidad (nf) *responsibility*
responsable (adj) *responsible*
respuesta (nf) *answer*
restaurante (nm) *restaurant*

resto (nm) *rest*
restos (nmpl) *remains*
resultado (nm) *result*
resultar (v) *to turn out, work out; to be (with adj, eg, resulta difícil = it's difficult)*
resultón (adj) *attractive*
resumen (nm) *summary*
resumir (v) *to summarise*
retraerse (v) *to retract*
retraso (nm) *delay*
retrato (nm) *portrait*
retrovisor (nm) *rear view mirror*
reumático (adj) *rheumatic*
reunión (nf) *meeting*
reunir (v) *to bring together*
reunirse (v) *to meet*
revelar (v) *to develop (photos)*
revisar (v) *to check*
revista (nf) *magazine*
rey (nm) *king*
reyerta (nf) *brawl*
rezar (v) *to pray*
ribera (nf) *river bank*
rico (adj) *rich*
riesgo (nm) *risk*
rímel (nm) *mascara*
rinoceronte (nm) *rhinoceros*
río (nm) *river*
riqueza (nf) *richness*
riquísimo (adj) *very delicious*
risa (nf) *laugh*
ritmo (nm) *rhythm*
robar (v) *to steal, rob*
robo (nm) *theft, robbery*
roca (nf) *rock*
rockero (adj): ser rockero *to be a rock music fan*
rodilla (nf) *knee*
rojizo (adj) *reddish*
rojo (adj) *red*
romántico (adj) *romantic*
romper (v) *to break (romper con = to split up with)*
ropa (nf) *clothes*
rotativa (nf) *rotary press*
roto (adj) *broken*
rubio (adj) *fair (hair); fair-haired (person)*
rueda (nf) *wheel*
ruido (nm) *noise*
ruidoso (adj) *noisy*
rumbo (nm) *direction (vivir sin rumbo = to drift)*

ruso (nm, adj) *Russian*
ruta (nf) *route*
rutina (nf) *routine*

S

sábado (nm) *Saturday*
sábana (nf) *sheet*
saber (v) *to know*
sabor (nm) *flavour*
sacar (v) *to take out; to get*
saco de dormir (nm) *sleeping bag*
sacrificar (v) *to sacrifice*
sal (nm) *salt*
sala de fiestas (nf) *nightclub*
salario (nm) *salary, wage*
salida (nf) *exit; departure*
salida del sol (nf) *sunrise*
salir (v) *to go out, leave*
salón (nm) *living room, lounge*
salpicón (nm)
seafood cocktail with onions and tomatoes
salsa (nf) *sauce*
salud (nf) *health*
saludable (adj) *healthy*
saludar (v) *to say hello to (le[s] saluda atentamente = yours faithfully)*
saludo (nm) *greeting*
san (= santo) *saint*
sandalia (nf) *sandal*
sándwich (nm) *sandwich*
sangre (nf) *blood*
sangría (nf) *sangria*
sanitario (adj) *sanitary*
sano (adj) *healthy*
satisfacer (v) *to satisfy*
satisfecho (adj) *satisfied*
secar (v) *to dry*
sección (nf) *section, department*
seco (adj) *dry*
secretaria (nf) *secretary*
secreto (nm) *secret*
sector (nm) *sector*
secuencia (nf) *sequence*
sed (nf) *thirst (tengo sed = I'm thirsty)*
seguida: en seguida *straight away*
seguir (i) (v) *to follow; to carry on, continue*
según (prep) *according to*

segundo (adj) *second*
seguridad (nf) *security; safety*
seguro (adj) *sure; safe; reliable; (adv) for sure*
seis *six*
seiscientos *six hundred*
seleccionar (v) *to choose, select*
semaforazo (nm)
theft from a car at traffic lights
semáforo (nm) *traffic lights*
semana (nf) *week*
semanal (adj) *weekly*
sensación (nf) *feeling*
sencillo (adj) *simple; single (ticket)*
sensato (adj) *sensible*
sentido (nm) *sense*
sentido común (nm) *common sense*
sentir (ie) (v) *to feel; to regret (lo siento = I'm sorry)*
sentirse (ie) (v) *to feel (sentirse mal por = to feel sorry about)*
señal (nf) *sign*
señor (nm) *Mr; sir (los señores… = Mr and Mrs…)*
señora (nf) *Mrs; madam*
señorita (nf) *Miss*
separarse (v) de *to leave*
separatista (nm/nf, adj) *separatist*
sepia (nf) *cuttlefish*
septiembre (nm) *September*
séptimo (adj) *seventh*
ser (v) *to be (see Grammar information)*
serenata (nf) *serenade (dar serenatas = to serenade)*
serie (nf) *series*
serio (adj) *serious*
servicio (nm) *service*
servir (i) (v) *to be of use, be used*
sesenta *sixty*
sesión (nf) *session*
seta (nf) *mushroom*
setecientos *seven hundred*
setenta *seventy*
sexo (nm) *sex (otro sexo = opposite sex)*
sexto (adj) *sixth*
si *if*

sí *yes*
sí mismo *oneself*
SIDA (nm) *AIDS*
siempre (adv) *always*
sierra (nf) *mountain range*
siete *seven*
siglo (nm) *century*
significar (v) *to mean*
siguiente (adj) *following*
silencioso (adj) *quiet, silent*
silla (nf) *chair*
símbolo (nm) *symbol*
simpático (adj) *nice*
simple (adj) *simple*
sin (prep) *without*
sin embargo *however*
sino *but*
síntoma (nm) *symptom*
sistema (nm) *system*
site (nm) *site (site en Internet = website)*
sitio (nm) *place; room*
situación (nf) *situation*
situado (adj) *situated*
sobrar (v) *to be left over*
sobre (prep) *on; above*
sobre todo (adv) *above all*
sobrevivir (v) *to survive*
sobrino/a (nm/nf) *nephew/niece*
social (adj) *social*
sociedad (nf) *society*
socio/a (nm/nf) *member*
sol (nm) *sun; Peruvian currency*
solamente (adv) *only*
solicitar (v) *to apply for, ask for (job, work)*
solicitud (nf) *application (for job)*
solista (nm/nf) *soloist*
solo (adj) *alone*
sólo (adv) *only*
solsticio (nm) *solstice*
soltar (v) *to let go of, release*
soltero/a (nm/nf) *single man/woman*
solución (nf) *solution*
solucionar (v) *to solve*
sombra (nf) *shade*
someter (v) *to subject, submit*
someterse (v) a *to undergo, have (treatment)*
somnífero (nm) *sleeping pill*
sonar (ue) (v) *to ring; to sound; to crop up*

sonido (nm) *sound*
soñar (ue) (v) *to dream (soñar con = to dream about)*
sordo (adj) *deaf*
soroche (nm) *altitude sickness*
sorprendente (adj) *surprising*
sorprendido (adj) *surprised*
sorpresa (nf) *surprise*
sospechoso (nm) *suspect*
squash (nm) *squash*
su *his/her; your; their (see Grammar information)*
subcultura (nf) *subculture*
subir (v) *to go up*
subirse (v) *to climb up/onto (tree, table)*
subjuntivo (nm) *subjunctive*
subteniente (nm) *sub-lieutenant*
sucio (adj) *dirty*
sucursal (nf) *branch (office)*
sudamericano (nm, adj) *South American*
sudar (v) *to sweat*
suele, suelo (v) *indicates a usual happening (eg, suele haber mucho tráfico = there's usually a lot of traffic)*
suelo (nm) *floor*
sueño (nm) *sleep; dream*
suerte (nf) *luck (tener suerte = to be lucky)*
suficiencia (nf) *proficiency*
suficiente (adj) *sufficient*
sufrir (v) *to suffer*
sugerencia (nf) *suggestion*
sugerir (ie) (v) *to suggest*
sumergir (v) *to immerse*
superior (adj) *higher (diploma)*
supermercado (nm) *supermarket*
supersticioso (adj) *superstitious*
suponer (v) *to suppose*
sur (nm) *south*
suspender (v) *to fail (exam)*
sustituir (v) *to substitute*
suyo *his/hers; yours; theirs; of his/hers; of yours; of theirs (see Grammar information)*

t

tabla (nf) *grid, table*

tacaño (adj) *miserly, mean*

tal *such (¿qué tal? = how, how is/are you?)*

talar (v) *to carve*

talla (nf) *size (of garments); carving, cutting*

taller (nm) *studio; workshop*

taller (mecánico) (nm) *garage*

tal vez (adv) *maybe*

también *also*

tampoco *neither*

tan (adv) *so (see Grammar information)*

tanto (adj, adv) *so much (see Grammar information)*

tantos (adj) *so many (see Grammar information)*

taparse (v) *to cover up*

tapas (nfpl) *snacks*

tapio (nm) *fence*

tardar (vi) de *to take (time) to do*

tarde (nf) *afternoon; evening*

(buenas tardes = good afternoon/evening, hello)

tarde (adv) *late*

tarea (nf) *task, chore*

tarjeta (nf) *card (tarjeta telefónica = phonecard)*

taxi (nm) *taxi*

taxista (nm/nf) *taxi driver*

taza (nf) *cup*

té (nm) *tea*

teatro (nm) *theatre*

techo (nm) *roof*

teclado (nm) *keyboard*

técnico (adj) *technical*

tecnología (nf) *technology*

tecnológico (adj) *technological*

tela (nf) *cloth, material*

tele (= televisión) *TV*

telecabina (nf) *cable car*

telefonear (v) *to telephone*

telefonía (nf) *telecommunications system*

telefónico (adj) *telephone*

teléfono (nm) *telephone*

televisión (nf) *television*

televisivo (adj) *television*

televisor (nm) *television set*

tema (nm) *theme*

temporada (nf) *period*

temporal (adj) *temporary*

temprano (adv) *early*

tendedero (nm) *drying area*

tender (ie) (v) a *to tend to*

tendero/a (nm/nf) *shopkeeper*

tenedor (nm) *fork*

tener (ie) (v) *to have (see Grammar information); (tener que = to have to)*

(tener lugar = to take place)

tenis (nm) *tennis*

teoría (nf) *theory*

terapia ocupacional (nf) *occupational therapy*

tercer, tercero (adj) *third*

terminar (v) *to end, finish*

ternera (nf) *veal*

terrado (nm) *flat roof*

terraza (nf) *terrace*

terrible (adj) *awful*

tesina (nf) *dissertation*

tesis (nf) *thesis*

test (nm) *test*

testarudo (adj) *stubborn*

texto (nm) *text*

ti *you (see Grammar information)*

tía (nf) *aunt; woman*

tiempo (nm) *time; weather*

tienda (nf) *shop; tent*

tierra (nf) *land*

tigre (nm) *tiger*

tinta (nf) *ink*

tinto (adj) *red (wine)*

tintorería (nf) *dry-cleaner's*

tío (nm) *uncle*

(los tíos de… = the aunt and uncle of…)

típicamente (adv) *typically*

típico (adj) *typical*

tipo (nm) *type, kind*

tirar (v) *to throw; to drop (on floor)*

tiritar (v) *to shiver*

tiro (nm) *shot (see matar)*

tirón (nm) *bag snatching*

titulación (nf) *qualifications*

título (nm) *title, heading; qualification, diploma*

toalla (nf) *towel*

tobillo (nm) *ankle*

toca: te toca a ti *it's your turn*

tocar (v) *to touch; to play (instrument)*

(me tocó la lotería = I won the lottery)

todavía (adv) *still, yet*

todo *all; everything*

tomar (v) *to take*

tomate (nm) *tomato*

tontería (nf) *foolishness; nonsense*

tonto (adj) *silly, foolish*

tópico (adj) *common*

torcer (ue) (v) *to turn*

tormenta (nf) *storm*

toro (nm) *bull*

torre (nf) *tower*

tortilla (nf) *omelette*

tortuga (nf) *tortoise*

total (nm, adj) *total*

totalmente (adv) *completely*

toxicómano/a (nm/nf) *drug addict*

trabajador (adj) *hard-working*

trabajador/ora (nm/nf) *worker*

trabajar (v) *to work*

trabajo (nm) *job, work*

tradición (nf) *tradition*

tradicional (adj) *traditional*

traducción (nf) *translation*

traer (v) *to bring*

tráfico (nm) *traffic*

trágico (adj) *tragic*

tranquilo (adj) *calm, quiet*

¡tranquilo! *don't worry!*

transcurrir (v) *to elapse*

transmitir (v) *to broadcast*

transporte (nm) *transport*

trapo (nm) *cloth*

tras (prep) *after*

trascendental (adj) *transcendental*

trastero (nm) *box room*

trata (v): se trata de *it's about; it is*

tratamiento (nm) *treatment*

tratar (v) *to try; to treat*

través: a través de *through*

travieso (adj) *naughty, badly behaved*

trece *thirteen*

treinta *thirty*

tremendo (adj) *tremendous*

tren (nm) *train*

tres *three*

trescientos *three hundred*

triste (adj) *sad*

triunfo (nm) *victory, triumph*

tronco (nm) *(tree) trunk*

trono (nm) *throne*

tu *your (see Grammar information)*

tú *you (see Grammar information)*

tubo de escape (nm) *exhaust pipe*

tuerca (nf) *nut (for bolt)*

tuna estudiantina (nf) *band of student minstrels*

turismo (nm) *tourism*

turista (nm/nf) *tourist*

turístico (adj) *tourist*

¡túrnate! *take turns!*

tuyo *yours; of yours (see Grammar information)*

U

ubicado (adj) *located, situated*

UE (nf) *EU, European Union*

úlcera (nf) *ulcer*

últimamente (adv) *recently*

último (adj) *last*

un/una *a (see Grammar information)*

único (adj) *only*

unidad (nf) *unit*

uniforme (nm) *uniform*

unión (nf) *union*

universidad (nf) *university*

universitario/a (nm/nf) *university student*

uno *one (see Grammar information)*

urbanista (nm/nf) *town planner*

urbano (adj) *city*

urgente (adj) *urgent*

urogallo (nm) *capercaillie, grouse*

usar (v) *to use*

uso (nm) *use*

usted, ustedes *you (see Grammar information)*

usuario/a (nm/nf) *user*

utensilio (nm) *(kitchen) utensil*

útil (adj) *useful*

utilizar (v) *to use*

v

vacación (nf) *holiday*

vacío (adj) *empty*

vacunación (nf) *vaccination*

vale *OK*

valer (v) *to be worth; to have good qualities*

(*más vale que = it's better that*)

valer (v) la pena *to be worth it*

valía (nf) *ability, worth*

válido (adj) *valid*

valiente (adj) *brave*

valor (nm) *value*

valorarse (v) *to be of value*

vanguardia (nf): de vanguardia *leading-edge (technology)*

vanidad (nf) *vanity*

vaqueros (nmpl) *jeans*

varices (nfpl) *varicose veins*

variado (adj) *various; varied*

variedad (nf) *variety*

varios (adj) *several*

vasco (nm, adj) *Basque*

vaso (nm) *glass (for drink)*

veces: a veces *sometimes*

vecino (nm) *neighbour*

vegetal (adj) *vegetable*

vehículo (nm) *vehicle*

veinte *twenty*

veinticinco *twenty-five*

vejez (nf) *old age*

velocidad (nf) *speed*

vena (nf) *vein; grain (in wood)*

vendedor/ora (nm/nf) *seller*

vender (v) *to sell*

venderse (v) *to be sold*

venir (ie) (v) *to come*

venta (nf) *sale; sales*

ventaja (nf) *advantage*

ventana (nf) *window*

ver (v) *to see; to watch*

verano (nm) *summer*

verbal (adj) *verb, verbal* (*forma verbal = verb form*)

verbo (nm) *verb*

verdad (nf) *truth (de verdad = really);*

(*es verdad = it's true*)

¿verdad? *really?; did he?; haven't you?; aren't they? etc.*

verdadero (adj) *true*

verde (adj) *green*

verdura (nf) *vegetable*

vergüenza (nf) *shame*

versión (nf) *version*

verso (nm) *verse*

vestido (nm) *dress*

vestido, vestidos (nm, nmpl) *clothes*

vestirse (i) (v) *to get dressed*

veterinario/a (nm/nf) *vet*

vez (nf) *time, occasion (de vez en cuando = now and again);*

(*a la vez = at the same time*); (*otra vez = again*);

(*en vez de = instead of*)

vía (nf) *track (for cyclists); route, road*

viajar (v) *to travel*

viaje (nm) *journey*

viajero/a (nm/nf) *traveller*

víctima (nf) *victim*

victoria (nf) *victory*

vida (nf) *life*

vídeo (nm) *video*

viejo (adj) *old*

viene: que viene *next (year, week, etc.)*

vienés (adj) *Viennese*

viento (nm) *wind (hace viento = it's windy)*

viernes (nm) *Friday*

vinagre (nm) *vinegar*

vinagreta (nf) *vinaigrette*

vincular (v) *to link*

vino (nm) *wine*

violencia (nf) *violence*

violentamente (adv) *violently*

violín (nm) *violin*

virus (nm) *virus*

visión (nf) *sight, vision*

visita (nf) *visit*

visitante (nm/nf) *visitor*

visitar (v) *to visit*

víspera (nf) *eve, night before*

vista (nf) *sight; eyesight; view*

visto (adj) *seen*

vivienda (nf) *housing, accommodation*

vivir (v) *to live*

vivisección (nf) *vivisection*

vivo (adj) *bright (colour); living (animal)*

vocabulario (nm) *vocabulary*

vocación (nf) *vocation*

vocacional (adj) *vocational*

vocal (nf) *vowel*

volante (nm) *steering wheel*

volar (ue) (v) *to fly*

volcar (ue) (v) *to spill*

volcarse (ue) (v) *to overturn*

volver (ue) (v) *to return; to do something again*

vomitar (v) *to vomit*

vosotros *you (see Grammar information)*

votar (v) *to vote*

voz (nf) *voice (en voz alta = aloud)*

vuelo (nm) *flight*

vuelta (nf) *return*

vuestro *your; yours (see Grammar information)*

y

y *and*

ya (adv) *already*

yo *I (see Grammar information)*

yogui (nm) *yogi*

z

zafiro (nm) *sapphire*

zanahoria (nf) *carrot*

zapatería (nf) *shoe shop*

zapatilla (nf) *trainer*

zigzaguear (v) *to zigzag*

zona (nf) *area, zone*

zumo (nm) *juice*

English–Spanish

a

a *un/una* (see Grammar information)
able, to be *poder (ue) (v)*
about *acerca de (prep)*
above *arriba (adv)*; *sobre (prep)*
above all *sobre todo (adv)*
abroad *en el extranjero*
accept *aceptar (v)*
accident *accidente (nm)*
accompany *acompañar (v)*
according to *según (prep)*
accountant *contable (nm/nf)*
achieve *conseguir (i) (v)*
activity *actividad (nf)*
act *acto (nm)*
actor *actor (nm)*
actress *actriz (nf)*
add *añadir (v)*
addicted *adicto (adj)*
address *dirección (nf)*
adjust *ajustar (v)*
admit *admitir (v)*
adult *adulto (nm, adj)*
advantage *ventaja (nf)*
advertise *anunciar (v)*
advertisement *anuncio (nm)*
advice *consejo (nm), consejos (nmpl)*
advise *aconsejar (v)*
afraid, to be *tener (ie)(v) miedo (nm)*
after *después (adv)*; *después de (prep)*
afternoon *tarde (nf)*
against *contra (prep)*
age *edad (nf)*
ago *hace (two months ago = hace dos meses)*
agree *ponerse (v) de acuerdo*
agreement *acuerdo (nm)*
AIDS *SIDA (nm)*
air *aire (nm)*
airport *aeropuerto (nm)*
alarm *alarma (nf)*
album *álbum (nm)*
alcohol *alcohol (nm)*
all *todo (adj)*
allow *permitir (v)*
almost *casi (adv)*
alone *solo (adj)*
alphabet *alfabeto (nm)*

already *ya (adv)*
also *también (adv)*
although *aunque*
always *siempre (adv)*
ambition *ambición (nf)*
ambitious *ambicioso (adj)*
American *americano (nm, adj)*
and *y*
angry *enfadado (adj), furioso (adj)*
angry, to become *enfadarse (v)*
animal *animal (nm)*
ankle *tobillo (nm)*
announce *anunciar (v)*
annoy *molestar (v)*
annoyed *enfadado (adj)*
another *otro (adj)*
answer *respuesta (nf)*
answer *contestar (v)*
answering machine *contestador (nm) automático (adj)*
antibiotics *antibióticos (nmpl)*
apologise *disculparse (v)*
apology *disculpa (nf)*
apple *manzana (nf)*
application (for job) *solicitud (nf)*
apply *aplicar (v)*
apply for *solicitar (v) (job)*
appointment *cita (nf)*
approach *abordar (v); acercarse (v)*
appropriate *adecuado (adj), apropiado (adj)*
approximately *aproximadamente (adv)*
April *abril (nm)*
architect *arquitecto/a (nm/nf)*
argue *pelear(se) (v)*
arm *brazo (nm)*
arrest *detener (ie) (v)*
arrival *llegada (nf)*
arrive *llegar (v)*
art *arte (nm)*
article *artículo (nm)*
ashamed *avergonzado (adj)*
ask *preguntar (v)*
ask for *pedir (i) (v)*
asleep, to fall *dormirse (v)*
assure *asegurar (v)*
at *a (prep)*

athletics *atletismo (nm)*
atmosphere *atmósfera (nf)*
attack *atacar (v)*
attention *atención (nf)*
attentively *atentamente (adv)*
attract *atraer (v)*
attraction *atracción (nf)*
August *agosto (nm)*
aunt *tía (nf)*
Australian *australiano (nm, adj)*
automatic *automático (adj)*
autumn *otoño (nm)*
avoid *evitar (v)*
aware of *consciente (adj) de*
awful *fatal (adj) (how you feel); terrible (adj)*
awfully *terriblemente (adv)*

b

babysitting *canguro (nm)*
bad *malo (adj)*
badly *mal (adv)*
badminton *bádminton (nm)*
bag *bolsa (nf); bolso (nm) (handbag)*
baker *panadero/a (nm/nf)*
bakery *panadería (nf)*
balance *equilibrio (nm)*
bald *calvo (adj)*
band *banda (nf) (fabric, music)*
bank *banco (nm)*
bar *bar (nm)*
basketball *baloncesto (nm)*
Basque *vasco (nm, adj)*
bath *baño (nm) (to have a bath = bañarse (v))*
battery *batería (nf)*
be *ser (v); estar (v) (see Grammar information)*
beach *playa (nf)*
beat *batir (v)*
beautiful *bello (adj), precioso (adj), hermoso (adj)*
beauty *belleza (nf)*
because *porque*
because of *debido a (prep)*
become *hacerse (v)*
bed *cama (nf) (to go to bed = acostarse (ue) (v))*
bedroom *dormitorio (nm)*
beer *cerveza (nf)*
before *antes (adv); antes de (prep)*

begin *comenzar (ie) (v), empezar (ie) (v)*
beginning *principio (nm)*
behave *comportarse (v)*
behind *atrás (adv), detrás (adv)*
believe *creer (v)*
below *abajo (adv); debajo de (prep)*
belt *cinturón (nm)*
besides *además (adv); además de (prep)*
best *mejor (adj, adv) (see Grammar information)*
bet *apostar (ue) (v)*
better *mejor (adj, adv) (see Grammar information)*
between *entre (prep)*
bicycle *bicicleta (nf)*
big *grande (adj), gran (adj)*
bill *factura (nf)*
bird *pájaro (nm)*
birth *nacimiento (nm)*
birthday *cumpleaños (nm)*
biscuit *galleta (nf)*
black *negro (adj)*
blame *culpa (nf)*
blind *ciego (adj)*
blood *sangre (nf)*
blouse *blusa (nf)*
blow *golpe (nm)*
blue *azul (adj)*
boat *barco (nm)*
body *cuerpo (nm); cadáver (nm) (corpse)*
book *libro (nm)*
boot *maletero (nm) (of car)*
border *frontera (nf)*
boring *aburrido (adj)*
born, to be *nacer (v)*
boss *jefe (nm)*
both *ambos (adj)*
bother *fastidiar (v)*
bottle *botella (nf)*
bowling alley *bolera (nf)*
box *caja (nf) (container); casilla (nf) (on a form)*
boy *chico (nm)*
boyfriend *novio (nm)*
bracelet *pulsera (nf)*
brake *frenar (v)*
branch (office) *sucursal (nf)*
brave *valiente (adj)*
bread *pan (nm)*
bread roll *panecillo (nm)*
break *romper (v)*

break down *averiarse* (v)
breakdown *avería* (nf)
breakfast *desayuno* (nm)
breathe *respirar* (v)
bridge *puente* (nm)
bright (colour) *vivo* (adj)
bring *traer* (v)
Britain *Gran Bretaña* (nf)
broad *amplio* (adj)
broadcast *emitir* (v)
broken *roto* (adj)
brother *hermano* (nm)
brown *marrón* (adj)
building *edificio* (nm)
bull *toro* (nm)
bullfight *corrida* (nf) (de toros)
burn *quemar* (v)
bus *autobús* (nm)
business *negocios* (nmpl); (shop etc) *negocio* (nm)
busy *ocupado* (adj)
busy with, be *ocuparse* (v) de
but *pero*
butcher's shop *carnicería* (nf)
butter *mantequilla* (nf)
buy *comprar* (v)

C

cabbage *berza* (nf)
café *café* (nm)
cage *jaula* (nf)
cake *pastel* (nm)
calculate *calcular* (v)
calculator *calculadora* (nf)
call *llamar* (v)
call *llamada* (nf) (telephone)
called, to be *llamarse* (v)
calm *tranquilo* (adj)
camera *cámara* (nf)
camp *campamento* (nm)
campsite *camping* (nm)
cancel *cancelar* (v)
cancer *cáncer* (nm)
candidate *candidato* (nm)
capacity *capacidad* (nf)
capable *capaz* (adj)
car *coche* (nm)
caravan *caravana* (nf)
card *tarjeta* (nf)
cardboard *cartón* (nm)
careful, be *tener* (ie) (v) *cuidado*
Caribbean *Caribe* (nm)
career *carrera* (nf)

carnation *clavel* (nm)
carrot *zanahoria* (nf)
carry *llevar* (v)
case *caso* (nm)
cassette *casete* (nm)
Castilian *castellano* (nm, adj)
cat *gato* (nm)
Catalan *catalán* (nm, adj)
catalogue *catálogo* (nm)
catch *coger* (v)
cathedral *catedral* (nf)
Catholic *católico* (adj)
cause *causa* (nf)
cause *provocar* (v)
CD *CD* (nm)
celebrate *celebrar* (v)
central *central* (adj)
centre *centro* (nm)
century *siglo* (nm)
cereal(s) *cereales* (nmpl)
certain *cierto* (adj)
certificate *certificado* (nm)
chair *silla* (nf)
champion *campeón* (nm)
change *cambiar* (v)
change *cambio* (nm)
channel (TV) *canal* (nm)
character *personaje* (nm); *carácter* (nm)
chat *charlar* (v)
cheap *barato* (adj)
check *comprobar* (ue) (v) (verify); *revisar* (v) (examine)
cheese *queso* (nm)
chemist's *farmacia* (nf)
cheque *cheque* (nm)
chess *ajedrez* (nm)
chicken *pollo* (nm)
child *niña* (nf), *niño* (nm)
Chinese *chino* (nm, adj)
chips *patatas fritas* (nfpl)
chocolate *chocolate* (nm)
choose *elegir* (i) (v), *escoger* (v), *seleccionar* (v)
Christmas *Navidad* (nf)
church *iglesia* (nf)
cigarette *cigarrillo* (nm)
cinema *cine* (nm)
circumstances *circunstancias* (nfpl)
citizen *ciudadano/a* (nm/nf)
city *ciudad* (nf)
class (lesson) *clase* (nf)
clean *limpiar* (v)
clean *limpio* (adj)

clear (obvious) *claro* (adj)
climb up *subirse* (v)
cliff *acantilado* (nm)
climate *clima* (nm)
clock *reloj* (nm)
close (near) *acerca* (adv)
close *cerrar* (ie) (v)
closed *cerrado* (adj)
cloth *tela* (nf)
clothes *ropa* (nf)
cloudy *nublado* (adj)
coach *autocar* (nm)
coast *costa* (nf)
cocaine *cocaína* (nf)
code *código* (nm)
coffee *café* (nm)
coffee shop *cafetería* (nf)
coin *moneda* (nf)
coincidence *coincidencia* (nf)
coincide *coincidir* (v)
cold *frío* (adj)
cold, to be (person) *tener* (ie) *frío*
cold, to be (weather) *hacer frío*
cold (illness) *catarro* (nm), *resfriado* (nm)
colour *color* (nm)
comb your hair *peinarse* (v)
combine *combinar* (v)
come *venir* (ie) (v)
comma *coma* (nf)
commentary *comentario* (nm)
comment on *comentar* (v)
compact disc *disco compact* (nm), *CD* (nm)
company (business) *compañía* (nf), *empresa* (nf)
competition *concurso* (nm)
competitive *competitivo* (adj)
complain *quejarse* (v)
complaint *queja* (nf)
complete *completar* (v), *completo* (adj)
completely *totalmente* (adv), *completamente* (adv)
compulsory *obligatorio* (adj)
computer *ordenador* (nm)
computer science *informática* (nf)
concentrate *concentrar* (v)
concert *concierto* (nm)
condition *condición* (nf)
confess *confesar* (ie) (v)

confused *confuso* (adj)
congestion *congestión* (nf)
connection *relación* (nf)
consider *considerar* (v)
consist of *consistir* (v) en
contact *contacto* (nm) (to make contact = *contactar* (v))
content(s) *contenido* (nm)
continent *continente* (nm)
continue *continuar* (v)
conversation *conversación* (nf)
convince *convencer* (v)
cook *cocinar* (v)
cool *fresco* (adj)
copy *copiar* (v)
corner *esquina* (nf)
corpse *cadáver* (nm)
correct *correcto* (adj)
correct *corregir* (v)
correspond *corresponder* (v) (to match)
cost *costar* (ue) (v)
cost *coste* (nm)
cotton *algodón* (nm)
cough syrup *jarabe* (nm)
country *país* (nm); *campo* (nm) (countryside)
course *curso* (nm)
cousin *primo/a* (nm/nf)
cover *cubrir* (v)
crash *chocar* (v)
cream *nata* (nf)
create *crear* (v)
crime *crimen* (nm)
crisis *crisis* (nf)
crisps *patatas fritas* (nfpl)
cross *cruzar* (v)
crossroads *cruce* (nm)
crowd *muchedumbre* (nf)
cruel *cruel* (adj)
cry *llorar* (v)
cucumber *pepino* (nm)
cup *taza* (nf)
cure *curar* (v)
curious *curioso* (adj)
customer *cliente* (nm/nf)
customs *aduana* (nf)
cut *cortar* (v)
cycling *ciclismo* (nm)
cyclist *ciclista* (nm/nf)

d

dad *papá* (nm)
daily *diario* (adj)
dance *bailar* (v)
danger *peligro* (nm)
dangerous *peligroso* (adj)
dare *atreverse* (v)
dark *oscuro* (adj)
date *fecha* (nf)
daughter *hija* (nf)
day *día* (nm)
dead *muerto* (adj)
deaf *sordo* (adj)
dear *cariño* (nm); *querido* (adj) (in informal letters); *estimado* (adj) (in formal letters)
death *muerte* (nf)
debt *deuda* (nf)
December *diciembre* (nm)
decide *decidir* (v)
decision *decisión* (nf)
deep *profundo* (adj)
defend *defender* (v)
delicate *delicado* (adj)
delicious *delicioso* (adj)
delight *encantar* (v)
delightful *encantador* (adj)
deliver *entregar* (v)
demonstration *manifestación* (nf) (political)
dentist *dentista* (nm/nf)
department *sección* (nf)
depend on *depender* (v) de
depressed *deprimido* (adj)
describe *describir* (v)
description *descripción* (nf)
desert *desierto* (nm)
deserve *merecer* (v)
design *diseñar* (v)
desk *escritorio* (nm)
destination *destino* (nm)
destroy *destruir* (v)
detail *detalle* (nm)
devil *diablo* (nm)
dial *marcar* (v) (number)
diamond *diamante* (nm)
diary *agenda* (nf)
dictionary *diccionario* (nm)
die *morir* (ue) (v)
diet *dieta* (nf), *régimen* (nm)
difference *diferencia* (nf)
different *diferente* (adj)
difficult *difícil* (adj)
dining room *comedor* (nm)
dinner *cena* (nf)

direct *directo* (adj)
direction *dirección* (nf)
dirty *sucio* (adj)
disadvantage *desventaja* (nf), *inconveniente* (nm)
disappear *desaparecer* (v)
disappointed *decepcionado* (adj)
disaster *desastre* (nm)
disco *discoteca* (nf)
discount *descuento* (nm)
discover *descubrir* (v)
disgust *asco* (nm)
disgusting *asqueroso* (adj)
dish *plato* (nm)
distance *distancia* (nf)
district *barrio* (nm)
divide *dividir(se)* (v)
do *hacer* (v)
doctor *médico* (nm)
dog *perro* (nm)
dollar *dólar* (nm)
door *puerta* (nf)
double *doble* (adj)
doubt *duda* (nf)
doubt *dudar* (v)
draw *dibujar* (v)
drawing *dibujo* (nm)
dreadful *horrible* (adj)
dream *soñar* (ue) (v)
dream *sueño* (nm)
dress *vestido* (nm)
dressed, to get *vestirse* (i) (v)
drink *beber* (v)
drink *bebida* (nf)
drive *conducir* (v)
driver *conductor* (nm)
driving licence *carnet de conducir* (nm)
driving school *autoescuela* (nf)
drop *gota* (nf)
drug *droga* (nf)
drug addict *drogadicto/a* (nm/nf), *toxicómano/a* (nm/nf)
drum kit *batería* (nf)
drunk *borracho* (adj)
dry *seco* (adj)
dry *secar* (v)
during *durante* (prep)
dust *polvo* (nm)

e

each *cada* (adj)
early *temprano* (adv)
early morning *madrugada* (nf)
earn *ganar* (v)
earring *pendiente* (nm)
easily *fácilmente* (adv)
east *este* (nm)
easy *fácil* (adj)
eat *comer* (v)
education *educación* (nf), *enseñanza* (nf)
effort *esfuerzo* (nm)
egg *huevo* (nm)
electronic *electrónico* (adj)
employee *empleado/a* (nm/nf)
empty *vacío* (adj)
end *fin* (nm), *cabo* (nm)
end *terminar* (v)
energy *energía* (nf)
engaged, to be *estar* (v) *comunicando* (phone)
engineer *ingeniero/a* (nm/nf)
England *Inglaterra* (nf)
English *inglés* (nm, adj)
enjoy yourself *divertirse* (ie) (v)
enthusiastic *entusiasmado* (adj)
entrance *entrada* (nf)
environment *medio ambiente* (nm)
equal *igual* (adj)
equivalent *equivalente* (adj)
eraser *goma* (nf)
error *error* (nm)
escape *escapar(se)* (v)
essential *esencial* (adj)
Europe *Europa* (nf)
European *europeo* (nm, adj)
even *aún* (adv)
evening *tarde* (nf)
everything *todo*
everywhere *por todas partes* (adv)
exactly *exactamente* (adv)
examination *examen* (nm)
example *ejemplo* (nm)
excellent *excelente* (adj)
exchange *intercambio* (nm)
excite *ilusionar* (v)
exciting *emocionante* (adj)
exclude *excluir* (v)
excuse *disculpa* (nf); *excusa* (nf)

exercise *ejercer* (v)
exercise *ejercicio* (nm)
exercise book *cuaderno* (nm)
exhausted *agotado* (adj)
exhibition *exposición* (nf)
existence *existencia* (nf)
exit *salida* (nf)
expensive *caro* (adj)
experience *experiencia* (nf)
experiment *experimentar* (v)
experiment *experimento* (nm)
expert *experto/a* (nm/nf)
explain *explicar* (v)
explanation *explicación* (nf)
exploit *explotar* (v)
express *expresar* (v)
expression *expresión* (nf)
extra *extra* (adj)
eye *ojo* (nm)

f

factory *fábrica* (nf)
fail (exam) *suspender* (v)
fair *rubio* (adj) (hair)
fair-haired *rubio* (adj)
fall (down) *caerse* (v)
false *falso* (adj)
family *familia* (nf)
famous *famoso* (adj)
fan *aficionado* (nm) (enthusiast)
fantastic *fantástico* (adj)
fantasy *fantasía* (nf)
far *lejos* (adv)
farm *granja* (nf)
farming *agricultura* (nf)
fascinating *fascinante* (adj)
fashion *moda* (nf)
fat *gordo* (adj)
fat (grease) *grasa* (nf)
father *padre* (nm)
favour *favor* (nm) (in favour of = a favor de)
favourite *favorito* (adj), *preferido* (adj)
fear *miedo* (nm)
February *febrero* (nm)
fed up *harto* (adj)
feel *sentir* (ie) (v); *sentirse* (ie) (v)
feeling *sensación* (nf)
festival *fiesta* (nf)
fever *fiebre* (nf)
field *campo* (nm)

fight *luchar* (v); *pelear(se)* (v)

fight *pelea* (nf)

fill *llenar* (v), *rellenar* (v)

filling *empaste* (nm) (tooth)

film *película* (nf)

final *final* (adj)

find *encontrar* (ue) (v)

find out *enterarse* (v)

fine *fino* (adj) (thin)

finger *dedo* (nm)

finish *terminar* (v)

fire *fuego* (nm), *incendio* (nm)

fireman *bombero* (nm)

firm *empresa* (nf) (company)

first *primero* (adj)

fish *pescado* (nm)

fish *pescar* (v)

fit *caber* (v)

fit *en forma* (adj)

fixed *fijo* (adj)

fitness *forma física* (nf)

flash of lightning *relámpago* (nm)

flat (apartment) *apartamento* (nm), *piso* (nm)

flight *vuelo* (nm)

flood *inundación* (nf)

floor *suelo* (nm)

flour *harina* (nf)

flower *flor* (nf)

fly *volar* (ue) (v)

fly *mosca* (nf)

fog *niebla* (nf)

follow *seguir* (i) (v)

following *siguiente* (adj)

food *comida* (nf); *alimentos* (nmpl)

foot *pie* (nm)

football *fútbol* (nm)

football player *futbolista* (nm/nf)

for *para, por* (prep) (see *Grammar information*)

forbidden *prohibido* (adj)

foreign *extranjero* (adj)

foreigner *extranjero/a* (nm/nf)

for example *por ejemplo* (adv)

forget *olvidar* (v)

forgive *perdonar* (v)

fork *tenedor* (nm)

form (to complete) *formulario* (nm)

form (shape) *forma* (nf)

fortunately *afortunadamente* (adv)

fountain *fuente* (nf)

fountain pen *pluma* (nf)

free *libre* (adj)

free (of charge) *gratis* (adj, adv)

freedom *libertad* (nf)

French *francés* (nm, adj)

Friday *viernes* (nm)

fried *frito* (adj)

friend *amigo/a* (nm/nf), *compañero/a* (nm/nf)

friendship *amistad* (nf)

frightened, be *tener* (ie) (v) *miedo* (nm)

frog *rana* (nf)

from *de* (prep)

fruit *fruta* (nf)

fry *freír* (v)

full *lleno* (adj)

funny (amusing) *divertido* (adj), *gracioso* (adj)

furniture *mueble* (nm)

future *futuro* (nm)

g

gang *pandilla* (nf)

garage *garaje* (nm) (parking); *taller (mecánico)* (nm) (repairs)

garden *jardín* (nm)

garlic *ajo* (nm)

gas *gas* (nm)

gear (in car etc) *marcha* (nf)

general *general* (nm, adj)

generous *generoso* (adj)

geography *geografía* (nf)

German *alemán* (nm, adj)

get on well (with someone) *llevarse bien* (v)

get up *levantarse* (v)

get used to *acostumbrarse* (v)

gift *regalo* (nm)

girl *chica* (nf)

girlfriend *novia* (nf)

give *dar* (v)

glass (for drink) *vaso* (nm), *copa* (nf)

glasses (spectacles) *gafas* (nfpl)

go *ir* (v)

go away *irse* (v)

go down *bajar* (v)

go for a walk *pasearse* (v)

go out *salir* (v); *apagarse* (v) (light)

go to bed *acostarse* (ue) (v)

go up *subir* (v)

goal *gol* (nm) (in football)

God *Dios* (nm)

gold *oro* (nm)

golden *dorado* (adj)

golf *golf* (nm)

good *bueno* (adj)

goodbye *adiós*

good-looking *guapo* (adj)

grab *agarrar* (v)

graduate *licenciado/a* (nm/nf)

grammar *gramática* (nf)

grandmother *abuela* (nf)

grass *hierba* (nf)

Greece *Grecia* (nf)

green *verde* (adj)

greeting *saludo* (nm)

group *grupo* (nm)

guess *adivinar* (v)

guide *guía* (nm/nf)

guide, guidebook *guía* (nf)

guitar *guitarra* (nf)

gym, gymnasium *gimnasio* (nm)

h

habit *hábito* (nm)

hair *pelo* (nm)

half *medio* (adj)

half *media* (nf) (half-past five = *las cinco y media*)

ham *jamón* (nm)

hamburger *hamburguesa* (nf)

hand *mano* (nf)

handball *balonmano* (nm)

handsome *guapo* (adj)

hang *colgar* (ue) (v)

happiness *felicidad* (nf)

happy *contento* (adj), *alegre* (adj)

hard *duro* (adj)

hardly *apenas* (adv)

hard-working *trabajador* (adj)

harm *dañar* (v)

harm *daño* (nm)

have *tener* (ie) (v) (possess); *hacer* (v) (to have done something = perfect tense, see *Grammar information*)

have just ... *acabar* (v) *de*

have to *tener* (ie) (v) *que*, *deber* (v)

he *él* (see *Grammar information*)

head *cabeza* (nf)

headache *dolor* (nm) *de cabeza*

headlight *faro* (nm)

headmaster/headmistress *director/ora* (nm/nf)

headphones *auriculares* (nmpl)

health *salud* (nf)

healthy *sano* (adj) (person); *saludable* (adj) (climate, etc.)

hear *oír* (v)

hearing *oído* (nm)

heart *corazón* (nm)

heat *calor* (nm)

heavy *pesado* (adj)

height *altura* (nf)

helicopter *helicóptero* (nm)

helmet *casco* (nm)

help *ayudar* (v); *ayuda* (nf)

her *su* (see *Grammar information*)

here *aquí* (adv)

hero *héroe* (nm)

heroin *heroína* (nf)

Hey! *¡Oye!*

Hi! *¡Hola!*

high *alto* (adj)

his *su* (see *Grammar information*)

history *historia* (nf)

hobby *pasatiempo* (nm)

hole *agujero* (nm)

holiday *vacación* (nf)

homework *deberes* (nmpl)

honest *honrado* (adj)

honeymoon *luna de miel* (nf)

Hoover (see *vacuum-cleaner*)

hope *esperanza* (nf)

hope *esperar* (v)

horse *caballo* (nm)

hospital *hospital* (nm)

hot *caliente* (adj)

hot, to be (person) *tener* (ie) (v) *calor* (nm)

hot, to be (weather) *hacer* (v) *calor* (nm)

hotel *hotel* (nm)

hour *hora* (nf)

house *casa* (nf)

however *sin embargo*
how many *cuantos*
how much *cuanto, ¿cuánto?*
how *como (adv) ¿cómo?* *(adv)*
huge *enorme (adj)*
human *humano (adj)*
human being *ser humano (nm)*
hundred *cien, ciento*
hunger *hambre (nf)*
hungry *hambriento (adj)*
hungry, to be *tener (ie) (v) hambre (nf)*
hurt *doler (ue) (v)*
husband *marido (nm)*

i

I *yo (see Grammar information)*
ice cream *helado (nm)*
idea *idea (nf)*
ideal *ideal (adj)*
identify *identificar (v)*
idiot *idiota (nm/nf)*
if *si*
ill *enfermo (adj)*
illness *enfermedad (nf)*
imagine *imaginar(se) (v), fijarse (v)*
immediately *inmediatamente (adv)*
impatient *impaciente (adj)*
importance *importancia (nf)*
important *importante (adj)*
impossible *imposible (adj)*
impression *impresión (nf)*
impressive *impresionante (adj)*
improve *mejorar (v)*
in *en (prep)*
include *incluir (v)*
incorrect *incorrecto (adj)*
increase *aumento (nm)* increase *aumentar (v)*
incredible *increíble (adj)*
independent *independiente (adj)*
indicate *indicar (v)*
inform *avisar (v), informar (v)*
information *información (nf)*
ingredient *ingrediente (nm)*
injection *inyección (nf)*
injury *herida (nf)*

ink *tinta (nf)*
inside *dentro (adv); dentro de (prep)*
insist *insistir (v)*
inspect *controlar (v)*
intelligent *inteligente (adj)*
interest *interés (nm)*
interest *interesar (v)*
interesting *interesante (adj)*
international *internacional (adj)*
interview *entrevista (nf)* interview *entrevistar (v)*
introduce *presentar (v) (person)*
invite *invitar (v)*
it *lo*
Italian *italiano (nm, adj)*

j

jacket *chaqueta (nf)*
jam *mermelada (nf)*
January *enero (nm)*
jealous *celoso (adj)*
jeans *vaqueros (nmpl)*
job *puesto (nm), trabajo (nm)*
journalist *periodista (nm/nf)*
journey *viaje (nm)*
juice *zumo (nm)*
July *julio (nm)*
June *junio (nm)*

k

keen *aficionado (adj)*
keep *conservar (v), guardar (v); mantenerse (ie) (v)*
keep fit *mantenerse (ie) (v) en forma*
key *llave (nf)*
keyboard *teclado (nm)*
kill *matar (v)*
kilo *kilo (nm)*
kilometre *kilómetro (nm)*
kind (helpful) *amable (adj)*
kind (sort) *tipo (nm)*
king *rey (nm)*
kingdom *reino (nm)*
kiss *besar (v)*
kitchen *cocina (nf)*
knee *rodilla (nf)*
knife *cuchillo (nm); navaja (nf) (penknife)*

know (someone) *conocer (v)*
know (about) *saber (v)*
knowledge *conocimiento (nm)*

l

label *etiqueta (nf)*
laboratory *laboratorio (nm)*
lack *falta (nf)*
lake *lago (nm)*
lamb *cordero (nm)*
lamp *lámpara (nf)*
lamppost *farola (nf)*
land *tierra (nf)*
land *aterrizar (v)*
language *idioma (nm), lengua (nf)*
last *durar (v)*
last *último (adj)*
last night *anoche (adv)*
late *tarde (adv)*
laugh *reír (i) (v)*
laugh *risa (nf)*
law *ley (nf)*
lawyer *abogado/a (nm/nf)*
lazy *perezoso (adj)*
leaf *hoja (nf)*
leaflet *folleto (nm)*
learn *aprender (v)*
at least *al menos*
leather *cuero (nm)*
leave *dejar (v)*
left *izquierdo (adj) (direction, side)*
left-luggage office *consigna (nf) de equipages*
leg *pierna (nf)*
lend *prestar (v)*
less *menos (adv)*
lesson *clase (nf); lección (nf)*
let *dejar (v)*
let go of *soltar (v)*
letter (communication) *carta (nf)*
letter (of alphabet) *letra (nf)*
level *nivel (nm)*
library *biblioteca (nf)*
lie *mentira (nf)*
life *vida (nf)*
light *luz (nf)*
light *ligero (adj)*
line *línea (nf)*
lipstick *barra de labios (nf)*
list *lista (nf)*
listen (to) *escuchar (v)*

litre *litro (nm)*
little *poco (adj)*
little, a *un poco (nm)*
little bit, a *un poquito (nm)*
live *vivir (v)*
living room *salón (nm)*
load *cargar (v)*
lock up *encerrar (ie) (v)*
long *largo (adj)*
look *mirar (v)*
look after *cuidar (v) de*
look at *mirar (v)*
look for *buscar (v)*
lorry *camión (nm)*
lose *perder (ie) (v)*
a lot *mucho (adv)*
a lot of *mucho (adj)*
lounge *salón (nm)*
love *amor (nm)*
love from .... (in letters) *un abrazo*
love *querer (ie) (v)*
in love: to fall in love with *enamorarse (v) de*
lover *amante (nm/nf)*
low *bajo (adj)*
luck *suerte (nf)*
lucky, be *tener (ie) (v) suerte (nf)*
luggage *equipaje (nm)*
lunch *almuerzo (nm)*
lung *pulmón (nm)*
luxury *lujo (nm)*

m

machine *máquina (nf)*
mad *loco (adj)*
magazine *revista (nf)*
main *principal (adj)*
majority *mayoría (nf)*
make *hacer (v)*
make *marca (nf) (brand)*
make-up *maquillaje (nm)*
man *hombre (nm)*
manage to do *lograr (v)*
manager *gerente (nm/nf)*
map *mapa (nm)*
March *marzo (nm)*
mark *nota (nf)*
mark *marcar (v)*
market *mercado (nm)*
match (sport) *partido (nm)*
match (for fire) *cerilla (nf)*
match up *emparejar (v)*
material *materia (nf)*

maths *matemáticas (nfpl)*
matter *asunto (nm) (issue)*;
    materia (nf) (substance)
maximum *máximo (nm, adj)*
May *mayo (nm)*
maybe *tal vez (adv)*
mean *significar (v)*
meanwhile *mientras tanto
    (adv)*
measure *medida (nf)*
meat *carne (nf)*
mechanic *mecánico (nm)*
medical *médico (adj)*
medicine (subject of
    study) *medicina (nf)*
medicine (to be
    taken) *medicamento (nm)*
meet *encontrar (ue) (v)*;
    reunirse (v)
meeting *reunión (nf)*
member *miembro (nm)*;
    socio/a (nm/nf) (of club)
memory *memoria (nf)*
mention *mencionar (v)*
menu *menú (nm)*
mess *desorden (nm)*
message *mensaje (nm)*,
    recado (nm)
metre *metro (nm)*
Mexican *mejicano (nm, adj)*
Mexico *Méjico (nm)*
microphone *micrófono (nm)*
midday *mediodía (nm)*
midnight *medianoche (nf)*
milk *leche (nf)*
million *millón*
mineral water *agua (nf)
    mineral (adj)*
minibus *microbús (nm)*
minimum *mínimo (nm, adj)*
minute *minuto (nm)*
miss *echar(v) de menos a
    (person)*
Miss *señorita (nf)*
mistake *error (nm)*
mistake, to make
    a *equivocarse (v)*
mix *mezclar (v)*
mixed *mixto (adj) (school,
    etc.)*
mixed (up) *mezclado (adj)*
modern *moderno (adj)*
moment *momento (nm)*
Monday *lunes (nm)*
money *dinero (nm)*
monster *monstruo (nm)*

month *mes (nm)*
moon *luna (nf)*
moped *ciclomotor (nm)*
more *más (adv)*
morning *mañana (nf)*
mosquito *mosquito (nm)*
most *más (adv)*
mother *madre (nf)*
motorcycle *motocicleta (nf)*
motorway *autopista (nf)*
mountain *montaña (nf)*
mountain bike *bicicleta de
    montaña (nf)*
move *moverse (v)*
Mr *señor (nm)*
Mrs *señora (nf)*
mum *mamá (nf)*
murder *asesinar (v)*
museum *museo (nm)*
mushroom *champiñón (nm)*;
    seta (nf)
music *música (nf)*
mussel *mejillón (nm)*
must *tener (ie) (v) que*
my *mi (see Grammar
    information)*
mystery *misterio (nm)*

n

name *nombre (nm)*
narrow *estrecho (adj)*
national *nacional (adj)*
near *cerca (adv); cerca de
    (prep)*
necessary *necesario (adj)*,
    preciso (adj)
need *necesitar (v)*
negative *negativo (adj)*
neighbour *vecino/a (nm/nf)*
neither *tampoco (adv)*
nephew *sobrino (nm)*
nervous *nervioso (adj)*
net *red (nf)*
never *nunca (adv), jamás
    (adv)*
new *nuevo (adj)*
news *noticia (nf), noticias
    (nfpl)*
newspaper *periódico (nm)*
next *luego (adv); próximo
    (adj)*
nice *simpático (adj)*
niece *sobrina (nf)*
night *noche (nf)*
nightclub *sala de fiestas (nf)*

nightdress *camisón de noche
    (nm)*
no *no*
nobody *nadie*
noise *ruido (nm)*
noisy *ruidoso (adj)*
none *ningún, ninguno (adj)*
nonsense *tontería(s) (nf(pl))*
normal *normal (adj)*
normally *normalmente (adv)*
north *norte (nm)*
nose *nariz (nf)*
not *no; ni*
note *apuntar (v)*
notice *fijarse (v)*
notice *aviso (nm) (warning)*
novel *novela (nf)*
November *noviembre (nm)*
now *ahora (adv)*
nuisance *molestia (nf)*
number *número (nm)*
nurse *enfermero/a (nm/nf)*

o

obey *obedecer (v)*
object *objeto (nm)*
obligation *compromiso (nm)*
observe *observar (v)*
obtain *obtener (ie) (v)*
October *octubre (nm)*
of *de (prep)*
of course! *¡claro!, ¡por
    supuesto!*
offer *ofrecer (v)*
office *oficina (nf), despacho
    (nm)*
officer *oficial (nm) (in army)*
official *oficial (adj)*
often *a menudo (adv)*
Oh dear! *¡Ay!*
oil *aceite (nm)*
OK *vale*
old *antiguo (adj) (not new);
    viejo (adj) (person)*
older *mayor (adj)*
olive *aceituna (nf)*
omelette *tortilla (nf)*
on *sobre (prep)*
onion *cebolla (nf)*
only *solamente (adv), sólo
    (adv)*
only (child) *único (adj)*
open *abierto (adj)*
open *abrir (v); abrirse (v)*

opinion *opinión (nf)*
opposite *enfrente (adv);
    enfrente de (prep), frente a
    (prep); opuesto (adj)
    (different)*
orange *naranja (nf)*
orchestra *orquesta (nf)*
order *encargo (nm)
    (business); orden (nm)*
order *encargar (v)*
organisation *organización
    (nf)*
organise *organizar (v)*
other *otro (adj)*
ought to *deber (v)*
our *nuestro (adj) (see
    Grammar information)*
outside *fuera (adv); fuera de
    (prep)*
outskirts *afueras (nfpl)*
overcoat *abrigo (nm)*
overtake *adelantar (v)*
owe *deber (v)*
own *propio (adj)*
owner *proprietario/a (nm/nf)*

p

packet *paquete (nm)*
page *página (nf) (in book)*
pain *dolor (nm)*
painful *doloroso (adj)*
painkiller *calmante (nm)*
paint *pintar (v)*
painter *pintor/ora (nm/nf)*
painting *pintura (nf)*
pair up *emparejar (v)*
pale *pálido (adj)*
paper *papel (nm)*
paragraph *párrafo (nm)*
parcel *paquete (nm)*
pardon *perdón (nm)*
parents *padres (nmpl)*
park *parque (nm)*
park *aparcar (v)*
part *parte (nf); papel (nm)
    (role)*
participle *participio (nm)*
partner *pareja (nf)*
party *fiesta (nf); partido (nm)
    (political)*
pass *aprobar (ue) (v) (exam)*
passport *pasaporte (nm)*
past *pasado (adj)*
path *camino (nm)*
patient *paciente (nm/nf)*

pavement *acera (nf)*

pay *pagar (v)*

pay *remuneración (nf)*

pay for *pagar (v)*

PC (Personal Computer) *PC (nm)*

peace *paz (nf)*

peach *melocotón (nm)*

peas *guisantes (nmpl)*

pedestrian *peatón (nm)*

pencil *lápiz (nm)*

pencil case *estuche (nm)*

penknife *navaja (nf)*

penpal *corresponsal (nm/nf)*

people *gente (nf)*

pepper *pimienta (nf) (spice); pimiento (nm) (vegetable)*

per cent *por ciento (adv)*

perfect *perfecto (adj)*

perfume *perfume (nm)*

perhaps *quizás (adv)*

period *período (nm); época (nf) (in history)*

permanent *permanente (adj)*

permission *permiso (nm)*

permit *permitir (v)*

person *persona (nf)*

personal *personal (adj)*

persuade *persuadir (v)*

petrol *gasolina (nf)*

phone *telefonear (v), llamar (v) por teléfono (nm)*

phone *teléfono (nm)*

photo(graph) *foto(grafía) (nf)*

photographer *fotógrafo (nm)*

physical *físico (adj)*

pick up *recoger (v)*

picture *dibujo (nm) (drawing); ilustración (nf) (in book); imagen (nf) (on TV); cuadro (nm) (painting)*

pig *cerdo (nm)*

pistol *pistola (nf)*

pity *lástima (nf)*

place *lugar (nm), sitio (nm)*

plan *plan (nm)*

plan *planear (v)*

plane *avión (nm)*

plastic *plástico (adj) (material); de plástico (adj) (object)*

plate *plato (nm)*

play (game) *jugar (ue) (v)*

play (instrument) *tocar (v)*

playground *patio (nm)*

play truant *hacer (v) novillos (nmpl)*

pleasant *agradable (adj)*

please *gustar (v) (see Grammar information)*

please *por favor (adv)*

pleasure *placer (nm)*

pocket *bolsillo (nm)*

poet *poeta (nm/nf)*

poetry *poesía (nf)*

point *punto (nm)*

police *policía (nf)*

police officer *policía (nm/nf), agente (nm/nf)*

police station *comisaría (nf)*

politeness *cortesía (nf)*

pollute *contaminar (v)*

poor *pobre (adj)*

popular *popular (adj)*

portion *ración (nf) (food)*

position *posición (nf)*

positive *positivo (adj)*

possess *poseer (v)*

possibility *posibilidad (nf)*

possible *posible (adj)*

postcard *postal (nf)*

poster *póster (nm)*

postpone *aplazar (v)*

potato *patata (nf)*

pottery *cerámica (nf)*

powder *polvo (nm)*

powerful *poderoso (adj)*

practice *práctica (nf)*

practise *practicar (v)*

pray *rezar (v)*

prefer *preferir (ie) (v)*

prepare *preparar (v)*

present (gift) *regalo (nm)*

present *presentar (v)*

presentation *presentación (nf)*

pretty *bonito (adj), guapo (adj)*

prevent *impedir (i) (v)*

price *precio (nm)*

price tag *etiqueta (nf)*

prince *príncipe (nm)*

printer *impresora (nf)*

prison *cárcel (nf)*

private *privado (adj); particular (adj) (lesson)*

probable *probable (adj)*

probably *probablemente (adv)*

problem *problema (nm)*

produce *producir (v)*

product *producto (nm)*

profession *profesión (nf)*

professional *profesional (adj)*

programme *programa (nm), emisión (nf)*

progress *progreso (nm)*

promise *prometer (v)*

proof *prueba (nf)*

property *propriedad (nf)*

protect *proteger (v)*

proud *orgulloso (adj)*

public *público (adj, nm)*

pump *bomba (nf) (for bicycle, etc.)*

puncture *pinchazo (nm)*

pupil *alumno/a (nm/nf), escolar (nm/nf)*

purse *monedero (nm)*

put *poner (v)*

q

qualification *calificación (nf)*

quality *cualidad (nf)*

quantity *cantidad (nf)*

quarter *cuarto (nm)*

queen *reina (nf)*

question *cuestión (nf), pregunta (nf)*

questionnaire *cuestionario (nm)*

queue *cola (nf)*

quick *rápido (adj)*

quickly *rápidamente (adv)*

quiet *tranquilo (adj)*

quiet, be *callarse (v)*

quite *bastante (adv)*

r

rabbit *conejo (nm)*

racket *raqueta (nf)*

radio *radio (nm)*

rags *andrajos (nmpl)*

railway *ferrocarril (nm)*

rain *llover (ue) (v)*

rain *lluvia (ue) (nf)*

raincoat *impermeable (nm)*

range *gama (nf)*

rarely *raramente (adv)*

rat *rata (nf)*

rather *bastante (adv)*

reach *alcanzar (v)*

react *reaccionar (v)*

read *leer (v)*

ready *listo (adj)*

realise *darse (v) cuenta de*

reality *realidad (nf)*

really *realmente (adv); ¿verdad?*

reason *razón (nf)*

receive *recibir (v)*

recent *reciente (adj)*

recently *recientemente (adv)*

recognise *reconocer (v)*

recommend *recomendar (ie) (v)*

record *grabar (v)*

red *rojo (adj); tinto (adj) (wine)*

reduce *reducir (v)*

refrigerator *nevera (nf)*

region *región (nf)*

regional *regional (adj)*

regulation *regla (nf), norma (nf)*

reign *reinar (v)*

relax *relajar (v); relajarse (v) (rest)*

reliable *fiable (adj)*

relief *alivio (nm)*

religious *religioso (adj)*

rely on *contar (ue) (v) con*

remember *acordarse (ue) (v), recordar (ue) (v)*

repair *reparar (v)*

repeat *repetir (i) (v)*

replace *reemplazar (v)*

rescue *rescatar (v)*

reservation *reserva (nf)*

reserve *reservar (v)*

responsible *responsable (adj)*

rest *descansar (v)*

rest *descanso (nm)*

rest, the *el resto, lo demás*

restaurant *restaurante (nm)*

restless *inquieto (adj)*

result *resultado (nm)*

retired *jubilado (adj)*

retirement *jubilación (nf)*

return *volver (ue) (v), regresar (v); devolver (v) (give back)*

return (ticket) *(billete (nm) de) ida y vuelta*

return (trip) *vuelta (nf)*

revision *repaso (nm)*

revolting *asqueroso (adj)*

rhythm *ritmo (nm)*

rice *arroz (nm)*

rich *rico (adj)*

ride *paseo (nm)*

ride, go for a *pasearse*

right *derecho* (*adj*) (direction, side); *correcto* (*adj*) (correct)

right, to be *tener* (ie) (v) *razón* (nf)

ring *sonar* (ue) (v)

ring *anillo* (nm)

ring, wedding *alianza de boda* (nf)

risk *arriesgar* (v)

risk *riesgo* (nm)

river *río* (nm)

road *carretera* (nf)

rock *roca* (nf)

roof *techo* (nm)

room *cuarto* (nm), *habitación* (nf); *sitio* (nm) (space)

round *redondo* (adj)

route *ruta* (nf)

royal *real* (adj)

rubbish *basura* (nf)

rucksack *mochila* (nf)

rude *grosero* (adj)

ruin *arruinar* (v)

rule *regla* (nf)

ruler *regla* (nf)

run *correr* (v)

run away *irse* (v), *escapar(se)* (v)

run out *acabarse* (v) (money, petrol); *agotarse* (v) (supplies)

run over *atropellar* (v)

Russian *ruso* (nm, adj)

S

sad *triste* (adj)

safe *caja fuerte* (nf)

safe *seguro* (adj)

sailor *marinero* (nm)

salad *ensalada* (nf)

salary *salario* (nm)

sale *venta* (nf)

salt *sal* (nm)

same *mismo* (adj)

sand *arena* (nf)

sandal *sandalia* (nf)

sandwich *bocadillo* (nm), *sándwich* (nm)

satisfied *satisfecho* (adj)

satisfy *satisfacer* (v)

Saturday *sábado* (nm)

sauce *salsa* (nf)

save *ahorrar* (v) (money); *rescatar* (v) (rescue)

say *decir* (i) (v)

school (primary) *escuela* (nf), *colegio* (nm), *cole*;

school (secondary) *instituto* (nm), *insti* (nm)

school *escolar* (adj)

schoolbag *cartera* (nf)

science *ciencia*, *ciencias* (nf, nfpl)

science fiction *ciencia-ficción* (nf)

scientist *científico/a* (nm/nf)

score *marcar* (v) (goal)

Scotland *Escocia* (nf)

scream *chillar* (v)

sea *mar* (nm)

season *estación* (nf)

seatbelt *cinturón de seguridad* (nm)

second *segundo* (adj)

secret *secreto* (nm)

secretary *secretaria* (nf)

see *ver* (v)

seem *aparecer* (v), *parecer* (v)

select *seleccionar* (v)

selfish *egoísta* (adj)

sell *vender* (v)

send *enviar* (v), *mandar* (v)

sense *sentido* (nm)

sentence *frase* (nf)

September *septiembre* (nm)

series *serie* (nf)

serious *serio* (adj), *grave* (adj)

service *servicio* (nm)

service station *estación de servicio* (nf)

set off *partir* (v)

several *varios* (adj)

shade *sombra* (nf)

shake *agitar* (v)

shame *vergüenza* (nf)

shampoo *champú* (nm)

shape *forma* (nf)

share *compartir* (v)

shave *afeitarse* (v)

shave *afeitado* (nm)

she *ella* (see Grammar information)

sheep *oveja* (nf)

sheet (on bed) *sábana* (nf)

sheet (of paper) *hoja* (nf)

shelf *estante* (nm)

shell *concha* (nf)

shellfish *marisco* (nm)

shoe shop *zapatería* (nf)

shop *tienda* (nf)

shop assistant *dependiente* (nm/nf)

shopping *compras* (nfpl)

shopping, to do the *hacer* (v) *las compras*

short *corto* (adj); *breve* (adj)

shout *gritar* (v)

show *mostrar* (ue) (v)

shower *ducha* (nf); *chubasco* (nm) (rain)

shower, to take a *ducharse* (v)

sick, to feel *tener* (ie) (v) *náuseas* (nfpl)

side *lado* (nm)

sight *visión* (nf); *vista* (nf)

sign *señal* (nf)

signal *indicación* (nf)

signature *firma* (nf)

silent *silencioso* (adj)

silly *tonto* (adj)

silver *plata* (nf)

similar *parecido* (adj)

simple *sencillo* (adj), *simple* (adj)

since *desde* (prep)

sing *cantar* (v)

sister *hermana* (nf)

site (on Internet) *site* (nm)

situation *situación* (nf)

size *talla* (nf) (of clothes)

skin *piel* (nf)

skirt *falda* (nf)

sky *cielo* (nm)

sleep *dormir* (ue) (v)

sleeping bag *saco de dormir* (nm)

slogan *eslogan* (nm)

slope *cuesta* (nf)

slow *lento* (adj)

slowly *lentamente* (adv)

small *pequeño* (adj)

smell *oler* (ue) (v)

smoke *fumar* (v)

smoke *humo* (nm)

smoker *fumador/ora* (nm/nf)

smoking (area, seat) *fumador* (adj)

snacks *tapas* (nfpl)

snail *caracol* (nm)

snow *nieve* (nf)

snow *nevar* (v)

so *tan* (adv)

so many *tantos* (adj)

so much *tanto* (adv)

soap *jabón* (nm)

social *social* (adj)

society *sociedad* (nf)

sock *calcetín* (nm)

sold, be *venderse* (v)

solve *solucionar* (v)

some *algún* (adj)

something *algo*

sometimes *a veces*

son *hijo* (nm)

song *canción* (nf)

soon *pronto* (adv)

sorry, I'm *lo siento*

sort out *arreglar* (v)

soul *alma* (nf)

sound *sonido* (nm)

sound *sonar* (ue) (v)

south *sur* (nm)

souvenir *recuerdo* (nm)

space *espacio* (nm)

spaghetti *espaguetis* (nmpl)

Spain *España* (nf)

Spanish *español* (nm, adj)

speak *hablar* (v)

special *especial* (adj)

speed *prisa* (nf), *velocidad* (nf)

spend (money) *gastar* (v)

spend (time) *pasar* (v)

spill *derramar* (v); *volcar* (ue) (v) (knock over)

splendid *espléndido* (adj)

spoonful *cucharada* (nf)

sport *deporte* (nm)

sports centre *polideportivo* (nm)

sportsman/woman *deportista* (nm/nf)

sporty *deportivo* (adj)

spring (season) *primavera* (nf)

square (place) *plaza* (nf)

stadium *estadio* (nm)

stain *mancha* (nf)

staircase, stairs *escalera* (nf)

start *comenzar* (ie) (v), *empezar* (ie) (v); *arrancar* (v) (out in car)

station *estación* (nf)

statue *estatua* (nf)

stay *quedar(se)* (v); *alojarse* (v) (lodge)

steak *filete* (nm), *bistec* (nm)

steal *robar* (v)

steel *acero* (nm)

steering wheel *volante* (nm)

step *paso* (nm)

stick *pegar* (v)

still *todavía* (adv)

stomach *estómago* (nm)

stone *piedra* (nf)

stop *parar* (v); stop (come to a stop) *pararse* (v)

storm *tormenta* (nf)

story *historia* (nf)

straight away *en seguida*

strange *raro* (adj)

strawberry *fresa* (nf)

street *calle* (nf)

stressed out *estresado* (adj)

stretch (out) *extenderse (ie)* (v)

strict *estricto* (adj)

string *cuerda* (nf)

stroll *pasear* (v), *dar* (v) *un paseo*

stroll *paseo* (nm)

strong *fuerte* (adj)

stubborn *testarudo* (adj)

student *estudiante* (nm/nf)

study *estudiar* (v)

study *estudio* (nm)

style *estilo* (nm)

subject (of study) *asignatura* (nf)

subway *paso subterráneo* (nm)

success *éxito* (nm)

successful, be *tener (ie)* (v) *éxito* (nm)

such *tal*

suddenly *de repente* (adv)

suffer *sufrir* (v)

sufficient *suficiente* (adj)

sugar *azúcar* (nm)

suggest *proponer* (v), *sugerir* (v)

suitcase *maleta* (nf)

suit *convenir (ie)* (v)

summer *verano* (nm)

sun *sol* (nm)

Sunday *domingo* (nm)

sunglasses *gafas de sol* (nfpl)

sunny, be *hacer* (v) *sol*

superb *estupendo* (adj)

supermarket *supermercado* (nm)

superstitious *supersticioso* (adj)

support *apoyo* (nm)

support *apoyar* (v)

suppose *suponer* (v)

sure *seguro* (adj)

surgery *consulta* (nf)

surname *apellido* (nm)

surprise *sorpresa* (nf)

surprised *sorprendido* (adj)

surprising *sorprendente* (adj)

survey *encuesta* (nf)

survive *sobrevivir* (v)

swear *jurar* (v)

sweat *sudar* (v)

sweater *jersey* (nm)

sweet (confectionery) *caramelo* (nm)

sweet *dulce* (adj)

swim *nadar* (v)

swimming *natación* (nf) (to go swimming = *bañarse* (v))

swimming pool *piscina* (nf)

swimsuit *bañador* (nm)

switch on *encender (ie)* (v)

system *sistema* (nm)

t

T-shirt *camiseta* (nf)

table *mesa* (nf) (furniture); *tabla* (nf) (grid)

tablet *pastilla* (nf)

take *tomar* (v); *pasar* (v) (exam)

take out *sacar* (v)

take turns! *¡túrnate!*

tale *cuento* (nm)

tall *alto* (adj)

tape *cinta* (nf)

task *tarea* (nf)

tax *impuesto* (nm)

taxi *taxi* (nm)

tea *té* (nm)

teacher *profesor/ora* (nm/nf)

teaching *enseñanza* (nf)

team *equipo* (nm)

tear *lágrima* (nf) (eyes)

technical *técnico* (adj)

technology *tecnología* (nf)

teddy bear *osito* (nm)

telephone *telefonear* (v)

telephone *teléfono* (nm)

television *televisión* (nf)

tell (about) *contar (ue)* (v)

temperature (fever) *fiebre* (nf)

temporary *temporal* (adj)

tennis *tenis* (nm)

terrace *terraza* (nf)

terrific *fenomenal* (adj)

test *prueba* (nf)

text *texto* (nm)

thank *agradecer* (v)

thank you *gracias*

that *eso, que* (see Grammar information)

that's enough! *¡basta!* (v)

the *el, la* (see Grammar information)

theatre *teatro* (nm)

theft *robo* (nm)

then *entonces* (adv)

there *allí* (adv)

there is, there are *hay*

there was, there were *había*

thing *cosa* (nf)

think *pensar (ie)* (v); *opinar* (v)

third *tercero* (adj)

thirst *sed* (nf)

thirsty, be *tener (ie)* (v) *sed* (nf)

this *esta, este, esto* (see Grammar information)

thousand *mil*

threaten *amenazar* (v)

throat *garganta* (nf)

throne *trono* (nm)

through *a través de*

throw *tirar* (v), *arrojar* (v)

Thursday *jueves* (nm)

ticket *billete* (nm)

tidy *arreglar* (v); *arreglado* (adj)

tie (necktie) *corbata* (nf)

tight *estrecho* (adj)

time (occasion) *vez* (nf) (veces)

time *tiempo* (nm); *hora* (nf) (on the clock)

timetable *horario* (nm)

tin *lata* (nf)

tired *cansado* (adj)

title *título* (nm)

to *a* (prep)

today *hoy* (adv)

toes *dedos* (nmpl) *del pie*

to the *al* (= a + el)

together *juntos* (adj)

toilet paper *papel higiénico* (nm)

tomato *tomate* (nm)

tomorrow *mañana* (adv)

too *demasiado* (adv)

tooth *diente* (nm)

tooth, back *muela* (nf)

toothpaste *pasta de dientes* (nf)

on top of *encima de* (prep)

torch *linterna* (nf)

total *total* (nm, adj)

touch *tocar* (v)

tourist *turista* (nm/nf); *turístico* (adj)

towards *hacia* (prep)

towel *toalla* (nf)

tower *torre* (nf)

town *pueblo* (nm)

town hall *ayuntamiento* (nm)

track *pista* (nf)

tracksuit *chándal* (nm)

tradition *tradición* (nf)

traditional *tradicional* (adj)

traffic *tráfico* (nm), *circulación* (nf)

traffic jam *atasco* (nm)

traffic warden *guardia del tráfico* (nm/nf)

train *entrenarse* (v)

train *tren* (nm)

trainer (shoe) *zapatilla* (nf)

training *entrenamiento* (nm)

translation *traducción* (nf)

transport *transporte* (nm)

travel *viajar* (v); travel sickness *mareo* (nm)

traveller *viajero/a* (nm/nf)

treat *tratar* (v)

treatment *tratamiento* (nm)

tree *árbol* (nm)

tremendous *tremendo* (adj)

trip *excursión* (nf), *viaje* (nm)

trousers *pantalón* (nm), *pantalones* (nmpl)

truant, play *hacer* (v) *novillos* (nmpl)

true *verdadero* (adj)

truth *verdad* (nf)

try *tratar* (v); *probar (ue)* (v) (food etc)

Tuesday *martes* (nm)

turn *girar* (v)

turn *giro* (nm)

TV *tele* (= televisión)

type (sort) *tipo* (nm)

typical *típico* (adj)

tyre *neumático* (nm), *llanta* (nf)

U

ugly *feo* (adj)
umbrella *paraguas* (nm)
uncle *tío* (nm)
underground *metro* (nm)
understand *entender* (ie) (v),
   comprender (v)
unemployed *parado* (adj)
unemployment *paro* (nm)
unfortunately *desafortunada
   mente* (adv)
unfriendly *antipático* (adj)
unhappy *infeliz* (adj)
unhealthy *malsano* (adj)
uniform *uniforme* (nm)
United Kingdom *Reino
   Unido* (nm)
United States *Estados
   Unidos* (nmpl)
university *universidad* (nf)
unleaded *sin plomo* (adj)
   (petrol)
unpleasant *desagradable* (adj)
until *hasta* (prep)
urgent *urgente* (adj)
use *utilizar* (v), *usar* (v)
used *usado* (adj)
useful *útil* (adj)
useless *inútil* (adj)

V

vacuum cleaner *aspiradora*
   (nf); vacuum *pasar* (v) la
   aspiradora
valid *válido* (adj)
value *valor* (nm)
van *camioneta* (nf)
varied *variado* (adj)
various *vario* (adj)
vegetable *verdura* (nf)
vehicle *vehículo* (nm)
verb *verbo* (nm)
verse *verso* (nm)
version *versión* (nf)
very *muy* (adv)
vet *veterinario* (nm)
victim *víctima* (nf)
victory *triunfo* (nm), *victoria*
   (nf)
video *vídeo* (nm)
violence *violencia* (nf)
violin *violín* (nm)
virus *virus* (nm)
visit *visita* (nf)
visit *visitar* (v)

visitor *visitante* (nm/nf)
vocabulary *vocabulario* (nm)
voice *voz* (nf)
vowel *vocal* (nf)

W

wait *esperar* (v)
wait for *esperar* (v)
waiter *camarero* (nm)
waitress *camarera* (nf)
wake up *despertarse* (ie) (v)
walk *ir* (v) *a pie*, *andar* (v)
walk *paseo* (nm)
walk, go for a *pasearse*
wall *pared* (nf); *muro* (nm)
wallet *cartera* (nf)
wallet file *carpeta* (nf)
want *desear* (v), *querer* (ie)
   (v)
war *guerra* (nf)
warn *advertir* (v)
warning *aviso* (nm)
wash *lavar* (v)
wash yourself *lavarse* (v)
wash up *lavar* (v) *los platos*
waste *gastar* (v)
watch *reloj* (nm)
watch *ver* (v) (TV); *vigilar*
   (v)
watch out! *¡cuidado!*
water *agua* (nf)
way *manera* (nf) (manner);
   camino (nm) (road)
we *nosotros* (see Grammar
   information)
wear *llevar* (v)
weather *tiempo* (nm)
weather report *boletín
   meteorológico* (nm)
website *site en Internet* (nm)
wedding *boda* (nf)
Wednesday *miércoles* (nm)
weed *mala hierba* (nf)
week *semana* (nf)
weekend *fin de semana* (nm)
weight *peso* (nm) (to put on
   weight = *engordar* (v))
welcome *bienvenido* (adj)
well *bien* (adv)
well ... *pues* ...
well-known *conocido* (adj)
Welsh *galés* (nm, adj)
west *oeste* (nm)
wet *mojado* (adj)
what *que* (see Grammar

information)
what? *¿qué?* (adv) (see
   Grammar information)
what a ...! *¡qué ...!* (see
   Grammar information)
wheel *rueda* (nf)
when *cuando* (*¿cuándo?* in
   questions)
where *donde* (*¿dónde?* in
   questions)
whereas *mientras que*
where to? *¿adónde?*
which *cual* (adj) (*¿cuál?* in
   questions)
while *mientras*
while *rato* (nm)
white *blanco* (adj)
who *quien* (*¿quién?* in
   questions)
why? *¿por qué?*
wife *esposa* (nf)
win *ganar* (v)
wind *viento* (nm)
window *ventana* (nf)
windscreen *parabrisas* (nm)
windy, be *hacer* (v) *viento*
wine *vino* (nm)
wine cellar *bodega* (nf)
winter *invierno* (nm)
wish *desear* (v), *querer* (ie)
   (v)
with *con* (prep)
with me *conmigo*
with you *contigo*
without *sin* (prep)
woman *mujer* (nf)
wonder *preguntarse* (v)
wood (substance) *madera*
   (nf)
wood(s) (forest) *bosque* (nm)
word *palabra* (nf)
work *trabajar* (v); *funcionar*
   (v) (of machine)
work *trabajo* (nm)
   (employment, activity);
   obra (nf) (of art etc)
worker *trabajador/a* (nm/nf)
workshop *taller* (nm)
world *mundo* (nm)
worried *preocupado* (adj)
worry *preocupar(se)* (v)
worse, worst *peor* (adj, adv)
   (see Grammar information)
worth, to be *valer* (v) (to be
   worth it = *valer la pena*)
write *escribir* (v)

written *escrito* (adj)

Y

year *año* (nm)
yellow *amarillo* (adj)
yes *sí*
yesterday *ayer* (adv)
yet *todavía* (adj)
you *tú, vosotros* (see
   Grammar information)
young *joven* (adj)
younger *menor* (adj)
your *tu, su, vuestro* (see
   Grammar information)

Z

zero *cero*

524521

£11.99   D|6|2000